DEZ COISAS QUE EU GOSTARIA QUE JESUS NUNCA TIVESSE DITO

DEZ COISAS QUE EU GOSTARIA QUE JESUS NUNCA TIVESSE DITO

7ª Impressão

Traduzido por Luís Aron de Macedo

CPAD
Rio de Janeiro
2016

VICTOR KULIGIN

Título do original em inglês: *Tem Things I Wish Jesus Never Said*
Crossway Books, Wheaton, Illinois, EUA
Primeira edição em inglês: 2006
Tradução: Luís Aron de Macedo

Preparação dos originais: Daniele Pereira
Revisão: Elaine Arsenio
Adaptação de capa: Rafael Paixão
Projeto gráfico e editoração: Alexandre Soares

CDD: 248 - Vida Cristã
ISBN: 978-85-263-0926-5

As citações bíblicas foram extraídas da versão Almeida Revista e Corrigida, edição de 1995, da Sociedade Bíblica do Brasil, salvo indicação em contrário.

Para maiores informações sobre livros, revistas, periódicos e os últimos lançamentos da CPAD, visite nosso site: http://www.cpad.com.br.

SAC — Serviço de Atendimento ao Cliente: 0800-21-7373

Casa Publicadora das Assembléias de Deus
Caixa Postal 331
20001-970, Rio de Janeiro, RJ, Brasil

7ª Impressão - 2016 - tiragem 500

Dedico este livro à minha mãe, que me ensinou a temer a Deus e a afastar-me do mal.

AGRADECIMENTOS

Como fazem muitos maridos que se tornam escritores, quero agradecer à minha esposa, porque ela me deu tempo livre para compor este trabalho literário. Sem a sua espontaneidade em ter me deixado à vontade para expressar por escrito os meus pensamentos e emoções, eu jamais teria escrito este livro.

Meus filhos ficaram curiosos em saber por que papai passava tanto tempo no escritório trabalhando nessa incumbência. A minha esperança é que um dia eles venham a ler este livro e entender um pouco mais por que levou tanto tempo para terminar.

Wayne Harbuziuk, o meu bom amigo de quase vinte anos, leu muitos dos capítulos assim que eu os escrevia, dando-me conselhos abalizados e prestimosos a cada etapa do processo de escrita. (Aproveito para agradecer a Deus por existir e-mail!) Wayne me proporcionou perspectiva correta e comentários excelentes, desde conceitos mais abrangentes a detalhes minuciosos da sintaxe e estrutura da língua inglesa.

Por fim, agradeço à editora Crossway Books por ter me ajudado com este projeto e pela vontade em publicar meu primeiro livro. Estou ciente de que é um risco publicar o trabalho literário de um desconhecido. Espero que eles fiquem contentes e satisfeitos pela confiança depositada em mim. Sou especialmente grato pela ajuda de Jill Carter e das editoras Julie-Allyson Ieron e Lila Bishop.

PREFÁCIO

As palavras mais livres, plenas e benévolas do evangelho eram as que me causavam mais tormento; isso mesmo, nada me afligia mais do que os pensamentos de Jesus Cristo, a lembrança de um Salvador.

John Bunyan (1628-1688),
Graça Abundante ao Principal dos Pecadores

O meu título de trabalho para este livro foi *As Dez Coisas que eu Odeio em Jesus*. O título tinha o objetivo de ser provocativo, como são os ensinos de Jesus. Havia certo valor chocante nos seus ensinos que infelizmente se perdeu em nossos ensinos hoje. Ficamos tão à vontade com Jesus depois de dois mil anos de dissecação de suas instruções e análise gramatical de suas palavras que o valor chocante é totalmente nulo. A editora Crossway Books optou, talvez sabiamente, por usar um título menos afrontoso, mas que ainda contivesse certo valor provocativo.

"Se não comerdes a carne do Filho do Homem e não beberdes o seu sangue" e "Caso o teu olho direito te leve a pecar, arranca-o e lança-o para longe de ti" eram declarações chocantes. Não há como ouvir tais palavras e não ficar pelo menos levemente curioso, se não totalmente ofendido. Ou que tal estas: "Se alguém vem a mim e não odeia seu próprio pai e mãe, [...] não pode ser meu discípulo" (Jo 6.53; Mt 5.29, BJ; Lc 14.26, BJ). Jesus usou o verbo *odiar* para prender a atenção dos ouvintes. Foi com esse sentido que eu queria usar o termo no título de trabalho deste livro.

Com o surgimento do evangelho da prosperidade e pregações sobre saúde e riqueza, ficamos acostumados com um Messias "legal" e "Quão bondoso amigo é Cristo!"* Esse é um quadro de Jesus que chamo "Jesus *light*". Bom gosto sem exigências. Jesus está interessado apenas em minha felicidade e nada mais. O seu desejo é que, financeiramente, eu não tenha necessidades, fisicamente, eu esteja em forma e, mental e emocionalmente, eu seja estável. Ele nunca exige de mim nada que faça com que essas metas básicas não sejam alcançadas e mantidas, se eu tiver fé para crer, claro. As dificuldades, provações e sofrimentos em minha vida existem por minha falta de fé em crer que Jesus deseja que eu seja feliz.

Há certa ironia no cristianismo popular evangélico e pentecostal de hoje. Quase sempre nos fixamos no fim dos tempos, e não admira que muitos livros de maior vendagem dos últimos anos tivessem esse tema. E são tantos que muitos cristãos priorizam a escatologia à custa da cristologia sólida. O livro de Apocalipse deveria desempenhar um papel proeminente em nossa psique cristã; contudo, a maioria dos crentes hoje em dia praticamente ignora o quadro apocalíptico de Jesus como o Juiz terrível. Muitos movimentos hoje o retratam não como o Senhor da glória, mas como o promotor da felicidade.

Trinta anos atrás, Dorothy Sayers tinha o que dizer sobre o quadro de Jesus que então vinha se formando. As suas palavras ainda são extremamente apropriadas para nós hoje: "Temos sido bons em aparar as garras do Leão de Judá, certificá-lo como 'manso e humilde' e recomendá-lo como bicho de estimação adequado para párocos inócuos e velhinhas piedosas".[1] Amamos o Cordeiro de Deus, mas descartamos o Leão de Judá.

Há muitos livros sobre as "declarações difíceis" de Jesus, mas essas obras literárias se concentram na dificuldade de compreender partes do seu ensino. São mais um tipo de trabalho escolar, um estudo acadêmico sobre a interpretação bíblica. Este livro também se alinha na categoria das declarações difíceis, não por causa da dificuldade em entendê-las, mas por causa da dificuldade em aplicá-las. O meu livro está mais preocupado com a necessidade prática de exercitar esses ensinos corretamente, e não com a necessidade acadêmica de entendê-los corretamente.

Os ensinos de Jesus eram severos. Ele não era um pregador da comodidade, mas da adversidade; não um pregador do conforto, mas do sofrimento. Enquanto que hoje nos concentramos na felicidade dos crentes, Jesus estava muito mais interessado na santidade deles. A busca da santidade não insinua — sobretudo, em sentido mundano — a felicidade. Mesmo uma rápida leitura dos ensinos de Jesus deixa claro que ele esperava que os discípulos fossem pessoas acostumadas a sofrimentos e provações. O seu chamado não era à prosperidade e ao conforto, mas à adversidade e à santidade. Como mostram as Bem-aventuranças, o seu chamado era à pobreza de espírito, ao choro e à mansidão.

Talvez a melhor maneira de resumir o propósito deste livro é fazer a pergunta: "É fácil seguir a Jesus Cristo?" A resposta que este livro dá é um retumbante "Não!" E nunca foi ou teve o propósito de ser fácil. Examinaremos aqui dez ensinos de Jesus que parecem impossíveis de seguir.

Este livro brota das minhas lutas. Estou ciente dos meus erros e defeitos. A minha luta com o pecado é contínua, e é desta perspectiva que vejo que os ensinos de Jesus são chocantes, provocativos, quase triviais e certamente repulsivos. Eles são tão avessos ao cerne do egoísmo e egocentrismo em minha vida que parte de mim preferiria que não existissem, que eu fosse deixado em paz para chafurdar-me em meus interesses egoístas e orgulho ostensivo, do que mandar-me conformar-me a ensinos tão estranhos ao meu ser.

É possível que essa perspectiva encontre eco em alguns dos meus leitores. Contudo, se o seu andar cristão é caracterizado por vitórias constantes, receio que o que vou dizer neste livro fará pouco sentido para você. Pode ser que seja levado a pensar que estou tornando a vida cristã mais difícil do que ela tem de ser. Invejo-o. Não me é fácil tomar a minha cruz, ou amar os meus inimigos particularmente intragáveis, nem gosto de arrancar o meu olho direito ou cortar a minha mão direita, porque, francamente, gosto das coisas pecadoras que vejo ou pego. Como é que esse jugo é suave e esse fardo é leve? Senhor, ajuda-me!

Nos capítulos apresentados a seguir, mostro requisitos que constatei serem excessivamente opressores do andar cristão. Pecaminosamente falando, não me importaria em ver todos eles extirpados das exigências aos discípulos de Jesus. Os demais exercícios discipulares dos crentes seriam bem mais fáceis. Claro que, da perspectiva espiritual, eles também seriam menos lucrativos e frutíferos.

Por fim, se a miséria gosta de companhia, então a lógica diria que os meus estudos ao longo da história da igreja dos grandes homens e mulheres que entregaram a vida a Jesus revelariam sentimentos semelhantes. Li com toda a atenção os escritos de crentes notáveis como Martinho Lutero, John Wesley, Bernardo de Claraval, Alberto Magno, Agostinho, John Bunyan e muitos outros, procurando sentimentos semelhantes aos meus — sentimentos de frustração, imperfeição, ansiedade e derrota — e não me decepcionei. Todos eles falam a uma só voz que a vida do discípulo de Jesus Cristo é forjada nas dificuldades, nos surtos freqüentes de depressão e nas desilusões amargas. Todavia, em todas essas coisas a graça de Deus é superabundante, se tão-somente confiarmos nos seus caminhos santos.

---

* **N. do T.**: "O Bondoso Amigo", in: Harpa Cristã (Rio de Janeiro: CPAD, 1998; 8ª Edição). Hino nº 200, estrofe 1, linha 1.

SUMÁRIO

1

A ARTE DA POBREZA ESPIRITUAL

Bem-aventurados os pobres de espírito, porque deles é o Reino dos céus.

JESUS CRISTO, MATEUS 5.3

Lamento que minhas percepções sejam tão obtusas, meus pensamentos tão medíocres, meus sentimentos tão banais e minhas expressões tão deficientes e impróprias para tal glória.

RICHARD BAXTER (1615-1691),
O DESCANSO ETERNO DOS SANTOS

Consolar uma consciência triste é muito melhor que possuir muitos reinos.

MARTINHO LUTERO (1483-1546), *CONVERSA INFORMAL À MESA*

Em minha infância, um dos ditados preferidos de minha mãe era: "Ninguém gosta de um desmancha-prazeres". Sua insistência era que sempre fôssemos otimistas e positivos, algo pelo qual a admiro até hoje.

Ela também nos ensinou a ser autoconfiantes. Ainda me lembro de ela dizer repetidas vezes que não são tanto as pessoas talentosas que têm sucesso quanto as autoconfiantes. Minha mãe esmerava-se em instilar em seus filhos uma auto-imagem saudável.

Quando me tornei adulto e estudei a Palavra de Deus, concentrando-me em particular nos ensinos de Jesus, comecei a questionar até que ponto minha mãe estava certa. Não há praticamente nada em toda a Bíblia que fale sobre ter um eu saudável, ou manter uma opinião elevada sobre si, ou esforçar-se para ser autoconfiante ou possuir auto-estima. Sempre que a Bíblia investiga a natureza do homem, quase sempre faz uma abordagem negativa.

Tive de encontrar o ponto de equilíbrio entre essas duas concepções opostas: a concepção de minha mãe, que me ensinou a ser sempre autoconfiante, e a concepção bíblica, que me ensinou a ter uma opinião humilde e despretensiosa sobre mim. Qual está certa?

Se consultarmos os manuais de vida produzidos pelo mundo, claro que a minha mãe está certa. Um exame superficial dos livros à venda em uma livraria mostrará a quantidade enorme de livros que tratam do *eu*: auto-estima, auto-ajuda, auto-realização, autoconfiança, autoconsciência. A cultura de hoje é obcecada pelo eu. Gostamos de ficar olhando o próprio umbigo e esquecer tudo o mais. O mundo espera que amemos a nós mesmos, e, caso não amemos, ele diz que algo está tremendamente errado conosco.

Entra em cena Jesus Cristo. As palavras iniciais em seu mais famoso sermão, o Sermão da Montanha, dizem: "Bem-aventurados os pobres de espírito", que é a primeira das Bem-Aventuranças. Será que Jesus quer dizer: "Bem-aventurados os desmancha-prazeres"? Há um paradoxo em jogo aqui se entendermos o termo *bem-aventurados* por *felizes*. Em outras palavras, o que Jesus está dizendo é: "Felizes os infelizes".[1] Jesus usa uma linguagem para fazer com que ponderemos em suas palavras. Era raro as pessoas ouvirem Jesus falar e não saírem coçando a cabeça.[2] Quem tinha verdadeiramente assumido o compromisso de segui-lo era forçado a pensar. E quem não tinha, pensava erroneamente que os seus ensinos eram, na melhor das hipóteses, um tanto quanto estranhos, e, na pior das hipóteses, extremamente ofensivos e heréticos.

Tenho de confessar que prefiro o conceito do mundo ao conceito de Jesus. Também não gosto de desmancha-prazeres. Prefiro passar meu tempo ao lado de pessoas alegres e espirituosas, e não com pessoas deprimidas, austeras e sérias. Essa é a primeira coisa intolerável em Jesus. Os discípulos tinham mesmo de ser pobres de espírito? E o que, precisamente, isso significa?

"AO TEU LADO QUERO ESTAR"

Quanto mais você anda com Jesus, mais deveria perceber que é um ser caído, com uma conscientização cada vez maior dos seus pecados. Esta é a experiência universal dos grandes santos da cristandade. Quando chegam ao fim da vida, eles não estão tecendo elogios à própria santificação, animando-se com palavras de encorajamento e proclamando o quanto são santos. Pelo contrário, são pessoas submissas e contritas que choram amargamente o estado caído de sua natureza humana. Quem é pobre de espírito chora a sua pecaminosidade.

Quanto mais você se aproxima do perfeito Filho de Deus, mais percebe que está aquém dessa perfeição. Quanto mais perto você chega da Luz, mais as suas imperfeições aparecem. Pense em um vaso de porcelana. De longe, parece liso e sem defeito, mas quanto mais de perto você o inspeciona, mais as imperfeições ficam em evidência.

> *O homem bom sempre acha algo sobre o qual prantear e chorar... quanto mais minuciosamente ele se examina, mais se aflige.*
>
> *Tomás de Kempis (1380-1471), Imitação de Cristo*

O rei Davi pediu a Deus não só que o guardasse dos pecados voluntariosos, mas também que expusesse os seus erros ocultos (Sl 19.12). Só os hipócritas acreditam que são espiritualmente saudáveis. Mostre-me um crente genuíno que anda com Jesus há cinqüenta anos, e lhe mostrarei uma pessoa profundamente ciente de sua pobreza espiritual e de sua necessidade de graça constante.

A conscientização santa de nossa pecaminosidade é o pré-requisito para uma relação saudável com Deus, mas isso não ocorre apenas no momento da conversão e termina ali. Essa conscientização santa aumenta continuamente. Quanto mais tempo estivermos trilhando o caminho com Jesus, mais cientes nos tornamos de como estamos abaixo do padrão divino. Esse processo fez Martinho Lutero referir-se constantemente a si mesmo como um "pecador fedido". Esse era o seu clamor no dia da sua morte, tanto que muitas pessoas pensaram que ele estava endemoninhado, porque não parava de lamentar a sua pecaminosidade.

BEM-AVENTURADOS OS QUE CHORAM?

Em seguida à primeira Bem-aventurança, a segunda chega ecoando este sentimento: "Bem-aventurados os que choram, porque eles serão consolados" (Mt 5.4). A pergunta que acertadamente cabe aqui é: "Deus quer que eu seja feliz?" Sim, mas pelas razões certas. Se você pensa que encontrará a felicidade em uma casa maior e um carro mais luxuoso, está redondamente enganado. Para dizer a verdade, não é o que Jesus quer dizer mais adiante no Sermão da Montanha (Mt 6.33), quando ordena que os discípulos busquem "primeiro o Reino de Deus, e a sua justiça"? Não são os pagãos que tornam os assuntos terrenos a sua preocupação primária?

Essa segunda Bem-aventurança é tão chocante quanto a primeira. Em geral, quando vemos alguém chorando, ficamos tristes e esperamos que a situação mude ou melhore. Mas Jesus está dizendo que o estado de choro é o estado de bem-aventurança, o que nos leva a entender que os que não choram são os que não são bem-aventurados. Os padrões do mundo se voltam contra eles mesmos.

Alberto Magno (1193-1280), teólogo e cientista alemão do século XIII, cujo aluno mais famoso foi Tomás de Aquino, pintou este belo quadro de choro na obra intitulada *Sobre Partir para Deus*:

> *Não desejemos qualquer prazer desta nossa vida mortal e física, mas choremos, pranteemos e lamentemos sem cessar nossas faltas, transgressões e pecados. Menosprezemo-nos e aniquilemo-nos totalmente. E a cada dia as pessoas nos considerem cada vez mais vis e desprezíveis, ao mesmo tempo em que em toda a nossa insignificância nos tornemos inúteis aos nossos próprios olhos, de forma que agrademos unicamente a Deus, amemos unicamente a Ele e nos apeguemos unicamente a Ele.*

Pregar tal mensagem hoje despertaria grande dúvida e desconfiança em muitos que freqüentam as nossas igrejas, mas é precisamente isso que Jesus quer dizer quando afirma que os que choram são os que são abençoados. Não há verdadeira alegria espiritual sem choro por nossa pecaminosidade. Não há verdadeira satisfação espiritual sem conscientização de nossa indignidade. Não há verdadeira prosperidade espiritual sem sofrimento. Infelizmente, muitos em nossas igrejas hoje querem alegria, satisfação e prosperidade no pleno sentido *material* desses termos.

ISSO PARA MIM É GREGO

A maioria dos crentes pensa que estudar o grego original do Novo Testamento é só para intelectuais e estudiosos. Essa é uma noção infeliz, porque examinar o grego pode ser esclarecedor. É comum o exame do original grego proporcionar informações valiosas sobre a razão de o escritor ou orador ter escolhido uma palavra específica para transmitir o seu significado. É exatamente o que ocorre com o mandamento que Jesus nos deu de sermos pobres de espírito.

A palavra grega traduzida por "pobres" é *ptõchos*. Significa, literalmente, "aquele que se abaixa e se agacha", mas também tem o sentido metafórico, que é o que se dá em nossa passagem em estudo.[3] A imagem mental é o mendigo pobre abaixado ao chão procurando um donativo — nesse caso, um donativo espiritual.

Na Epístola aos Gálatas, Paulo usa a mesma palavra grega quando fala sobre a teologia dos judaizantes. Lá, ele está descontente com os crentes gálatas que estão caindo na mentira dos judaizantes, que anunciava: os convertidos têm de primeiro conformar-se à lei do Antigo Testamento para depois tornarem-se cristãos genuínos. Paulo diz que esses ensinos são "fracos e *pobres*" (Gl 4.9, grifo do autor), a mesma palavra grega *ptõchos*. Os ensinos dos judaizantes são baixos e indigentes, sem força para levantarem-se sozinhos.

O Jesus glorificado usa a palavra em sentido metafórico quando fala com a Igreja em Laodicéia: "Como dizes: Rico sou, e estou enriquecido, e de nada tenho falta (e não sabes que és um desgraçado, e miserável, e *pobre*, e cego, e nu)" (Ap 3.17, grifo do autor). O castigo que o Senhor tem para os crentes laodicenses deveria despertar essa geração hodierna, sobretudo quem crê que a bem-aventurança de Deus está personificada em bens materiais e físicos. É óbvio que podemos dizer com acerto que as bênçãos vêem de Deus, mas quando cremos que as bênçãos materiais formam o cerne da aprovação de Deus é que imediatamente caímos da graça. É freqüente citarmos a aprovação de Deus como pretexto para buscarmos bênçãos materiais.

"Felizes os infelizes." Este é o paradoxo personificado nas duas primeiras Bem-aventuranças. Jesus proclama uma verdade alienígena ao nosso mundo atual: Pobreza é Bem-aventurança. Não devemos nos surpreender que tal proclamação seja recebida com olhares de dúvida e suspeita. O mundo prefere um provérbio diferente: "Bem-aventurados os fortes" ou "Bem-aventurados os ricos". E foi o que aconteceu ao longo da história da igreja.

LIÇÕES DA HISTÓRIA

Na Idade Média, esse chamado à pobreza espiritual causava estranheza a muitos, e, pelo visto, só as pessoas muito devotas se envolviam com isso. Erasmo de Roterdã (1469-1536), humanista católico do século XVI, contou a história do apóstolo Pedro tentando entrar no céu. Infelizmente, para ele, o papa não o permitiria entrar porque Pedro era muito pobre. Satiricamente, Erasmo observou o quanto os papas tinham se distanciado do primeiro papa. De acordo com eles, o verdadeiro cristianismo estava na riqueza e regalia, e o falso cristianismo estava na escassez e pobreza. Como disse Erasmo no seu famoso tratado intitulado *Elogio da Loucura*: "Você encontrará algumas pessoas tão absurdamente religiosas que logo elas suportarão até as mais grosseiras zombarias ditas contra o próprio Cristo e sequer ouvirão alguém dizer algo de leve sobre o papa ou um príncipe, sobretudo se for algo que diga respeito ao lucro que eles têm".[4]

Hoje, enfrentamos etos semelhante com o surgimento do cristianismo da prosperidade, saúde e dinheiro que se espalhou por todo o mundo. Esses adeptos promulgam que Deus quer que sejamos felizes. Como é evidente que a felicidade está diretamente relacionada ao nosso bem-estar físico e material, eles afirmam que o desejo de Deus para nós tem de ser saúde e segurança financeira. A conclusão a que eles chegam é que se a nossa experiência pessoal fica abaixo de tais ideais, somos culpados por nossa falta de fé e confiança em Deus.

Esse ponto de vista resulta no que denomino de "chantagem espiritual". Eles dizem aos novos adeptos que, caso não tragam dinheiro para a igreja — entendido geralmente como dízimo, mas na maioria das vezes chamado "semear dinheiro" — não serão abençoados financeiramente por Deus. De maneira recíproca, caso eles ponham o dízimo diante do altar, Deus lhes dará bênçãos multiformes.

Em meu trabalho como missionário na Namíbia, sudoeste da África, sirvo como pastor de uma igreja pequena na capital Windhoek. Depois de anos nos reunindo no auditório de uma escola de Ensino Médio, começamos a construir um templo nos arredores da cidade. Durante dois anos levantamos dinheiro o suficiente para erguer a construção até ao telhado.

Em certo domingo de Páscoa, resolvemos que passaríamos a cultuar em nossas novas instalações, mesmo que o telhado estivesse por fazer. Esperávamos que estar em uma igreja sem telhado estimulasse nossos membros a contribuir para terminá-la. Duas páscoas depois, ainda estávamos sem telhado. Pela misericórdia do Senhor, Ele nunca permitiu que chovesse nas manhãs de domingo ou durante nossas outras reuniões na igreja. Uma doação deixada em herança a nós por um membro fiel que morreu nos proporcionou fundos suficientes para terminar o telhado. Do tempo que começamos a construção até o tempo que tivemos uma igreja com telhado levou mais de quatro anos. Claro que ainda falta o emboço, o assoalhamento, a pintura e outros itens de acabamento, mas estamos fazendo.

Durante esse tempo, outra igreja comprou um terreno de primeira qualidade no centro da cidade de Windhoek, na rua principal que corta a capital. Em menos de um ano, construíram um templo cinco vezes maior do que a nossa igreja, um prédio magnífico que acomoda quase mil pessoas. Essa igreja veio para a Namíbia mais ou menos na mesma época que nossa igreja começou.

Qual igreja é abençoada por Deus? Sabendo nada mais que esses detalhes que lhe contamos, em sua opinião qual igreja goza do favor de Deus?

Nossa pequena igreja crê que a Bíblia é a inerrante Palavra de Deus e a autoridade infalível para a nossa vida. Pregamos o evangelho em sua plenitude, a necessidade de arrependimento e fé na obra expiatória de Jesus e a obra salvífica de Cristo como o único Mediador e Salvador.

A outra igreja ensina os seus membros que Deus deseja que sejam felizes e saudáveis, tendo estabilidade financeira e corpos sãos. Eles crêem que um copo de água abençoado toda manhã pelo pastor e bebido pelos congregados os protegerá ao longo do dia, e que Deus exige que a fé seja expressa levando-se os dízimos à igreja todas as semanas. Muito semelhante a um caça-níqueis, o número certo de moedas ofertado à igreja garante que eles terão um retorno de Deus em termos de saúde.

O meu desejo é que a igreja que freqüento esteja cultuando a Deus, mas tenho plena certeza de que a outra igreja não está. Não obstante, alguém não-crente concluiria que, em comparação a outra igreja, a nossa não é abençoada por Deus. E arrisco acrescentar que um bom número de crentes pensa da mesma forma.

Muitas pessoas também não achavam que o apóstolo Paulo fosse uma pessoa abençoada por Deus. Repare na descrição que ele fez sobre as coisas que havia suportado, e veja se esta é a experiência de alguém que consideramos abençoado por Deus:

> São ministros de Cristo? (Falo como fora de mim.) Eu ainda mais: em trabalhos, muito mais; em açoites, mais do que eles; em prisões, muito mais; em perigo de morte, muitas vezes. Recebi dos judeus cinco quarentenas de açoites menos um; três vezes fui açoitado com varas, uma vez fui apedrejado, três vezes sofri naufrágio, uma noite e um dia passei no abismo; em viagens, muitas vezes; em perigos de rios, em perigos de salteadores, em perigos dos da minha nação, em perigos dos gentios, em perigos na cidade, em perigos no deserto, em perigos no mar, em perigos entre os falsos irmãos; em trabalhos e fadiga, em vigílias, muitas vezes, em fome e sede, em jejum, muitas vezes, em frio e nudez. *(2 Coríntios 11.23-27)*

Fico imaginando quantos crentes hoje em dia considerariam tais experiências como bênçãos de Deus. Temos a tendência a atribuir todas as coisas ruins e sórdidas que nos acontecem a Satanás, enquanto que todas as coisas boas vêm de Deus. Lógico que a última declaração não está de todo errada, mas a primeira também não está de todo certa. Os ataques de Satanás são indubitavelmente reais, mas também o são as provações e tribulações enviadas por Deus ao nosso caminho. Tudo que precisamos fazer é examinar a vida de Jó e de Jesus para reconhecermos essa realidade.

A simples verdade é: Logo que perdemos a idéia da pobreza física em Cristo, também começamos a perder o conceito da pobreza espiritual. Essa verdade está clara no ensino franco de Jesus concernente aos ricos. "É mais fácil passar um camelo pelo fundo de uma agulha do que entrar um rico no Reino de Deus" (Mt 19.24). Há um bom motivo para todos os três autores sinóticos terem registrado esse ensino, da mesma maneira que há boas razões para Jesus ter falado tantas vezes sobre dinheiro em geral. A tentação ao conforto material é surpreendentemente forte, e o excesso nessa área pode ser uma ativa pedra de tropeço para a fé. Como escreveu o apóstolo Paulo: "O amor do dinheiro é a raiz de toda espécie de males" (1 Tm 6.10).

Penso que os monges tinham razão, pelo menos até certo ponto. Há uma ligação entre o corpo e a alma, entre o físico e o espiritual. O homem é feito de dois componentes primários: o material e o imaterial. É impossível separar os dois. Caso o fizermos, não teremos um ser humano, mas uma alma sem corpo ou um corpo sem alma. Essa era a heresia do gnosticismo que tratava o corpo como elemento separado da alma. E hoje é o erro comum de sistemas de crenças semelhantes que tratam equivocadamente o mal do pecado, quando lidam apenas com um componente do homem. Os monges reconheciam a conexão entre o corpo e a alma, e reputavam que a disciplina de um afetava necessariamente a disciplina do outro.

Na verdade, não precisamos ir aos extremos do asceticismo radical que há na ordem dos monges (com a autoflagelação, o jejum forçado e a privação de confortos indo ao extremo da perda de sono e água). Não penso que a pobreza espiritual seja necessariamente impedida por uma cama quente e macia, e roupas bonitas e informais. Os monges fizeram o que os pecadores comumente fazem: pegaram uma coisa boa e, servindo-se de excessos, a tornaram má.

Mas só porque os monges erraram nos excessos não significa que não tenham acertado o alvo com relação à intenção original. Gostaria de examinar a disciplina espiritual do jejum como exemplo, e, com isso, começaremos a ver como podemos ficar pobres de espírito.

O QUE A COMIDA TEM A VER COM ISSO?

Quando foi a última vez que ouviu um sermão sobre jejum? Agora compare isso com a freqüência com que você ouve lições sobre a oração ou recebe incentivos para ler a Bíblia diariamente. O jejum é uma disciplina espiritual que está quase que totalmente ausente nas igrejas de hoje. Claro que há pessoas que a praticam, mas a maioria dos crentes a considera algo estranho e esquisito.

Nos dias de Jesus, o oposto era verdade. Jejuar era tão comum que o fariseu no Templo disse que jejuava duas vezes por semana (Lc 18.12). Quando Jesus deu mandamentos sobre esse assunto no Sermão da Montanha, não declarou: "se jejuardes", mas "*quando* jejuardes" (Mt 6.16, grifo do autor). Tratava-se de uma disciplina espiritual bem conhecida na sua época, e Ele esperava que os discípulos a praticassem.

Mas não é o que acontece na sociedade de hoje, em que impera a satisfação e a abundância. A noção do dever de nos abster de algo tão básico quanto o alimento é esquisita e nos soa estranha. Parece não haver uma boa razão para o jejum. No Sermão da Montanha, os mandamentos de Jesus relativos ao jejum vêm junto com as instruções relativas a duas outras disciplinas espirituais: a oração e a contribuição. Estamos familiarizados com essas duas últimas e admoestamos nossos fiéis a fazê-las. Então por que evitamos a outra?

Um estudo simples das Escrituras sobre esse tópico revela uma lista surpreendente de pessoas que praticaram o jejum. Na Bíblia, temos no mínimo cinqüenta referências ao jejum. Moisés, Davi, Elias, Daniel, Jesus e os discípulos jejuaram. Da história da igreja, temos líderes tão notáveis quanto Martinho Lutero, João Calvino e John Wesley que jejuavam regularmente. Se levássemos em conta apenas os dados bíblicos e históricos, já não seríamos sábios em ignorar esse tópico, mas infelizmente é o que fazemos.[5]

Uma razão para esse desleixo é que certas pessoas estão teologicamente confusas sobre o motivo para jejuar. Certo pastor que conheço fez para a sua igreja uma série de pregações sobre o Sermão da Montanha e resolveu pular a passagem que fala sobre o jejum. Ele explicou que não tinha absoluta certeza se deveríamos ou não jejuar; por isso, não se sentia bem em falar à congregação sobre esse tema. Mas, ao pular a passagem, esse pastor não estava comunicando à igreja que jejuar é coisa de somenos importância?

Outra razão é que no transcurso dos séculos da história da igreja o jejum passou de algo voluntário para algo obrigatório. Os judeus passaram de um jejum obrigatório por ano, como está prescrito na Torá, durante o Dia da Expiação, para um jejum praticado várias vezes por semana como ocorria no tempo de Jesus. Semelhantemente, a Igreja Primitiva passou do jejum como prática voluntária para o jejum como prática obrigatória. Os crentes eram forçados a observar jejuns semanais, e os que não jejuavam eram considerados imaturos, se não pecadores.[6]

As igrejas protestantes reagiram contra essa coerção religiosa, e com razão. Mas elas podem ter reagido muito negativamente, a ponto de hoje raramente falarmos sobre jejum e perdermos a visão da importância dessa disciplina espiritual.

Minha tarefa agora não é fornecer uma exposição completa sobre o tópico do jejum, mas usá-lo como exemplo de como a pobreza física influencia a pobreza espiritual.[7] Ao tratar desse assunto, estamos cientes de dois erros comuns relativos ao jejum. O primeiro erro é cair em um asceticismo rígido com tempos e datas obrigatórias para jejuar. Essa abordagem perde totalmente o espírito da disciplina. O segundo erro é ignorar o jejum por completo.

Jejuar é uma disciplina espiritual, muito semelhante à leitura da Bíblia. Nós incentivamos os crentes a ler a Bíblia diariamente, mas em nenhuma parte das Escrituras existe esse mandamento. Mesmo assim, reconhecemos que ler a Bíblia todos os dias é um exercício espiritual proveitoso; por isso, incentivamos as pessoas a fazê-lo. Claro que há perda significativa se alguém ficar um dia aqui outro ali sem ler a Bíblia, mas ele não está especificamente pecando.

Porém, se decidir *nunca* ler a Bíblia, está pecando. O mesmo dizemos sobre o jejum. Trata-se de uma ferramenta espiritual inteligente que foi usada por incontáveis santos ao longo dos tempos bíblicos e da história da igreja para aproximarem-se mais de Deus. Se não nos servimos dessa ferramenta espiritual, desperdiçamos uma bênção espiritual.

RAZÕES PARA JEJUAR

Há várias razões para os crentes jejuarem, desde a natureza humilhante e sacrifical da prática ao desejo de buscar a vontade de Deus em uma circunstância específica. Para cumprir o propósito que temos para este livro, examinaremos apenas uma razão: aprender a autodisciplina e o autocontrole.

O autocontrole ou temperança é um dos aspectos do fruto do Espírito Santo (Gl 5.22,23). A Bíblia é persistente em ordenar os crentes a serem autodisciplinados e autocontrolados. Por exemplo, Paulo escreveu que esmurrava o seu corpo duramente até obrigá-lo a ser seu escravo (1 Co 9.25-27). Há uma diferença distinta entre o animal que só pode dar vazão mecânica aos seus impulsos físicos e o ser humano que têm a habilidade de controlá-los.

"O jejum tem o poder de separar nossa mente do mundo do sentido e aguçar nossa sensibilidade ao mundo do espírito."[8] Se você consegue privar-se do mais forte dos desejos humanos, a necessidade que o corpo tem de alimentar-se, então você consegue controlar-se por completo. Com freqüência, os crentes caem em pecado simplesmente porque não possuem o autocontrole necessário para resistir à tentação. Sabemos que o crente não é tentado além do que possa suportar (1 Co 10.13). Diante disso, a conclusão simples é que todo pecado voluntarioso é resultado da falta de autocontrole e autodisciplina por parte do crente. É o que Tiago quer ensinar na sua epístola quando fala de o indivíduo ser "atraído e engodado pela sua própria concupiscência" (Tg 1.13,14).

O jejum é uma disciplina espiritual que ajuda o crente a aprender o autocontrole. Se conseguirmos nos educar para renunciar as necessidades físicas básicas como comida e água, não teremos também a habilidade de resistir os outros elementos carnais que tentam o nosso corpo? Negar-nos certos prazeres físicos ou materiais ajuda a nos disciplinar para negar-nos os prazeres pecaminosos também. Lógico que temos de nos precaver contra o engano do asceticismo rígido ou forçado, mas também não devemos perder a utilidade dessa disciplina espiritual ignorando-a.

A comparação entre o primeiro Adão e o segundo Adão é surpreendente sob este aspecto. O primeiro Adão no jardim do Éden não resistiu à tentação de comer o fruto da árvore proibida que estava no meio de numerosas árvores das quais ele podia comer. O segundo Adão, Jesus Cristo, depois de jejuar quarenta dias no deserto, resistiu à tentação de Satanás de transformar pedras em pães sem ter outros alimentos à mão. Jesus aprendera a controlar seus apetites e desejos físicos, e dessa disciplina também veio a habilidade de resistir à tentação espiritual.

Todos os tipos de pecados emanam da falta de autocontrole e autodisciplina, mas quando o crente possui autocontrole, consegue resistir a muita tentação. O jejum ajuda o crente a desenvolver esse autocontrole.

COMO TORNAR-SE POBRE DE ESPÍRITO?

A esta altura, o leitor está se perguntando: "Por que toda essa conversa sobre pobreza física e jejum? Pensei que este capítulo tivesse a ver com pobreza espiritual".

Como comentamos anteriormente, a palavra grega traduzida por "pobres" é usada metaforicamente para referir-se às pessoas que são "baixas e indigentes" de espírito. Esse não é um comportamento natural para a maioria das pessoas; nem é uma atitude de fácil aceitação. Os crentes ao longo da história reconheciam a necessidade de incutir essa atitude em sua disposição mental. Um modo como faziam isso era submeter o corpo à "pobreza física". Desta forma, eles também se educavam em desenvolver uma pobreza de espírito. O ser humano é feito de componentes materiais e imateriais. Por causa disso, acredita-se acertadamente que é natural um afetar o outro. Tão certo quanto a falta de disciplina espiritual pode resultar em erro de conduta física, assim também a presença de disciplina física pode trabalhar para produzir disciplina espiritual.

Essa discussão sobre o jejum levanta, então, a pergunta: "Como me torno pobre de espírito?" Um modo é disciplinar os apetites e desejos físicos.

Outro modo de desenvolver um espírito de pobreza é fazer uma mudança radical do passado. Ser pobre de espírito é reconhecer que, na qualidade de pecadores, não levamos nada para Deus, e que Ele tem de criar uma nova criatura de nós. É por isso que todo procedimento em que, entre suas ações, não haja o rompimento total de nosso passado simplesmente não funcionará.

Nas suas queixas relativas à igreja e seus desígnios sobre a "graça barata", Dietrich Bonhoeffer, teólogo alemão do século XX, reconheceu a natureza drástica do chamado de Jesus para aquele que se digna ser seu discípulo. A "graça cara" envolve um trabalho totalmente novo, uma interrupção dramática do passado e um movimento em direção a uma nova vida. Pedro não teve a permissão de continuar cuidando das redes de pesca; nem Mateus pôde manter as funções da coletoria. Ambos tiveram de abandonar o passado imediatamente. De acordo com Bonhoeffer, qualquer coisa que não contenha esse rompimento radical é "graça barata".[9]

O apóstolo Paulo tem uma mentalidade semelhante quando fala que a sua vida antes de converter-se a Cristo era "esterco" (Fp 3.8). A palavra grega *skubalon* significa literalmente "refugo" ou "estrume", denotando algo a ser completamente descartado e lançado fora.[10] Só alguém com pobreza de espírito reconhece que a vida antes da conversão era inútil e desprezível. É por isso que Paulo disse: "Se alguém está em Cristo, nova criatura é: as coisas velhas já passaram; eis que tudo se fez novo" (2 Co 5.17). Uma "nova criatura" significa um trabalho totalmente novo, e não a reforma ou conserto do material existente.

Para Paulo, o ato de conversão é um ato de criação. No capítulo anterior da mesma epístola, ele usa a linguagem da criação para demonstrar esta mudança: "Porque Deus, que disse que das trevas resplandecesse a luz, é quem resplandeceu em nossos corações, para iluminação do conhecimento da glória de Deus, na face de Jesus Cristo" (2 Co 4.6). Da mesma maneira que Deus criou "no princípio", assim também Ele nos recria. Da mesma maneira que em Gênesis vemos Deus tomando uma terra que era "sem forma e vazia", assim também

Ele toma nossa vida sem forma e vazia e nos refaz. Da mesma maneira que no princípio Ele disse: "Haja luz", assim também resplandeceu em nossos corações.

O termo "nova criatura" ecoa as palavras de Jesus quando declarou: "Necessário vos é nascer de novo" (Jo 3.7) e "O que é nascido da carne é carne, e o que é nascido do Espírito é espírito" (Jo 3.6). Não se trata de tomar o material velho e apenas reformá-lo. É a recriação de algo inteiramente novo. Novo nascimento. Renascimento. Renovação. Nova criatura.

> *Quando Deus perdoa, não diz que entende as nossas fraquezas ou leva em consideração os nossos erros. Pelo contrário, Ele joga fora e acaba com a totalidade de nossa vida morta e levanta-nos com uma nova vida.*[11]

As pessoas que não têm um espírito de pobreza aproximam-se de Deus com certa arrogância: "Deus recebeu alguém muito bom quando me alcançou". Elas não admitem a sua completa necessidade espiritual e preferem pensar que são de nível mais elevado do que são. Somente a genuína conversão é acompanhada pela genuína pobreza de espírito. Se em nossa confissão cristã nos apegarmos a esta ou àquela parte de nossa vida passada, estaremos tão-somente nos enganando. Esses são os tipos de discípulos pelos quais Jesus não está interessado.

ABANDONANDO OS PADRÕES DO MUNDO

Outro modo de desenvolver um espírito de pobreza é trabalhar conscientemente para abandonar os padrões do mundo. A Bíblia não chama os crentes para serem "prósperos". O Novo Testamento não promete bênçãos materiais aos discípulos de Jesus. Na realidade, o oposto é a verdade. Ele promete perseguição, tribulação e oposição aos crentes.

A promessa que *temos* é a presença e amor constante de Deus. Ele nunca nos deixará nem nos abandonará. Nada pode nos separar do seu amor. Mas neste mundo, isso pode significar perseguição, aprisionamento, perda de toda posse material e os momentos mais graves e sombrios de desânimo e dúvida.

Há pouco tempo ganhei um livro de uma amiga que me pediu que o lesse e lhe desse a minha opinião. O livro foi escrito pelo pastor de uma das maiores igrejas dos Estados Unidos. De praticamente todo tipo de medição, essa igreja é uma história de sucesso. Já no começo do livro, o pastor fala de uma visita que ele e a esposa fizeram a uma casa recém-construída. Segundo ele, a casa era magnífica e muito melhor que a casa velha e pequena em que eles moravam na ocasião. Depois que saíram da casa nova, a esposa proclamou ousadamente que um dia eles também morariam em tal casa. O pastor confessa que não tinha fé para crer nisso, apesar de ser um homem de Deus. Mais tarde, entretanto, também passou a crer e, em anos subseqüentes, foi o que aconteceu.

O pastor faz esse relato como exemplo de fé espiritual, o tipo de fé que Deus quer de nós. Mas em vez de ser fé espiritual, essa atitude é meramente desejo mundano. "Deus quer que eu tenha uma casa magnífica" é uma declaração arrogante e egoísta, e não uma declaração de fé. Infelizmente, essa historieta estabelece o tom para o livro e sua mensagem, que serve como exemplo do hedonismo e narcisismo que se enfronham furtiva e calmamente no cristianismo evangélico. Não há senso de sacrifício em tal atitude.

Os que buscam e esperam bênçãos materiais de Deus erram em duas frentes. Em primeiro lugar, acreditam que bênçãos materiais são um sinal certo do favor de Deus. Lógico que bênçãos materiais *podem* ser um sinal do favor de Deus, mas tal significação não é automática. Há muitas pessoas ricas e incrédulas no mundo hoje, da mesma forma que há muitas pessoas pobres e espirituais.

Esse foi o erro cometido por Bildade, Elifaz e Zofar, os amigos de Jó. Eles trabalharam para trás, determinando que a perda de Jó das bênçãos materiais tinha de indicar alguma falha moral da sua parte. No fim, Deus os castigou por causa dessa opinião ininteligente. Claro que Jesus é o exemplo mais perfeito de alguém que teve o favor completo de Deus, mas que ganhou poucas bênçãos materiais por causa disso.

O segundo erro cometido por aqueles que esperam bênçãos materiais de Deus é que os desejos materiais logo acabam se tornando o alvo exclusivo. Os sermões tornam-se grandes empenhos motivacionais que têm por objetivo a fazer os ouvintes se sentirem bem consigo mesmos, tudo na esperança de criar uma auto-imagem positiva. A dedução racional óbvia é que essa "fé" produzirá as bênçãos de Deus. Perde-se a pobreza espiritual, e em seu lugar entra um critério secular de auto-estima.[12]

Essa é uma visão equivocada de auto-estima. Na auto-estima saudável não há o sentimento de sentir-se bem consigo mesmo. Pelo contrário, há o reconhecimento honesto da própria pecaminosidade e a necessidade constante de misericórdia e graça. É a estima justa e racional de si mesmo que leva em conta entender que estamos espiritualmente arruinados.

A pregação da prosperidade estima o homem em grau mais alto do que deveria, produzindo assim uma auto-estima doentia. Esse é o ponto em que os padrões do mundo e os padrões de Jesus entram em conflito. O mundo não pode imaginar uma auto-estima saudável que não contenha o sentimento de sentir-se bem consigo mesmo; reciprocamente, o mundo não pode admitir uma autoconsciência saudável no reconhecimento da própria pecaminosidade e ruína espiritual. Falar de pecado parece autoderrota para o mundo, mas é precisamente o reconhecimento do pecado próprio que liberta a pessoa. Mentir para si mesmo nunca é saudável.

O mundo diz: "Mostre-me uma pessoa com auto-estima elevada e lhe mostrarei alguém que realizará grandes coisas para o mundo". Deus diz: "Mostre-me uma pessoa que não se estima de modo algum e lhe mostrarei alguém que fará grandes coisas para mim".

Os pregadores do evangelho da prosperidade esquecem que o mundo não é o nosso lar. Os crentes são "estrangeiros e peregrinos no mundo" (1 Pe 2.11, NVI). Infelizmente, muitos cristãos procuram fazer desta vida temporária na terra a sua residência permanente. Eles perdem de vista a meta espiritual e a substituem pela meta material. O desejo de satisfação e sucesso temporal sufoca a visão eterna. É com alegria que eles trocam uma mansão no céu por uma mansão em Beverly Hills ou Malibu.

> *É perfeitamente possível desejar os presentes do Senhor, mas não o próprio Senhor, o que parece indicar que os presentes são preferíveis ao Presenteador.*[13]
>
> *Agostinho (354-430),* Confissões

Tenho de confessar que me sinto inacreditavelmente atraído por tais coisas. Quero ser bem-sucedido no sentido pleno da palavra. Quero fama. Quero riquezas. Quero todos os confortos que este mundo pode me proporcionar. A idéia de que posso não atingir tão elevadas alturas me deprime, e fico ressentido com Deus por conta disso.

Quando me tornei missionário, meu pai disse que era uma mudança profissional ruim, e ele tinha razão. Na ocasião, eu me formara em engenharia, possuía um título de mestre em administração de empresas e trabalhava em um emprego com salário alto, servindo-me de um carro da empresa e tendo uma conta para despesas extras. Quando decidi ir para o campo missionário, tive uma queda salarial de 75%. Abandonei o aprazimento de uma região nobre de Chicago para ir ao Continente Negro. Muitas pessoas pensaram que eu era burro; e tenho de admitir que esse pensamento me ocorreu. Hoje estou com pouco mais de quarenta anos, e não possuo propriedades ou casa. Do ponto de vista do mundo, sou um fracasso. E se bênçãos e confortos materiais forem a medida do favor de Deus para a minha vida, então também sou um fracasso aos olhos de muitos cristãos.

O impulso de medir o meu sucesso baseado em considerações materiais é muito forte. Esse peso gravitacional é avassalador às vezes; testa a minha fé até às suas entranhas. Mas posso dizer sem restrição que se eu tivesse cinco vezes mais dinheiro do que tenho agora, possuísse uma casa grande e usufruísse um salário gordo, tais coisas seriam imateriais para determinar o meu sucesso espiritual e o favor de Deus em minha vida. O fato é que na maioria das vezes as bênçãos materiais e o favor de Deus são inversamente proporcionais. Em outras palavras, não dá de simplesmente olhar para as riquezas e posses de alguém e automaticamente concluir que tal pessoa é favorecida por Deus.

John Wesley, o grande evangelista inglês, disse que se ele morresse com mais de cinco libras no bolso, ficaria com vergonha de olhar no rosto de Deus. Admito que quanto mais dinheiro tenho no bolso, mais seguro me sinto. Se eu estivesse vivendo no tempo das peregrinações dos israelitas pelo deserto, fico imaginando quanto tempo teria levado para aprender a não colher mais maná do que as minhas necessidades de um dia.

A conclusão sutil é que contanto que tenhamos bênçãos materiais, temos êxito aos olhos de Deus, mas se estamos infestados por dificuldades e adversidades, não somos abençoados por Ele. Mas Jesus inverte esse ponto de vista mundano, e faríamos bem em reconhecer isso. Há muitas pessoas descrentes e prósperas no mundo de hoje, e muitos homens e mulheres espirituais que são completos fracassos de acordo com os padrões do mundo. Temos de ser cuidadosos em não descartar os padrões de Deus e substituí-los pelos do mundo. Foi o que a serpente fez no jardim do Éden, e é o que ela continua fazendo hoje.

Digamos de outro modo: O que caracteriza a pessoa que *não é* pobre de espírito? Ela é dirigida por ideais mundanos. O seu coração está cheio de desejos pecaminosos. Os seus pensamentos são dominados por interesses materiais. Jesus nos fala que é assim que os pagãos se comportam, mas não como os discípulos devem se comportar (Mt 6.32).

O nosso alvo nunca deve ser as bênçãos materiais. Como Jesus claramente diz em outro ponto do Sermão da Montanha, temos de ajuntar tesouros no céu. Os tesouros da terra estão sujeitos à deterioração (Mt 6.19). Por mais maravilhosas que as bênçãos materiais sejam, elas não duram. Só os tesouros divinos duram por toda a eternidade.[14]

MAS DEUS NÃO DESEJA QUE EU SEJA FELIZ?

"O povo de Deus tem de ser o povo mais feliz da terra." Essa é uma das declarações mais freqüentes que os pregadores da prosperidade fazem. Ela contém certa verdade, mas não pelas razões que eles costumeiramente dão. Voltando ao livro que mencionei há pouco, em parte alguma é citado o perdão de Deus. Em parte alguma, encontramos por que os crentes têm de ser alegres — porque eles foram reconciliados com Deus. Em vez disso, pensa-se que essa felicidade vem do fato de que "Deus tem um grande plano para a sua vida" e da esperança de que você possua uma casa grande e arrume um emprego melhor.

O livro nos diz para "mentalizar o sucesso" e "programar a mente para o sucesso". Manda que abandonemos a "mentalidade de fracos lamurientos" e a "mentalidade da pobreza" para, no seu lugar, colocarmos a "mentalidade da prosperidade". A nossa meta, segundo o livro, é "o melhor que essa vida tem a oferecer". Os leitores são aconselhados a desenvolver uma imagem de vitória, sucesso, saúde, abundância, alegria, paz e felicidade, pois então nada na terra poderá tirar essas coisas deles.

O autor está certo quando conclama os leitores a uma mudança de pensamento, e superficialmente essa conclamação reflete o conselho de Paulo registrado em Romanos 12.2, que diz: "E não vos conformeis com este mundo, mas transformai-vos pela renovação do vosso entendimento". Mas visto que o mandamento de Paulo para renovar a nossa mente está acoplado ao mandamento de não nos conformar com os padrões do mundo, as palavras de estímulo escritas por aquele pregador da prosperidade nos apontam exatamente para essa direção.

Há duas representações contraditórias da relação entre o homem e Deus que são antagônicas em nossas igrejas de hoje. Uma representação mostra que Deus é santo e justo, um Juiz que é severo com o pecado. Foi o que Ele fez quando enviou o seu próprio Filho para pagar a pena do pecado, cumprir as justas exigências da lei e receber a punição que com justiça merecemos pelos nossos pecados. Na posição de crentes, somos "inimigos reconciliados" de Deus.

O nosso dever, então, é servir a Deus totalmente e sempre andar no conhecimento da graça que nos salvou. Claro que somos chamados filhos, tendo sido adotados na sua família, mas também somos chamados servos, tendo sido recrutados para uma vida de sacrifício e compromisso. Os discípulos de Jesus não acham que o mundo seja um lugar confortável, mas esperam a residência eterna.

A outra representação é que Deus quer nos abençoar se tão-somente tivermos fé. A tônica sai dos assuntos espirituais do pecado e salvação para concentrar-se nos assuntos materiais das bênçãos e prosperidade. O problema não é o pecado, mas baixa auto-estima e pensamento negativo. A meta não é a salvação, mas o sucesso. Se ao menos tivermos opinião mais elevada de nós mesmos e enchermos a mente com pensamentos positivos, moldaremos um futuro mais próspero que será abençoado por Deus. Os discípulos de Jesus devem sentir-se confortáveis no mundo e esperar bênçãos materiais de Deus. Na verdade, sob certos aspectos, eles devem exigir tais bênçãos.

O evangelho da prosperidade não vai tão longe quanto o cristianismo liberal, que rejeita as doutrinas tradicionais, mas ainda são da mesma qualidade. Deus se torna um tipo de Papai Noel cósmico que existe para nos abençoar, se tão-somente crermos que assim Ele fará. Os assuntos de significação eterna estão descartados em prol das considerações de felicidade temporal.

O livro *Imitação de Cristo*, escrito por Tomás de Kempis (1380-1471), é um dos grandes clássicos da literatura cristã. Pensa-se que, junto com a Bíblia, esse foi o livro mais lido ao longo da Idade Média. O livro mostra uma atitude extremamente necessária na cristandade de hoje. Kempis reconheceu a necessidade de uma pobreza de espírito que está ausente na igreja. "Despreocupados e descuidados de nossos defeitos, não percebemos os verdadeiros males de nossa alma, mas muitas vezes nos entregamos às risadas vazias, quando, com razão, devíamos chorar."[15]

DESENVOLVENDO UMA PERSPECTIVA ETERNA COM SIGNIFICAÇÃO TERRENA

Tentemos uma analogia para mostrar a imperfeição dos que se concentram em bênçãos materiais. Imagine um mendigo sentado na calçada mendigando comida. Se lhe dermos comida por um dia, claro que o ajudamos, mas vem o amanhã, e ele voltará a ter fome. Se o alimentarmos pelo resto da sua vida, teremos feito um serviço muito melhor. Então não devemos ajudá-lo por um dia? Claro que devemos, mas ajudá-lo pelo resto da vida teria sido preferível.

Semelhantemente, quando concentramos nossa atenção em bênçãos temporais e materiais a ponto de excluir os assuntos eternos e espirituais, estamos alimentando o mendigo apenas por um dia, e não pela vida inteira. Estamos cuidando apenas das necessidades temporárias do dia, e não das necessidades de significação eterna.

Sempre fico pasmo quando vejo cristãos se concentrarem tanto em curas, por exemplo, a ponto de excluírem as questões mais espirituais. Lógico que é maravilhoso um cego ver, mas chegará o dia em que esse ex-cego morrerá. Nessa hora, quem se importará se durante a vida ele viu se na morte estiver separado de Cristo? "Que aproveita ao homem ganhar o mundo inteiro, se perder a sua alma? Ou que dará o homem em recompensa da sua alma?" (Mt 16.26).

Na organização missionária em que trabalho, tivemos um dilema semelhante. Alguns colegas missionários exerciam uma obra assistencial que ajudava centenas de crianças de rua, alimentando-as com refeições nutritivas todos os dias. Que grande bênção para essas crianças necessitadas. Mas ao avaliarmos o ministério, descobrimos que o evangelho não estava sendo apresentado a essas crianças. Disseram-nos que o evangelho estava sendo compartilhado "em silêncio", mas o fato é que tudo que estava sendo compartilhado era uma refeição. Claro que ajudar essas crianças era importante, mas se isso é tudo, ao término do dia o que fizemos foi alimentar as crianças e nada mais.

Tiago lida com crentes que em seu tempo cometiam o exato erro oposto. Eles viam alguém em necessidade e lhe diziam: "Deus ama você", mas nunca chegavam a ajudá-la de fato. "Se o irmão ou a irmã estiverem nus e tiverem falta de mantimento cotidiano, e algum de vós lhes disser: Ide em paz, aquentai-vos e fartai-vos; e lhes não derdes as coisas necessárias para o corpo, que proveito virá daí?" (Tg 2.15,16). Tiago conclui dizendo-nos que tal fé é morta (Tg 2.17,26).

Talvez você já tenha ouvido alguém falar mais ou menos assim: "Ele está tão ligado com as coisas do céu que está completamente desligado das coisas da terra". Como discípulos de Jesus, temos de tratar tanto das necessidades físicas quanto das necessidades espirituais das pessoas. Se nos concentrarmos nas necessidades físicas a ponto de excluir as espirituais, estaremos apenas proporcionando um bálsamo temporário. Se nos concentramos nas necessidades espirituais a ponto de excluir as físicas, não estaremos mostrando nenhuma compaixão terrena. Ambas as abordagens são sinais de fé morta.

A metade final do livro acima mencionado tem muitos ensinos maravilhosos que, ao que parece, refletem alguns dos ensinos de Jesus encontrados no Sermão da Montanha. Há diretivas bíblicas concernentes à compaixão, contribuição, misericórdia e integridade. Infelizmente, parece que esses temas são ensinados com intenção egoísta. Parafraseando a mensagem básica, eu diria: *Faça essas coisas boas para que você receba as bênçãos de Deus em sua vida*. Não há indicação de que, por exemplo, devemos contribuir e não esperar nada em troca, só porque contribuir faz parte de nossos deveres como crentes. Pelo contrário, sempre há alguma recompensa a receber, algum retorno material que podemos esperar se tão-somente contribuirmos com algo. Como diz o ditado popular: "Nada é de graça". E pelo visto, isso inclui as contribuições e atos de caridade, de acordo com esse ensino.

A atitude "O que eu ganho com isso?" está impregnada no evangelho da prosperidade. Penso que Jesus ficaria horrorizado em ver tal mentalidade. Na década de 1970, a clássica canção de Keith Green intitulada "Asleep in the Light" (Dormindo na Luz) censura a igreja por seu egocentrismo: "'Bless me, Lord, bless me, Lord,' You know, it's all I ever hear" ("Deus, me abençoe, Deus, me abençoe"; É só o que ouço). E Green repreende os crentes que recebem todos os benefícios de Cristo e vão descansar para esbaldarem-se neles sem trabalhar em prol do Reino de Deus.

É muito atrativo pregar o evangelho da prosperidade hoje. O desejo de bem-estar e o impulso ao sucesso são endêmicos à condição humana. Duvido que haja muitas pessoas que desde crianças desejaram ser pobres e necessitadas. Está na natureza humana desejar sucesso, almejar popularidade e prestígio, buscar situações confortáveis. É nesse ambiente de desejo humano universal pelo sucesso que Jesus nos fala: "Bem-aventurados os pobres de espírito".

Jesus toma o padrão mundano de bem-aventurança e o vira de cabeça para baixo. Esperaríamos que só o mundo contestasse tal reviravolta de ideais; mas, infelizmente, muitos na igreja também a contestam. Há atualmente uma crença ilusória e influente que está tomando conta das igrejas por todo o mundo, a qual rejeita de forma indiscriminada esse mandamento de Jesus. Estão oferecendo aos membros e freqüentadores da igreja uma cesta cheia de frutas podres, substituindo a pobreza de espírito pela riqueza do orgulho. Como crianças subnutridas, as barrigas parecem cheias, mas a verdade é que elas estão morrendo de inanição.

Tão certo quanto a serpente contradisse o mandamento de Deus no jardim do Éden, substituindo o "no dia em que dela comeres, certamente morrerás" pelo "no dia em que dele comerdes, [...] sereis como Deus" (Gn 2.17; 3.5), os que pregam a prosperidade e o poder do pensamento positivo substituem a pobreza de espírito pelo otimismo leviano.

> *Para uma vida mais feliz, ciência do Bem e do Mal;*
> *Do bem, quanto? Do mal, se o que é mau*
> *É real, por que não é conhecido, visto ser mais facilmente evitado?*
> *Deus não pode vos ferir então e ser justo;*
> *Não justo, não Deus; não temido, nem obedecido:*
> *O vosso medo da morte remove o medo.*
> Então por que isso foi proibido? Por que senão ter grande temor,
> *Por que senão manter-vos humildes e ignorantes,*
> *Os seus adoradores; ele sabe que no dia*
> *Em que vós comeis dele, os vossos olhos que parecem tão lúcidos,*
> *Estão senão turvos, serão então perfeitamente*
> *Abertos e iluminados, e vós sereis como Deuses,*
> *Sabendo o Bem e o Mal, como eles sabem.*
> *John Milton (1608-1674),* Paraíso Perdido

Substituir a vontade de Deus para a nossa vida pela nossa própria vontade significa aceitar a mentira da serpente. Da mesma maneira que a serpente tomou uma promessa de Deus e a torceu em uma mentira, os pregadores da prosperidade, saúde e dinheiro agem erradamente. Eles tomam algo que é verdade (Deus cuida dos crentes) e o torcem em algo que é proveitoso para eles e para outros (Deus me dará tudo que eu quiser aqui na terra para me fazer feliz e próspero).

Se eu disser: "Deus quer o melhor para a minha vida", eu terei razão. Mas se a essa declaração eu acrescentar: "Portanto, a minha esposa viverá tanto quanto eu", então estarei preenchendo a promessa com os meus próprios desejos e vontades. O melhor de Deus para a minha vida pode muito bem ser a pobreza, a perseguição e a dor. Pois não foi o que aconteceu com o nosso Mestre, Jesus Cristo? "Não é o servo maior do que o seu senhor" (Jo 15.20) é declaração que tem sido esquecida por muitos cristãos hoje em dia.

Os pregadores da prosperidade raramente falam sobre o pecado. Certo televangelista que tem uma audiência mundial de milhões de telespectadores afirma orgulhosamente toda semana que nunca fala sobre o pecado em sua igreja. O tópico é muito deprimente e afugentará as pessoas, completa ele. Falar de pecado pode arruinar a auto-estima, e não queremos que isso ocorra. Agora compare isso com a freqüência com que Jesus falou sobre o pecado, e você verá como alguns cristãos estão longe da verdadeira mensagem do evangelho. É impossível falar sobre a salvação quando você se recusa a falar sobre de que foi salvo. O fato simples é que o evangelho da prosperidade não é evangelho.

O nosso problema não é baixa auto-estima. O nosso problema é que temos uma estima muito elevada de nós mesmos.[16]

Sempre que ouço alguém dizer que Deus deseja que sejamos felizes e prósperos, não posso deixar de pensar: *Diga isso aos mártires.* Pensemos um pouco nas pessoas ao longo da história da igreja que perderam tudo que possuíam por causa da fé. Eles perderam a família. Eles puseram a saúde em perigo. O evangelho da prosperidade é mais fácil de vender nos Estados Unidos do que em lugares como o Sudão, o Irã ou a China. O autor da carta aos Hebreus catalogou os grandes santos da era do Antigo Testamento:

> Uns foram torturados, não aceitando o seu livramento, para alcançarem uma melhor ressurreição; e outros experimentaram escárnios e açoites, e até cadeias e prisões. Foram apedrejados, serrados, tentados, mortos a fio de espada; andaram vestidos de peles de ovelhas e de cabras, desamparados, aflitos e maltratados (homens dos quais o mundo não era digno), errantes pelos desertos, e montes, e pelas covas e cavernas da terra. *(Hb 11.35b-38)*

A razão de evitarmos a pobreza de espírito é que implicitamente entendemos as conseqüências de tal atitude. "Por amor de ti somos entregues à morte todo o dia: fomos reputados como ovelhas para o matadouro" (Rm 8.36). Em outras palavras, não estamos dispostos a fazer esse tipo de sacrifício para agradar a Deus, porque não possuímos uma perspectiva eterna apropriada. A tendência natural do homem pecador é concentrar-se no material ou físico a ponto de excluir o imaterial ou espiritual. Estamos tão ligados a este mundo de sentido, gosto e cheiro que perdemos de vista a meta eterna.

O QUE A POBREZA DE ESPÍRITO NÃO SIGNIFICA

Façamos breves considerações sobre o que a pobreza de espírito não é. Não significa que todas as pessoas que carecem de auto-estima e comportam-se como parasitas sejam necessariamente pobres de espírito. Nem significa que todos os cristãos devam ser desmancha-prazeres, que não saibam se divertir. O oposto é a verdade.

Tenho um amigo missionário que sempre termina suas correspondências com as palavras: "Escolha a alegria teimosa". Só a pobreza de espírito pode produzir a alegria genuína e espiritual. Quando buscamos os prazeres do mundo, é exatamente isso que recebemos. Esses prazeres duram "um pouco de tempo" (Hb 11.25). Todos sabem que tais prazeres não duram e que têm de ser constantemente substituídos por mais outros prazeres. Essa é a sabedoria que Salomão ensinou no livro de Eclesiastes.

Os crentes devem possuir a verdadeira alegria e satisfação, porque os assuntos eternos da vida foram tratados na fé. Nada deve nos privar dessa alegria, não porque tenhamos otimismo nas bênçãos materiais de Deus, mas porque temos a garantia eterna de nossa salvação. Claro que lutamos com as dificuldades da vida como qualquer outra pessoa, e às vezes tais adversidades nos causam desespero e depressão. Mas devemos possuir uma segurança e paz que só vêm pelo Espírito de Deus, uma paz que o mundo não pode conhecer.

Não estou discordando dos que dizem que os crentes têm de ser o povo mais feliz do planeta. Os crentes que pensam uma expressão séria e rígida e a ausência de senso de humor sejam o que Cristo espera de nós não entendem o que acarreta a pobreza de espírito. Mas considerando que alguns acreditam que a felicidade tenha de vir de bênçãos materiais, acredito que ela vem de algo muito mais eterno. Se ficarmos bravos e de mau humor o tempo todo, não confundamos isso com pobreza de espírito. O crente é chamado para ter uma vida de tensão que acha o ponto de equilíbrio entre chorar a sua pecaminosidade e comportar-se comemorativamente em reconhecimento do seu estado eterno de redenção. "Felizes os infelizes."

A ARTE DA POBREZA ESPIRITUAL

A minha mãe tinha razão. Se eu quiser ter sucesso no mundo, preciso exalar confiança e auto-estima. Infelizmente, Jesus não está interessado em eu ser um sucesso de acordo com os padrões do mundo. O seu desejo é que eu exale pobreza de espírito.

Ser "pobre de espírito" é frase que soa com muita estranheza em nossos ouvidos hoje, mas sem isso não estaremos agradando a Deus. Vimos quatro modos de instilar pobreza de espírito em nossa vida.

- Disciplinando os apetites e desejos físicos que temos.
- Fazendo um rompimento radical com o passado.
- Abandonando os padrões do mundo.
- Desenvolvendo uma perspectiva eterna.

Deus quer criar em nós uma obra-prima maravilhosa da sua graça, mas o reconhecimento e conscientização contínua de nossa pobreza espiritual é condição prévia para tal atividade. Não há perdão sem arrependimento. Não há purgação de tudo que é ruim em nós até que admitamos que isso exista. A atitude constante que marca o genuíno discípulo de Jesus é a atitude de pobreza e choro espiritual.

Jesus fala que só os que são pobres de espírito entrarão no Reino dos céus. Essas palavras já deveriam servir de advertência a todos que afirmam ser seguidores de Jesus, mas ainda não choram continuamente o seu estado pecador. O verdadeiro discípulo de Cristo "tem um senso profundo da lepra repugnante do pecado que ele trouxe consigo do útero materno, que se espalha pela sua alma e corrompe todas as suas faculdades e habilidades".[17]

Se me permito seguir minhas próprias inclinações pecaminosas, tenho de admitir que repugno esse ensino de Jesus. Preferiria muito mais uma mensagem mais otimista e positiva. Contudo, se é isso que verdadeiramente quero, preciso apenas me voltar ao mundo e seus ideais. Jesus disse a verdade. Em vez de me desgraçar com essa verdade, tenho de aceitá-la. Eu sou um "pecador fedido" em extrema necessidade de muitíssima misericórdia e graça. Nada exceto essa admissão de minha parte me permitirá entrar em comunhão com Deus.

> *Jesus sempre tem muitos que amam o Reino celestial, mas poucos que suportam a cruz. Ele tem muitos que querem consolação, mas poucos que se importam com tribulação. Ele encontra muitos para sentarem-se à mesa com ele, mas poucos para tomar parte no jejum. Todos desejam ser felizes com ele, mas poucos desejam sofrer seja o que for por ele. Muitos o acompanham no partir do pão, mas poucos na bebida do cálice da paixão. Muitos veneram os milagres, mas poucos se aproximam da vergonha da cruz. Muitos o amam, contanto que não encontrem nenhuma adversidade; muitos o louvam e o bendizem, contanto que tenham alguma das suas bênçãos.*
>
> *Tomás de Kempis (1380-1471),*
> A Imitação de Cristo

2

A ARTE DA AUTOMUTILAÇÃO ESPIRITUAL

Se o seu olho direito faz com que você peque, arranque-o e jogue-o fora.

JESUS CRISTO, MATEUS 5.29A, NTLH

Eu poderia ter desejado até ser surda, cega e muda para que nada me distraísse do meu amor por Deus.

AUTOBIOGRAFIA DE MADAME GUYON (1647-1717)

Em nada quero me gloriar,
Salvo na cruz de dor sem par.
Humilde, sacrificarei
*Tudo que desagrada ao Rei.**

ISAAC WATTS,
"AO CONTEMPLAR A RUDE CRUZ", 1707

Tenho uma confissão a fazer: gosto de pecar. Tão certo quanto Eva viu o fruto proibido e o achou "agradável aos olhos", assim também tenho prazer no pecado. Às vezes fico imaginando como seria não poder pecar, como seria estar no estado celestial em que eu não quisesse e nem pudesse pecar. Admito que um estado como esse me seria estranho. Nem sei se é isso que quero.

Que confissão terrível! Mas o que estou reconhecendo é a verdade do meu bem-estar com o pecado. Claro que todo pecado em sua essência é rebelião ativa contra Deus, mas nem sempre peco porque estou com raiva de Deus e quero me desforrar dEle. O fato é que raramente peco desse jeito. Pelo contrário, pratico atos que gosto. São prazerosos. São deliciosos. Parecem-me naturais.

Se me pedissem agora que escolhesse entre uma existência na qual eu não pudesse mais pecar e a minha existência atual, sei qual é a resposta espiritual correta. Mas bem no fundo do meu ser, nos recônditos secretos da minha alma, sei que abandonar os prazeres do pecado seria contra o meu desejo.

Se pecar fosse só igual a enfiar um garfo em uma tomada elétrica, eu não teria problemas. Mas o pecado me vem em formas prazerosas e deliciosas que atiçam as minhas luxúrias mais vis. A razão desse galanteio com o pecado é porque quero ser galanteado por ele. Nenhuma pessoa é atraída por um amante que ela não quer amar. O pecado me corteja, e os seus sons sedosos e acetinados ressoam em meus ouvidos pecadores.

Cada parte do meu corpo une-se na sedução divertida. Meus olhos apreciam contemplar o que eu não deveria ficar vendo; meus ouvidos almejam ouvir ao que eu não deveria dar atenção; minhas mãos gostam de afagar o que eu não deveria tocar; minha língua ceceia coisas que ouso não revelar; meus pés são ágeis para me levar ao destino do desejo.

"Se o teu olho direito te escandalizar [te faz pecar], arranca-o e atira-o para longe de ti" (Mt 5.29a). Jesus queria mesmo que eu me dissecasse? Se eu o fizesse, não só ficaria sem dois olhos, mas também sem duas mãos, dois pés, dois ouvidos e praticamente todas as outras partes do meu corpo. Como criança que tem de jogar fora o pirulito, resisto obstinadamente a esse mandamento de Jesus, e às vezes isso gera ódio em mim.

ERA FÁCIL JESUS NÃO PECAR?

Os Evangelhos registram detalhes esparsos dos primeiros dois anos da vida de Jesus, pormenorizadamente os últimos três anos e meio e quase nada entre esses dois períodos. Os escritores concentraram-se de propósito nos anos finais de Jesus, sobretudo nos fatos ligados à crucificação e ressurreição. Mas a vida *inteira* de Jesus era importante para Ele se tornar a expiação vicária pelos pecadores.[1]

Se Jesus tivesse pecado apenas uma vez, uma pequena indiscrição ou um deslize de língua com uma palavra descuidada, a sua morte sangrenta na cruz não teria tido sentido. Nenhum sentido. Jesus tinha de ser um sacrifício imaculado e sem mancha para tomar sobre si a ira do Pai e suportá-la. Nada menos que isso teria sido suficiente.

Isso significa que Jesus tinha de viver uma vida perfeitamente sem pecado. Do momento em que saiu do útero de Maria ao momento logo antes em que eles o puseram no sepulcro, Jesus teve de obedecer a Deus Pai 100% do tempo. Se Ele tivesse mantido uma pureza de, digamos 99,99%, não teria sido suficientemente bom. Só sendo perfeito Ele ganharia a justiça perfeita que dá a todos os pecadores que pela fé a recebem.

Lembro-me de ter apresentado essa idéia para uma classe de Escola Dominical de senhores. Depois de repetir parte do credo apostólico ("Ele nasceu, foi crucificado e enterrado"), notei que tínhamos pulado um segmento importante do ministério de Jesus. Não o seu ministério "oficial", claro, que começou quando batizado por João. Mas o ministério da sua vida inteira, do nascimento à morte, um ministério totalmente dedicado à vontade do Pai. Em essência, o credo pula trinta anos ou mais.

Falando em voz alta, um irmão idoso me perguntou qual a minha sugestão para corrigir o credo apostólico. Sua intenção era ser irônico, e ele conseguiu. Mas eu falava sério. O credo apostólico é insuficiente nesse aspecto, mas não planejo propor mudanças para corrigi-lo. Reconheço, entretanto, que temos a tendência a nos concentrar nos acontecimentos milagrosos da vida de Jesus e esquecer do trajeto longo e difícil dos trinta e três anos de impecabilidade.

Toda vez que Jesus era tentado a pecar, escolhia não pecar. Quando tinha a opção de ir contra a vontade do Pai, sempre escolhia obedecer à vontade do Pai.

Não era porque ele era Deus em carne. Não podemos pôr a perfeição impecável de Jesus unicamente aos pés da sua deidade. Se o fizermos, privaremos o poder das suas tentações, como também o seu exemplo para nós. Mas Jesus podia realmente ter pecado? Apesar da opinião minoritária entre os teólogos evangélicos, a minha resposta é sim, uma resposta que me ajuda a dar sentido à verdadeira humanidade de Jesus.[2]

Jesus sabia muito bem o que significava lutar tenazmente contra o pecado, sem se entregar. O autor da Epístola aos Hebreus deixa esse ponto claro: "Porque, naquilo que ele mesmo, sendo tentado, padeceu, pode socorrer aos que são tentados" (Hb 2.18). Jesus sabe *exatamente* pelo que estamos passando. Mais adiante, na mesma epístola, ficamos sabendo: "Porque não temos um sumo sacerdote que não possa compadecer-se das nossas fraquezas; porém um que, como nós, em tudo foi tentado, mas sem pecado" (Hb 4.15).

Nada disso faria sentido se Jesus realmente não pudesse pecar; nem significaria consolo para nós. Jesus só pode servir como nosso exemplo na luta contra o pecado se foi tentado no mesmo nível que nós somos.[3] É por isso que o autor da Epístola aos Hebreus diz que Jesus tomou "parte na [nossa] natureza humana" (Hb 2.14, NTLH). Ele fez o que Adão não pôde e não quis fazer no jardim do Éden, e fez o que também não podemos e não queremos fazer. Jesus possuía a natureza humana perfeita que Adão tinha antes da Queda; mas, diferente de Adão, Jesus nunca falhou na sua representação da raça humana.

A beleza de tudo isso é que Jesus nunca pede que façamos algo que Ele mesmo não tenha feito. Nesse caso, quando Jesus fala sobre pecado, podemos estar certos de que sabe exatamente sobre o que está falando. O seu conhecimento do pecado e tentação foi formado por suor e experiência de sangue. Quando Ele ordena que resistamos à tentação, essa diretiva parte de alguém que já resistiu a ela. Portanto, quando Jesus diz que sejamos drásticos com o pecado, devemos prestar-lhe atenção. As suas palavras não são conversa fiada ou idéias bonitas. Trata-se de um imperativo de vida ou morte.

> *Senhor, dá-me olhos inábeis para as coisas que não têm valor, mas olhos perspicazes para toda a tua verdade.*
>
> *Søren Kierkegaard (1813-1855),* Preparação para a Vida Cristã

O PADRÃO DA TENTAÇÃO

Parte da explicação desse mandamento radical de Jesus concernente ao pecado encontra-se em uma passagem na Primeira Epístola de João. Lá, temos informações sobre o mecanismo do pecado: "Porque tudo o que há no mundo, a concupiscência da carne, a concupiscência dos olhos e a soberba da vida, não é do Pai, mas do mundo" (1 Jo 2.16).

Temos aqui três princípios relativos ao pecado e os meios pelos quais ele opera: a concupiscência da carne, a concupiscência dos olhos e a soberba da vida. Vejo um paralelo entre a descrição de João e dois outros acontecimentos importantes na história bíblica da humanidade concernente ao pecado: a queda de Adão e Eva no jardim do Éden e a tentação de Jesus no deserto.

No jardim do Éden, a serpente fez um jogo de palavras com Eva enquanto Adão estava de lado e assistia. Em Gênesis 3.1-5, a tática da serpente envolvia: 1) deformar as palavras de Deus, citando erroneamente o mandamento de não comer o fruto proibido: "É assim que Deus disse: Não comereis de toda árvore do jardim?"; 2) mentir descaradamente sobre o mandamento e a intenção de Deus com esse mandamento: "Certamente não morrereis"; e 3) substituir o mandamento de Deus por uma falsa promessa: "Sereis como Deus".

O versículo 6 diz que Eva, galanteada pelas palavras doces e encantadoras da serpente, percebeu três coisas sobre o fruto, que têm paralelos na passagem de João: 1) o fruto era bom para comer — João: a concupiscência da carne; 2) o fruto era agradável aos olhos — João: a concupiscência dos olhos; 3) o fruto era desejável para dar sabedoria — João: a soberba da vida.

Passemos para a tentação de Jesus no deserto (Mt 4.1-11) e constataremos esse mesmo padrão disposto em três partes. Como no jardim do Éden, Satanás intencionalmente tratou a Palavra de Deus de maneira errônea, mas Jesus não se deixou enganar. Em todas as três vezes, de modo competente, Jesus repreendeu Satanás com a interpretação correta dos mandamentos de Deus. Note os paralelos entre a tentação de Jesus, a tentação de Eva e a descrição tríplice de João sobre o mecanismo do pecado: 1) primeiro, Satanás sugeriu que Jesus transformasse pedras em pães, e isso depois de Jesus ter jejuado quarenta dias — João: a concupiscência da carne; 2) depois, Satanás propôs que Jesus se jogasse do ponto mais alto do Templo, de cuja queda fatídica

Ele seria guardado milagrosamente pelos anjos — João: a soberba da vida; 3) por último, Satanás ofereceu a Jesus todos os reinos do mundo se Ele tão-somente se curvasse e adorasse o tentador — João: a concupiscência dos olhos.

Há um padrão inconfundível quando se trata de Satanás e suas tentações. Em uma das propostas a Jesus, Satanás efetivamente citou a Palavra de Deus. Isso é incrível se levarmos em conta com quem ele estava falando. Enquanto o primeiro homem e a primeira mulher deixaram-se enganar pela adulação das falsas promessas da serpente, o Filho do Homem se manteve firme. Enquanto nossos primeiros pais arruinaram a sua representação da humanidade, o nosso Mediador e Redentor não nos desapontou.

Certa vez, falando em um pequeno grupo de estudo bíblico, eu disse que temos de ser perfeitos para entrar no céu. Quase todos os participantes contestaram imediatamente. Mais tarde, eu disse a mesma coisa a um grupo de estudantes de teologia, muitos dos quais também contestaram. A principal reclamação era que se a exigência fosse sermos perfeitos, ninguém iria para o céu. Claro que era precisamente isso que eu queria dizer. Nenhum de nós merece ir para o céu, porque a exigência é a perfeição sem pecado. Jesus veio fazer por nós o que não podemos fazer por nós mesmos: obter essa justiça perfeita, as vestes brancas que são o traje padrão nas mansões celestiais.

Jesus se recusou a sucumbir à concupiscência da carne, à concupiscência dos olhos e à soberba da vida que formam as táticas do Maligno. E essas tentações eram reais? Pode crer que eram. Imediatamente depois, Ele necessitou da presença e fortalecimento dos anjos. Não é coincidência que essa prova do valor de Jesus esteja no começo do seu ministério. Portanto, não cometamos o erro de presumir que essa foi a única vez. Se Ele foi verdadeiramente tentado de todas as maneiras como nós somos, conclui-se, então, que suportou tal prova ao longo da sua vida terrena.

No lado oposto do espectro, examinaremos uma figura bíblica que não se saiu tão bem quando teve de lidar com a concupiscência da carne, a concupiscência dos olhos e a soberba da vida.

A QUEDA DO SOBRINHO DE ABRAÃO

Moisés era um excelente contador de histórias. Em vez de fazer uma declaração crua dos fatos, ele, como bom escritor, transmitia a sua mensagem de forma literária. Por exemplo, nos primeiros capítulos de Gênesis ele usou contraste várias vezes para expor as diferenças entre os que seguem e os que se opõem ao plano de Deus.[4]

Um desses exemplos envolve a vida de Abraão[5] e Ló.[6] Ló aparece na história ao término do capítulo 11, e logo ficamos sabendo que ele perdeu o pai e o avô. O patriarca Abraão tomou Ló sob sua proteção quando se mudou de Ur para Harã e depois para Canaã. Ló na verdade desempenha um papel proeminente nos próximos oito capítulos da narrativa mosaica, mas a sua significação é engolfada pela história extensa de Abraão.

O Abraão sem filhos deve ter gostado muito do seu sobrinho. Vemos esse amor no capítulo 13, onde nos inteiramos de que Abraão e Ló se tornaram tão abençoados pelo Senhor que a terra já não podia sustentar a ambos. Abraão propôs que eles se separassem, o mais velho dando ao mais novo a opção de escolha. "Levantou Ló os seus olhos e viu toda a campina do Jordão, [...] e era como o jardim do Senhor" (Gn 13.10a); imediatamente Ló armou as suas tendas próximo de Sodoma (Gn 13.12).

No capítulo 14, de modo quase improvisado, em um dispositivo literário clássico, Moisés narra que agora Ló está morando em Sodoma (Gn 13.12). Aqui, Ló encontra-se em sérias dificuldades, e mais uma vez Abraão mostra o cuidado amoroso pelo sobrinho, convocando todos os homens da sua casa e empreendendo guerra contra os captores de Ló. O salvamento de Ló é a última informação que temos sobre o jovem até a história da destruição de Sodoma e Gomorra no capítulo 19, mas não percamos de vista o fato de que a súplica de Abraão ao Senhor acerca da destruição dessas cidades tem em pauta o bem-estar de Ló (Gn 19.29).

Nos versículos iniciais do capítulo 19, ficamos sabendo que Ló está sentado à porta da cidade, uma posição de destaque naqueles dias. Apesar dos avisos dos anjos para Ló fugir da cidade, ele resiste obstinadamente a ponto de os anjos terem de tirá-lo à força da cidade. No conseqüente juízo de enxofre e fogo, Ló perde a esposa no caminho de fuga.

A última cena envolvendo Ló é de causar pena. Morando em uma caverna com as suas duas filhas, enquanto estava em estupor alcoólico, ele é estuprado por cada uma delas. Os descendentes desses atos profanos tornaram-se os amonitas (conhecidos por cultuarem o deus Moloque) e os moabitas (que, por sugestão de Balaão, seduziram os judeus, fazendo com que Deus enviasse uma praga e matasse vinte quatro mil israelitas [Nm 25.1-18]).

Moisés cobre a vida de Ló no intervalo de nove capítulos. Em Ló, temos a história de um homem que deixou de ser abençoado com rebanhos e manadas tão grandes que precisou procurar maiores pastagens, para morar em uma caverna e ser violentado por suas duas filhas desesperadas. A sua posteridade foi inteiramente corrupta, e claro que Ló perdeu tudo o que tinha.

Por que escolhi a vida de Ló quando tudo mostra que ele era um homem um tanto quanto mau que recebeu o que merecia? Porque Pedro, na sua segunda epístola, nos oferece uma informação inspirada sobre a vida de Ló que não temos em Gênesis. A perspectiva de Pedro é chocante, tendo em vista o que sabemos sobre Ló pela narrativa de Moisés. Falando sobre o juízo de Deus, Pedro usa três exemplos para mostrar que o juízo de Deus é real e iminente. Os dois primeiros têm a ver com os anjos caídos e as vítimas do Dilúvio. O terceiro exemplo vem da vida de Ló.

> E condenou à subversão as cidades de Sodoma e Gomorra, reduzindo-as a cinza e pondo-as para exemplo aos que vivessem impiamente; e livrou o justo Ló, enfadado da vida dissoluta dos homens abomináveis (porque este justo, habitando entre eles, afligia todos os dias a sua alma justa, pelo que via e ouvia sobre as suas obras injustas). *(2 Pe 2.6-8)*

Tenho de admitir que a minha primeira impressão e muitas outras sobre o discernimento que Pedro tem da vida e caráter de Ló foram de choque. O justo Ló? Pedro está falando sério? O que temos aqui é um escritor do Novo Testamento dando-nos mais esclarecimentos sobre a vida de um personagem do Antigo Testamento. Isso não é novo e não deveria nos deixar chocados, mas é o que muitas vezes acontece.[7] O mesmo Espírito que inspirou Pedro também inspirou Moisés.

Quando analiso a história de Ló da perspectiva de Ló ser justo, leio-a com novos olhos. Ló não é a pessoa moralmente degenerada que presumi que fosse, levando em conta a narrativa de Gênesis. O sobrinho de Abraão é um justo que foi vencido pelo pecado.

Ló usufruía a bênção do Senhor que emanava da sua associação com o tio. Ele deve ter tomado conhecimento das promessas que Deus dera a Abraão, porque passou muitos anos com ele. Depois veio a escolha fatal, quando Ló e Abraão se separaram e Ló lançou a sua sorte na terra luxuriante e promissora de Sodoma. Embora soubesse que as cidades eram más, Ló quis suportá-la por alguma razão. Havia, obviamente, algo mais em vista que o dispôs a tolerar o mais hediondo mal da cidade para que ele atingisse o intento.

Não sabemos precisamente o que era que Ló almejava, mas sabemos que fosse o que fosse não estava a fim de desistir. Os anjos tiveram de forçá-lo a abandonar as cidades, e evidentemente a sua esposa era da mesma opinião, pois no fim perdeu a vida por desejar mais Sodoma do que sua segurança pessoal.

Paulo fala que essas situações veterotestamentárias "lhes sobreveio como figuras, e estão escritas para aviso nosso, para quem já são chegados os fins dos séculos. Aquele, pois, que cuida estar em pé, olhe que não caia" (1 Co 10.11,12).

Ló era um homem que viveu por vista e não por fé. Ele era dirigido pelos desejos materiais. Quando teve a chance de separar-se de Abraão, escolheu o melhor para si, mesmo que significasse instalar-se na área do mal. A concupiscência dos olhos lhe era demais para resistir. Como comentamos no capítulo anterior, grande parte do evangelho da prosperidade é incentivado por um similar etos da vista e não da fé.

Em algum ponto da sua vida, Ló permitiu que o pecado o dominasse chegando até a perder a habilidade de escolher o melhor. O pecado bateu à porta de Ló e ele a abriu escancaradamente para deixar o monstro entrar. O seu exemplo é um aviso para todos nós que consideramos o pecado levianamente.

Muitos crentes hoje são como Ló, sentindo atração pelas propostas maneirosas e lisonjeiras do pecado. Em muitos casos é quase impossível identificar a diferença entre os crentes e as pessoas do mundo. Temos as mesmas esperanças, os mesmos desejos, as mesmas motivações. Desperdiçamos o dinheiro nas mesmas coisas frívolas. Entramos e saímos de casamentos com a mesma freqüência alarmante e imprudente. Desperdiçamos o tempo nos mesmos entretenimentos tolos que entusiasmam o mundo. Enchemos a mente com o mesmo lixo televisivo e cinematográfico. Se não fosse pela graça de Deus, muitos de nós nos encontraríamos exatamente na mesma situação difícil de Ló: privados de recursos e dignos de pena, e a culpa sendo toda nossa.

Jesus quer evitar que trilhemos o caminho de Ló. Em vez de flertarmos com o pecado, temos de fugir dele. Em vez de darmos cambalhotas com o pecado, precisamos combatê-lo. Não há lugar para complacência na vida cristã quando se trata de pecado. É por isso que não devemos hesitar em arrancar fora o nosso olho que nos faz pecar.

> *Vê tu, homenzinho miserável, como na preferência da concupiscência carnal dorme a crueldade da danação eterna.*
> *Richard Rolle, místico inglês do século XIV,* O Fogo do Amor e o Remendo da Vida

LIÇÕES DA HISTÓRIA

No passado, alguns argumentaram que este versículo (Mt 5.29) é muito perigoso e que os ignorantes poderiam erroneamente entendê-lo de forma literal. Por exemplo, logo após William Tyndale (1490-1536) ter publicado a sua versão inglesa da Bíblia, os que se opunham às traduções vernáculas empenharam-se em limitar a circulação do livro. Um dos argumentos que usavam era que, "para a grande decadência da nação e a evidente perda da graça do rei", todo o reino da Inglaterra se encheria de pessoas sem olhos ou sem mãos. Os que apoiavam a tradução de Tyndale contrapunham dizendo que até a pessoa mais simples sabe a diferença entre linguagem literal e linguagem figurada.[8]

Orígenes (185-254), pai da Igreja Primitiva, foi um dos que levaram a sério os mandamentos de Jesus no que tange a esse aspecto. Conhecido por ser um asceta rígido que dormia pouco, jejuava com freqüência e andava descalço, Orígenes tomou literalmente as palavras de Jesus em Mateus 19.12 e castrou-se para remover qualquer potencial de escândalo quando ensinava as jovens em sua escola em Alexandria. Hoje, seríamos inclinados a atribuir um "complexo de mártir" a Orígenes que, como registra a tradição, em sua adolescência foi salvo do martírio por sua mãe. Conta a história que, quando o pai de Orígenes estava sendo levado para ser executado por sua fé e o jovem quis acompanhá-lo para morrer com ele, a mãe escondeu a roupa do rapaz para que Orígenes não pudesse sair em público.[9] Para Orígenes, o martírio era o modo mais sublime de provar a fé em Cristo. Em vista disso, não admira que cresse que a automutilação física também fosse aceitável.

A história da igreja está pontuada de exemplos de homens e mulheres tementes a Deus que levaram a sério o mandamento de matar o pecado na vida que tinham. Alguns podem ter levado as coisas um pouco longe demais, como no caso de Orígenes, mas todos estão em nítido contraste com os crentes de hoje que são caracterizados por um cristianismo mundano.

Agostinho, na sua famosa autobiografia intitulada *Confissões*, dá detalhes concernentes aos seus dias pré-cristãos, época repleta de luxúria e promiscuidade. O impulso da luxúria em sua vida era tão forte que, assim que se tornou crente, ele tomou medidas dramáticas para guardar-se de pecar. Ele estipulou nunca ficar só com uma mulher, mesmo quando se tratasse de sua irmã. Talvez pensemos que seja um plano fanático, mas é porque não entendemos bem o pecado e a nós mesmos no mesmo grau que Agostinho entendia ambos. Temos a tendência a mentir para nós mesmos sobre nós mesmos.

João Calvino (1509-1564) reconheceu essa característica humana universal: "Pois levando em conta que o amor-próprio cego é inato em todos os seres mortais, eles são mais livremente induzidos a pensar que nada lhes é inerente que mereça ser considerado detestável".[10]

O que Jesus, Agostinho e Calvino sabiam sobre o homem nós preferimos ignorar hoje. Em nosso caso de amor com a auto-estima e a auto-imagem positiva, fugimos de qualquer noção de privação e perversão pessoal. Mas para lidarmos adequadamente com o pecado em nossa vida, temos de parar de mentir para nós mesmos. Pannier, teólogo francês e estudioso calvinista do século XX, comentou que quando reconhecemos nossa "impotência moral, somos levados a buscar poder e libertação de Deus".[11]

COMO LIDAR COM A NATUREZA PECAMINOSA

Usando a linguagem vívida da automutilação, o que Jesus está nos ensinando sobre o pecado e sobre nós mesmos?

1) *O pecado quer nos consumir*. Quando narrou a história de Caim e Abel, Moisés usou uma metáfora inacreditavelmente expressiva com relação ao pecado. Caim acabara de saber que o seu sacrifício minguado de frutas e verduras foi inaceitável a Deus. Por causa disso, Caim ficou extremamente aborrecido. O conselho que Deus lhe deu foi simples: "Se bem fizeres, não haverá aceitação para ti?" (Gn 4.7a). E depois lhe deu um aviso, o qual temos de tomar a peito: "E, se não fizeres bem, o pecado jaz à porta, e para ti será o seu desejo, e sobre ele dominarás" (Gn 4.7b).

O pecado está à porta e quer nos dominar. O seu alvo exclusivo é a nossa ruína e nada menos que isso. Sempre que o tomamos levianamente, estamos subestimando a nossa natureza pecaminosa. Jesus quer que levemos o pecado a sério. Sabendo como o pecado é perigoso, Jesus não quer que sejamos devorados por ele.

> *Cristão, não os vês pisando em terra santa,*
> *Como os poderes das trevas maquinam à tua volta?*
> *Cristão, não os sentes, como eles trabalham por dentro,*
> *Esforçando-se, tentando, seduzindo, aferroando-te para pecar?*
> *John Mason Neale, "Christian, Dost Thou See Them?" ("Cristão, Não os Vês?"), 1862*

Tendo feito faculdade em outra cidade, lembro-me de estar em casa em certo feriado assistindo a um programa de televisão junto com meu pai e minha irmã. Minha mãe estava trabalhando na cozinha, e de vez em quando aparecia na sala de estar. Em determinado ponto do programa, houve uma piada lasciva e nós três demos uma boa gargalhada. Minha mãe ficou furiosa.

Faz mais de vinte anos que isso aconteceu, mas suas palavras ainda soam com muita clareza em minha mente. "É exatamente assim que Satanás trabalha", disse ela. "Primeiro, faz com que ria do pecado, e antes que perceba, você está aprovando e quem sabe até praticando". Palavras de sabedoria espiritual de minha mãe.

2) *Temos de lidar de modo implacável com o pecado.* O nosso Salvador impecável, que sabe o que é ser tentado e conhece o coração do homem, não tomou o pecado levianamente. Ele sabia como o pecado é traiçoeiro; estava familiarizado com todas as suas artimanhas. Sabia que se mimarmos o pecado, se resolvermos entrar no seu jogo e dar-lhe o menor espaço, já teremos perdido a batalha. Jesus está nos dizendo que recusemos logo no começo. Qualquer coisa menor que isso nos levará ao fracasso certo.

Infelizmente, tendemos a fazer o oposto. A nossa mentalidade é ver até onde podemos chegar perto do fogo sem ficar com as pontas dos dedos chamuscadas. Essa atitude é a receita para a queda, como já experimentei inúmeras vezes.

Levemos em conta esta analogia. Quantos de nós estenderíamos voluntariamente a mão para um cão enraivecido e espumante? Se encontrássemos tal animal, não nos seria mais natural manter a mão — e o corpo inteiro — tão longe quanto possível do animal? Contudo o pecado, que inflige dano muito maior que qualquer criatura, é o mesmo tipo de demônio voraz. Então, por que flertarmos tanto com o pecado? Provavelmente porque, em vez de o virmos como ele realmente é, semelhante a Adão e Eva, nós o vemos como algo gostoso e agradável.

> *Jesus emprega uma forma exagerada de linguagem para mostrar que deve ser cortado seja o que for que esteja nos impedindo de nos render a essa obediência a Deus, a qual Ele exige na lei. E Ele emprega essa linguagem muito expressivamente, porque os homens se permitem muita liberdade nesse aspecto.*
>
> *João Calvino (1509-1564),* Comentário de Mateus

Tiago diz que um pequeno fogo incendeia uma grande floresta (Tg 3.5b). Quantas vidas foram desnecessariamente destruídas por causa de uma indiscrição inicial? A escorregadela começa com uma decisão pequena e aparentemente insignificante que, no fim, pode causar a ruína completa.

Há quem diga que arrancar os olhos é uma "'cirurgia espiritual' radical",[12] mas trata-se de algo necessário. João Cassiano (360-435), em *Conferências*, disse que esse conceito é a "mortificação total dos prazeres perigosos". Temos de arrancar tudo que nos faça pecar para que o pecado não cresça de dentro como um câncer. Tão certo quanto o médico quer amputar uma perna gangrenosa para salvar o corpo, assim também devemos lidar brutalmente com o pecado.

Há uma batalha assoladora entre a carne e o espírito ocorrendo em nosso corpo, como descreve o apóstolo Paulo com veemência em Romanos 7. Em outra epístola, ele fala claramente: "Porque a carne cobiça contra o Espírito, e o Espírito, contra a carne; e estes opõem-se um ao outro; para que não façais o que quereis" (Gl 5.17). Em vez de ignorar a nossa pobreza espiritual ou nos permitir ocasionalmente ao pecado, temos de nos esforçar para destruí-lo por receio de nos tornar semelhantes a Ló.

O Dr. Erwin Lutzer, pastor titular da Igreja Moody em Chicago, disse recentemente na rádio Moody que se pararmos para pensar o que significa de verdade arrancar um olho, perceberemos que é um processo doloroso e irreversível. Arrancar um olho ou amputar um braço sempre é doloroso e sangrento. Isso nos dá uma idéia do que está envolvido na automutilação espiritual. Se o nosso problema for a concupiscência dos olhos, temos de ser vigilantes quanto ao que vemos. Temos de evitar filmes com cenas de sexo ou programas de televisão que apresentem situações sugestivas. É muito freqüente os crentes entreterem-se com essas atividades aparentemente inofensivas, mas que têm o potencial de nos levar a pecados mais graves.

A automutilação espiritual implicará livrar-nos de coisas que por si são inofensivas (como assistir à televisão), mas que podem estar introduzindo clandestinamente conteúdo prejudicial. Por exemplo, a nossa série de televisão preferida às vezes pode ter conteúdo questionável. Nesse caso, em vez de tolerar o conteúdo ruim, porque a maior parte é muito boa, teremos de cortar tudo.

Quantas vezes já ouvimos crentes dizerem: "Esse filme é bom, com exceção da cena de sexo" ou "Esse seriado é excelente, com exceção dos palavrões"? Será que é mesmo tão importante que assistamos a esse filme ou programa de televisão, enquanto ao assisti-lo voluntariamente toleramos o lixo que vem junto?

No capítulo anterior, vimos modos de refrear a concupiscência da carne. Isso teve a ver com desenvolver o autocontrole, e usei o jejum como exemplo do princípio de que a pobreza física está intimamente associada com a pobreza espiritual. No próximo capítulo, darei sugestões mais concretas sobre o autocontrole em áreas de compromisso específicas. Nos capítulos 4 e 8 também examinaremos modos de tratar desse assunto no que tange à soberba da vida.

3) *Além de termos de nos preocupar com o nosso próprio pecado, temos também de ter cuidado para evitar fazer os outros caírem em pecado.* Em duas passagens semelhantes em lugares diferentes nos Evangelhos (Mt 18.8,9 e Mc 9.43-47), Jesus acopla a idéia da automutilação espiritual com a sua preocupação de não sermos motivo de os outros caírem em pecado. Jesus não está nos chamando para produzirmos um ponto de vista individualista e egoísta do pecado, no qual nos preocupemos apenas com nós mesmos. Pelo contrário, o seu chamado objetiva uma visão de corporação, uma prestação de contas espiritual mútua.

Como crentes, formamos o Corpo de Cristo. Da mesma maneira que todas as partes do corpo humano trabalham para expulsar um vírus, assim também devemos trabalhar juntos para lutar contra o pecado. Não estou defendendo uma abordagem excessivamente judiciosa por meio da qual sejamos hipercríticos uns com os outros. Isso criaria uma atmosfera negativa na qual cada um de nós desempenharia a função de polícia espiritual, constantemente ressaltando os pecados dos outros. Tais igrejas tendem a ser pequenas, críticas e indesejáveis.

Precisamos de uma abordagem mais positiva na qual mostremos preocupação e cuidado uns com os outros. Devemos colocar as nossas necessidades e particularmente a nossa liberdade depois das necessidades dos outros. Paulo fala sobre essa atitude em Romanos 14, onde ele visiona uma igreja em que os crentes procurem o bem-estar espiritual dos irmãos e irmãs em Cristo. Os que exibem uma fé mais fraca devem ser protegidos e cuidados, e não criticados e condenados.

Jesus tem palavras duras e severas para quem induz os outros a cair em pecado. Tão certo quanto temos de nos preocupar com o nosso pecado, temos de nos preocupar igualmente com o fato de sermos causa de os outros vacilarem. Não foram poucas as vezes em que estive na presença de crentes que ostentaram a liberdade de beber bebidas alcoólicas na frente de outros crentes que pensavam que isso era errado. Jesus e Paulo condenam tal comportamento arrogante.

Em nossas igrejas, tendemos a ir a um de dois extremos: Ou não consideramos o pecado tão criticamente quanto deveríamos, ou somos tão críticos que deixamos de ser uma comunidade de amor e bom acolhimento. Achar o equilíbrio certo entre esses extremos é difícil, mas temos de esforçar-nos para incutir uma atitude em nossas igrejas em que amemos uns aos outros a ponto de nunca colocarmos pedras de tropeço diante de nossos irmãos e irmãs crentes.

4) *Quando caímos, a culpa é nossa.* Deus é justo conosco. Apesar de nossa rebelião ativa contra Ele, a Bíblia diz que Deus não permite que sejamos tentados além do que possamos suportar (1 Co 10.13). Portanto, toda vez que caímos em tentação a culpa é nossa.

Quando brincamos com o pecado, quando decidimos dar-lhe um ponto de apoio, estamos agindo iguais a tolos espirituais. Quantas pessoas se tornaram alcoólatras porque decidiram dar o primeiro gole? Quantos homens confessam que são viciados em pornografia porque se permitiram dar a primeira olhada "inofensiva"?

Tiago oferece uma excelente descrição da astúcia do pecado: "Cada um é tentado, quando atraído e engodado pela sua própria concupiscência. Depois, havendo a concupiscência concebido, dá à luz o pecado; e o pecado, sendo consumado, gera a morte" (Tg 1.14,15).

Ainda mais tolos são os que tiveram um problema com certo pecado no passado e continuam a colocar-se em situações onde podem facilmente cair outra vez. É o que fazem os alcoólatras que entretêm fregueses no bar, superestimando a sua capacidade de resistir "só mais um gole". O indivíduo que luta com pornografia fica na internet "só mais um pouquinho", pensando que não se entregará novamente aos conhecidos desejos ardentes da concupiscência. O comportamento prudente para os crentes é erguer paredes contra conhecidas áreas de fraqueza em nossa vida. Deus não permite que sejamos tentados além do que possamos suportar, mas muitas vezes nós mesmos marchamos voluntariamente ao território no qual sabemos que enfrentaremos tentações que somos ineptos de resistir.

Como disse Jesus, o truque para derrotarmos o pecado em nossa vida é agirmos severamente com ele. Se dermos um pedacinho de espaço para o pecado trabalhar, já bastará para ele crescer em algo que não conseguiremos mais lidar ou controlar. A minha avó dizia: "Corte o mal pela raiz", e ela tinha razão. O autor da Epístola aos Hebreus escreve que o pecado nos rodeia muito de perto e que devemos deixar todo embaraço que nos dificulte correr a carreira da fé (Hb 12.1). Imagine um corredor olímpico participar de uma corrida usando um fraque. Essa é a imagem que nos dá esta passagem em Hebreus. Se o corredor quiser mesmo correr a melhor corrida da sua vida, ele se livrará de tudo que dificulte os seus movimentos.

Foi por isso que Ló caiu. Ele permitiu que o pecado entrasse em sua vida sutilmente e, com o tempo, ele perdeu toda a aptidão de deter-lhe o crescimento. No fim, o pecado produziu o fruto amargo de uma vida arruinada.

UMA ALEGRIA MAIOR QUE O PECADO

Jesus nos lembra que precisamos de uma perspectiva eterna. Há um prazer maior que o pecado. A alegria do pecado dura só "um pouco de tempo" (Hb 11.25), ao passo que a espiritualidade dura uma eternidade. Não nos fará bem algum se mantivermos intactos os nossos olhos, mãos e pés pecadores, mas acabarmos indo para o inferno. Jesus foi tentado de todas as maneiras como somos, mas, mesmo assim, não pecou, porque Ele sabia a alegria que lhe estava proposta.

Em vez de odiar o mandamento de Jesus que me ordena lidar drasticamente com os prazeres pecaminosos de que tanto gosto e em vez de retratá-lo como um desmancha-prazeres, devo reconhecer que esse mandamento é motivado inteiramente pelo amor. Ele me ama tanto que está disposto a falar direto comigo, o que alguns hoje chamam "amor firme". Em vez de brigar e lutar contra Cristo, devo abraçá-lo com todo o meu ser — as minhas mãos, os meus olhos, o meu coração, a minha mente, a minha força, a minha vontade. Jesus quer que eu seja livre, mas teimo em me apegar a coisas destinadas a desaparecer. Que Deus me conceda a graça e a misericórdia necessárias para eu resistir às tentações e, havendo feito tudo, ficar firme.

> *Ao nos examinarmos, a busca que a verdade divina ordena e o conhecimento que ela exige são tais que podem nos indispor a todas as coisas como confiança em nossa capacidade, privar-nos de todos os meios de ostentação e, assim, inclinar-nos à submissão.*
>
> *João Calvino (1509-1564),*
> Institutas da Religião Cristã *2.1.2*

* **N. do T.**: "Ao Contemplar a Rude Cruz", in: *Hinário para o Culto Cristão* (Rio de Janeiro: JUERP, 2003; 3ª Reimpressão). Hino nº 127, estrofe 2.

3

A ARTE DA DEDICAÇÃO ESPIRITUAL

Ninguém que lança mão do arado e olha para trás é apto para o Reino de Deus.

JESUS CRISTO, LUCAS 9.62

Ele tem de ter todo o nosso coração, ou nada.

J. C. RYLE (1816-1900), MINISTRO ANGLICANO,
COMENTÁRIO DO EVANGELHO SEGUNDO LUCAS

Não podemos agradar a Deus em nenhum estado ou ocupação de vida, senão tencionando e dedicando tudo à sua honra e glória.

WILLIAM LAW (1686-1761),
UMA CHAMADA SÉRIA PARA UMA VIDA DEVOTA E SANTA

A Volta da França de 2005 foi vencida pelo americano Lance Armstrong, que com esse feito obteve o inédito sétimo título consecutivo da categoria. Armstrong era totalmente dedicado ao esporte. Apesar dos céticos e do fato de ele estar com quase trinta e cinco anos, Armstrong ganhou a corrida com perícia. Poucos atletas podem ostentar ter tamanho domínio no esporte que praticam do que esse texano.

Ano passado, assisti a uma entrevista com Armstrong que então havia acabado de quebrar o recorde de vitórias consecutivas ganhando o sexto título seguido. Quando lhe perguntaram qual era o segredo do seu sucesso, em vez de falar sobre a dieta rigorosamente controlada a que se submetia ou sobre as seis horas de treino praticamente todos os dias, Armstrong disse algo que me cutucou a mente. Ele respondeu: "Eu vivo pela Volta da França. Tudo que faço ao longo do ano tem a ver com a Volta da França. A minha ambição exclusiva todos os anos é vencê-la".

As palavras eram quase evangelísticas. Se trocarmos o termo *Volta da França* por *Senhor Jesus*, dá de imaginar muito bem o apóstolo Paulo dizendo algo semelhante. Lance Armstrong destaca-se como homem de compromisso e dedicação absoluta e firme à sua profissão. Claro que penso que é um tremendo desperdício ele dedicar-se tanto a algo que em termos eternos significará tão pouco; mesmo assim, admiro-o.

Depois de consumir-se por algo durante tantos anos, o que ele fará depois? Será que qualquer coisa o satisfará? Ele vai encontrar algo em que concentrar igualmente todo o seu empenho e vigor? O que aconteceria se concentrasse toda essa energia em uma relação com Cristo? Já imaginou Lance Armstrong como missionário ou evangelista? Pense só no que aconteceria se ele tomasse essa determinação dedicada a vencer a Volta da França e usasse toda essa força para ganhar almas para Cristo.

Aqui estou eu sentado e olhando Lance Armstrong como se ele fosse uma anomalia. Poucas pessoas têm o seu nível de compromisso e dedicação. Quando penso em mim, não estou certo se já tive tal dedicação a *qualquer coisa*. Entretanto, quando leio as palavras de Jesus, descubro que é esse o tipo exato de dedicação que Ele quer dos discípulos. Não há lugar para fraqueza se queremos seguir a Cristo.

Refletindo em minha jornada cristã, percebo como estou terrivelmente abaixo desse ideal. Quantas vezes coloquei a mão no arado da santidade e olhei para trás para pecar? Se esse é o tipo de dedicação que Jesus requer de mim, será que vou conseguir atingi-lo? E se não consigo atingi-lo, até que ponto Jesus é justo em querer isso de mim? Quando peso a minha dedicação na balança, acho-me em falta, gerando em mim amargura por Jesus.

A minha abordagem neste capítulo será simples. Começarei fazendo um breve exame da dedicação que Jesus tinha ao Pai e, depois, discutirei o que significa para os discípulos terem um nível de dedicação total.

UM MODELO DE DEDICAÇÃO IMPECÁVEL

Em Jesus Cristo, temos o padrão de dedicação pelo qual todos os outros são medidos. Como já aprendemos, Jesus não pede que façamos algo que Ele mesmo não esteja disposto a fazer. Quando diz que exige de nós uma dedicação sincera e avançada, sabemos que possuía essa mesma devoção.

Claro que, sendo o Senhor da glória impecável, o nível de dedicação de Jesus sempre será maior do que o nosso. Usando-o como exemplo, há quem fique desanimado, pensando: "Nunca conseguirei atingir esse nível de dedicação; então, por que me esforçar?" Muito semelhante ao seu mandamento de sermos perfeitos, como é perfeito o nosso Pai (Mt 5.48), esse exemplo de dedicação perfeita parece inacessível.

Contudo, que alternativa há para a obediência? Dá para imaginar Deus nos dizendo: "Pode pecar, mas peque só um pouquinho"? O único ideal que o nosso Senhor santo pode fixar para nós é a perfeição. Se Ele prescrevesse algo menos que isso, nunca atingiríamos a qualidade de vida cristã que temos de atingir e Ele não seria considerado santo em seus julgamentos.

O que podemos aprender, então, com a dedicação absoluta de Cristo à obediência? Façamos um breve esboço de cinco observações.[1]

1) *Em Cristo, essa obediência era um princípio de vida*. Abrangia tudo que Ele fazia: todo propósito, todo pensamento, toda ação. Jesus disse: "Porque eu desci do céu não para fazer a minha vontade, mas a vontade daquele que me enviou" (Jo 6.38).

2) *Em Cristo, essa obediência era uma alegria*. Jesus gostava de fazer a vontade do Pai. Ele até a comparou a algo tão básico à sustentação da vida quanto a comida: "A minha comida é fazer a vontade daquele que me enviou e realizar a sua obra" (Jo 4.34). Essa dedicação absoluta de Jesus produzia alegria e enfado (Hb 12.2).

3) *Em Cristo, essa obediência levava a uma espera na vontade de Deus*. Esse fato é particularmente evidente no jardim do Getsêmani, onde vemos a prova mais clara da luta de Cristo em beber o cálice da ira do Pai. Mesmo ali, o que Ele mais desejava era sujeitar a sua vontade à do Pai, algo que mostrara repetidas vezes em seu caminho rumo à crucificação (Jo 14.10).

4) *Em Cristo, essa obediência foi até a morte*. Nem mesmo a maior fobia do homem foi capaz de impedi-lo de obedecer ao Pai (Fp 2.8).

5) *Em Cristo, essa obediência era de fé — em total dependência da força de Deus*. Jesus disse: "Eu não posso de mim mesmo fazer coisa alguma" (Jo 5.30), "mas o Pai, que está em mim, é quem faz as obras" (Jo 14.10).

A obediência irrestrita que Jesus tinha ao Pai estava baseada em uma relação íntima de confiança e dedicação. Essa comunhão com o Pai instruía toda escolha que Jesus fazia, e, como discípulos, somos chamados a ter uma relação semelhante com Deus.

> *A obediência imperfeita sempre é conseqüência de uma vida imperfeita. Despertar e estimular essa vida imperfeita por meio de argumentos e razões tem a sua serventia. Mas a bênção maior dessas ações é fazer-nos sentir a necessidade de termos uma vida diferente, uma vida tão completamente debaixo do poder de Deus que a obediência seja a conseqüência natural. A vida imperfeita, a vida de comunhão interrompida e irregular com Deus, deve ser curada para dar lugar a uma vida plena e saudável; então, será possível a obediência total. O segredo da obediência verdadeira é* a volta à comunhão íntima e ininterrupta com Deus.
>
> *Andrew Murray (1828-1917),*
> A Escola da Obediência *(grifos no original)*

LIÇÕES DA HISTÓRIA

A Reforma Protestante do século XVI está cheia de pessoas que se dedicaram inteiramente à causa de Cristo. O compromisso e zelo que demonstraram ao Senhor nos servem de testamento hoje, que necessitamos dessa mesma dedicação. Citarei três dessas pessoas. Escolhi propositadamente aquelas que nos são pouco conhecidas.[2]

Jerônimo de Praga (1365?-1416) destacou-se por ter mente arguta e espírito inflexível, tendo causado um impacto duradouro na Reforma em sua pátria: a Boêmia. Jan Hus é notadamente o mais conhecido dos reformadores tchecos. Contudo, a vida de Jerônimo demonstrava muito da mesma determinação por Cristo e o evangelho que havia em

Hus. Opondo-se eles a muitos erros da igreja daqueles tempos, o Conselho de Constância condenou ambos os homens por heresia, os quais foram martirizados pela fé.

Poggio Bracciolini, o representante papal no Conselho de Constância, que não era amigo de Jerônimo, testemunhou sua execução. Este é o registro que ele fez:

> *Ele ficou em pé diante dos juízes de forma destemida e intrépida. Não só não temendo, mas até buscando a morte... Era realmente um homem digno de ser lembrado para sempre pelas pessoas. Com sobrancelhas jubilosas, semblante alegre e rosto exultante, ele foi para o seu destino. Não temeu as chamas, nem os tormentos, nem a morte. Quando chegou ao lugar em que morreria, despiu-se das roupas que vestia e ajoelhou-se em oração. Empilharam lenha em volta do seu corpo até cobrir o peito. Quando o fogo começou a arder, ele começou a cantar um hino que foi interrompido pela fumaça e pelas chamas. Porém, a maior prova da persistência de suas intenções ocorreu quando o executor quis acender a fogueira pela lenha que estava atrás do mártir, para que este não pudesse ver. Imediatamente, ele interrompeu: "Venha aqui e acenda a fogueira diante dos meus olhos, porque se eu tivesse medo nunca teria vindo a este lugar, e teria fugido quando estava em meu poder fazê-lo".*[3]

Assim pereceu um homem notavelmente incrível.

O meu segundo exemplo vem da Reforma polonesa. John Laski (1499-1560), também conhecido como Johannes Alasco, nasceu na riqueza e na realeza. Preparado para assumir o primado da Polônia, Laski preferiu rebelar-se contra os abusos da igreja católica. Sob muitos aspectos, ele foi um Moisés polonês, que procurou libertar o seu povo da opressão quando podia ter escolhido sentar-se confortavelmente com aqueles que estavam no poder. Ele é exemplo de homem que teve a glória e riqueza terrena, mas que deixou tudo para seguir a Jesus.

Laski tomou o caminho difícil. Várias vezes teve de fugir da sua pátria por causa da dedicação que dava ao evangelho e à Palavra de Deus.

Passou tempo considerável nos Países Baixos e na Inglaterra, e ajudou a produzir a primeira tradução polonesa da Bíblia. Possuidor de intelecto perspicaz, ele elaborou um credo para as igrejas protestantes na Polônia que, mais tarde, influenciou o Catecismo de Heidelberg. No decorrer dos anos, Laski teve contato pessoal ou manteve correspondência com outros homens importantes da sua época, como Zwínglio, Menno Simons, Bucer, Calvino, Bullinger, Melanchthon, Erasmo e Cranmer.

Laski destaca-se de mais outro modo, desta feita em comparação a muitos outros reformadores protestantes. Sendo protestante, ele procurou estabelecer a unidade entre os grupos protestantes discrepantes. Quando a maioria das seitas protestantes concentrava-se nas diferenças, Laski tentava estabelecer a reconciliação c harmonia. Apesar do zelo, Laski só conseguiu influenciar a sua pátria durante os seus últimos anos de vida. Quanto mais fácil teria sido a sua vida caso ele tivesse optado pelo caminho fácil da riqueza e privilégio.

A seguir, consideraremos a Espanha, país que durante o século XVI usufruiu pouca exposição protestante por causa da sua posição no coração do Sacro Império Romano e por ser a casa do imperador. Francisco de Enzinas (1520?-1550) foi um jovem movido pelo Espírito de Deus para que a Bíblia fosse traduzida para a língua espanhola. Esse desejo não era simples, pois a temida inquisição espanhola tornava quase impossível produzir uma tradução da Bíblia sem que o empreendimento fosse descoberto.

Enzinas deixou o país para trabalhar no projeto e, com vinte e três anos de idade, fez a primeira tradução do Novo Testamento para o espanhol. Em vez de transportar a Bíblia sorrateiramente para a sua pátria, ele teve uma conferência com o imperador, a quem apelou para que aceitasse e reconhecesse o trabalho. O imperador consultou o bispo acerca do assunto, que imediatamente prendeu Enzinas. Durante quatorze meses, Enzinas definhou na prisão até que escapou e fugiu para a Alemanha, onde morreu com apenas trinta anos de idade. "Ele fez mais do que qualquer outro indivíduo na Espanha para iluminar os espanhóis com o evangelho."[4]

Todos esses três homens poderiam ter escolhido o caminho fácil da segurança. Diferente de Martinho Lutero, que às vezes tinha o apoio de praticamente uma nação inteira, homens como Enzinas podiam confiar só em uns poucos dos seus compatriotas. Todos esses três homens enfrentaram diversos níveis de oposição, mas todos possuíam a ousadia e dedicação a Cristo que deixaram uma impressão duradoura. A vida desses heróis ressalta que Jesus espera nada menos que isso de nós hoje.

> *Vinde, todos vós cristãos, dedicai-vos, Ao serviço do Senhor.*
> *Tornai mais digna a vossa vida para ele, Afinai o vosso coração de comum acordo.*
> *Entrai em seus pátios com alegria, Renovai cada um dos vossos votos sagrados.*
> *Afastai-vos do pecado e da tristeza, Transformai-vos com nova vida.*
> *Dai do vosso tempo e talentos, Eles são dons do Deus dos céus,*
> *Para serem usados livremente pelos cristãos, Para proclamarem o seu amor maravilhoso.*
> *Vinde, servi ao Salvador, Trazei convosco dízimos e ofertas.*
> *Achai favor em vosso trabalho com ele, E cantai com alegria os seus louvores.*
> *Eva B. Lloyd, "Come, All Christians, Be Committed" (Vinde, Todos vós Cristãos, Dedicai-vos), 1966*[5]

O QUE SIGNIFICA SER TOTALMENTE DEDICADO

Em um capítulo não dá para esgotar as possibilidades de um tópico como o título dessa subdivisão. Farei, portanto, um breve esboço de algumas maneiras como podemos trabalhar para sermos piamente dedicados a Cristo e seu Reino. Primeiro, investigarei cinco áreas de nossa vida em que podemos concentrar a nossa dedicação e, depois, apresentarei razões por que falhamos nesse empreendimento. Em cada área de dedicação, darei algumas sugestões práticas para melhorar o nosso nível de dedicação.

Dedicação ao Dinheiro

Martinho Lutero disse que a última parte que se converte de um homem é a carteira de dinheiro. Mostre-me como uma pessoa lida com o dinheiro, e saberei muita coisa sobre a relação dessa pessoa com Deus. Tenho visto pesquisas, como as que fazem o Grupo Barna, que mostram que os crentes americanos ofertam de 1% a 2% da renda que recebem. Imagine como seriam diferentes as missões mundiais caso as ofertas fossem mais generosas.

Jesus falou muitas vezes sobre o dinheiro. Na realidade, poucos temas aparecem mais vezes nos seus ensinos; certos estudiosos calculam que um terço de tudo que Ele disse envolvia dinheiro. Em seus exemplos, Ele usou dinheiro simplesmente porque isso é muito importante para nós. Se levarmos em conta só as parábolas, veremos esse tema freqüentemente empregado (por exemplo, a parábola do tesouro escondido, dos lavradores maus, do rico insensato, dos talentos, do rico e Lázaro e da dracma perdida).

Talvez uma das parábolas mais difíceis de interpretar, a parábola do mordomo infiel (Lc 16.1-8), nos ofereça percepções valiosas sobre como Jesus via o dinheiro e como usá-lo corretamente. Essa parábola complicada apresenta um mordomo ou administrador desonesto a quem Jesus aparentemente elogia por causa do modo astucioso como lida com as finanças, tudo no esforço desesperado de manter-se fora do contingente dos desempregados. Claro que o ponto não é que devemos agir como administradores de dinheiro desonestos, como a parábola parece ensinar à primeira vista. Como acontece com quase todos os ensinos de Jesus, precisamos ir mais a fundo para encontrar o verdadeiro significado. A enigmática moral da história acha-se no versículo 9: "E eu vos digo: granjeai amigos com as riquezas da injustiça, para que, quando estas vos faltarem, vos recebam eles nos tabernáculos eternos".

Jesus quer que aprendamos que se as pessoas do mundo são astutas em usar as possessões terrenas para garantir um futuro melhor, não devem os filhos da luz agir de modo superior? Em outras palavras, não deveríamos nos preocupar em usar as posses que temos para algo muito maior, como, por exemplo, o Reino dos céus? As pessoas mundanas usam as posses para obter um futuro melhor só para esta vida. Os cidadãos do Reino dos céus têm um futuro muitíssimo maior para antegozar. Portanto, usemos as nossas posses terrenas tendo esse futuro em mente.

No Sermão da Montanha, Jesus disse que não podemos servir a Deus e também ao dinheiro (Mt 6.24, NTLH). Esse comentário vem imediatamente depois da sua discussão sobre tesouros na terra *versus* tesouros no céu. Muitos de nós só nos concentramos nas coisas terrenas. Damos pouca atenção às questões eternas e, dessa forma, a igreja perde a salinidade e o brilho da luz sobre um monte. Afirmamos que servimos a Deus, mas o tempo todo estamos servindo ao todo-poderoso dólar, ou euro, ou rand* ou pula.** Certas pessoas observam sarcasticamente que no dinheiro americano existe a frase: "In God we trust" (Nós confiamos em Deus). Claro que muitos não-americanos pensam que o dinheiro americano é precisamente o deus em quem os americanos confiam.

No Evangelho de Lucas, após a parábola do mordomo infiel, há um comentário semelhante sobre servir a Deus ou ao dinheiro. Jesus diz que se não formos fiéis com as riquezas terrenas, também não seremos fiéis com as verdadeiras riquezas do Reino de Deus (Lc 16.10-12). Em seguida, Lucas registra a parábola do rico e Lázaro. Jesus avisa que haverá uma reversão importante. Os que confiarem no dinheiro dessa vida não terão nada para mostrar na próxima. Como os crentes lidam com o dinheiro é talvez o único melhor teste para medirmos a maturidade espiritual.

O uso do dinheiro: Durante o próximo mês, mantenha um registro de cada centavo que você gasta, com atenção especial no modo como você usa a sua renda disponível. Você está desperdiçando muito dinheiro com supérfluos, quando poderia estar empregando melhor na obra do Senhor?

Dedicação ao Tempo

Os versículos iniciais da epístola de Paulo a Tito falam de uma "fé e conhecimento que se fundamentam na esperança da vida eterna" (Tt 1.2, NVI). Pouco importando o quanto enfatizemos acertadamente a importância da boa vida cristã, como Paulo faz repetidas vezes nessa epístola, os crentes têm de manter os olhos fixos em algo maior: a vida eterna e os assuntos eternos.

Quando foi a última vez que você pensou sobre a eternidade? A vasta maioria de nós pensa no futuro em termos de aposentadoria.

Façamos algumas considerações. Em cerca de vinte e cinco anos, eu terei chegado à idade de me aposentar. Se tiver sorte, estarei neste planeta por mais uns trinta ou quarenta anos. E depois? O que é que vem? A eternidade. Como diz a quarta estrofe original do hino "Amazing Grace":

Quando fizer dez mil anos que estivermos no céu,
Alegres e radiantes como o sol;
Não teremos menos dias para cantar os louvores de Deus,
Do que os primeiros momentos em que começamos a cantar.

Em outras palavras, depois que estivermos dez mil anos no céu, ainda teremos uma eternidade. E aqui estou eu me preocupando com uns insignificantes trinta ou quarenta anos.

Precisamos desenvolver uma perspectiva eterna. Os ideais do mundo com freqüência nos apanham — o que podemos possuir, quanto dinheiro podemos ganhar —, ao passo que a nossa fé e conhecimento cristãos estão totalmente na esperança da vida eterna. O que estamos fazendo agora para Deus que tenha significação eterna? O que estamos fazendo para o nosso bem que vai durar apenas uns momentos?

A esperança da vida eterna deveria impulsionar os crentes a se preocuparem mais com as coisas espirituais e menos com as mundanas. Desse modo, começamos a usar o nosso tempo apropriadamente. Não seria maravilhoso se quando olhássemos para trás soubéssemos que esprememos e extraímos de todo momento a maior significação possível?

No dia 12 de janeiro de 1723, dediquei-me com solenidade a Deus e anotei a decisão. Entreguei-me e tudo que eu possuía a Deus; para quanto ao futuro e sob qualquer aspecto eu ser eu mesmo; para agir como alguém que não tem mais direito de ser ele mesmo, sob qualquer aspecto. Prometi solenemente tomar a Deus por minha única porção e plena felicidade; não olhando para mais nada como se tivesse parte da minha felicidade, nem agindo como se tivesse. E a sua lei para a regra permanente da minha obediência é: engajar-me na luta contra o mundo, a carne e o Diabo até ao fim da minha vida.

Jonathan Edwards (1703-1758), teólogo e filósofo americano

Quando eu era mais jovem, as conversões nos derradeiros momentos da vida sempre me se afiguravam a saída fácil. Raciocinava que quando alguém estava enfrentando a morte e não tinha mais recurso, aceitar a Jesus era muito cômodo. Como eu estava enganado.

Conversões em leito de morte estão entre as mais difíceis. Obviamente, não dá mais para enganar a Deus com uma confissão vazia. Portanto, aceitando que a conversão nos últimos momentos da vida é genuína, o moribundo tem de admitir que a vida até aquele ponto — cada um dos momentos, todas as atividades, planos e interesses — foi um completo e absoluto desperdício. A pessoa tem de reconhecer que passou a vida inteira trabalhando por coisas que eram temporais e finitas. Não tem nada de significação eterna para mostrar por tudo que fez e, como o apóstolo Paulo, só lhe resta confessar que antes da conversão, tudo era esterco.

Que conclusão horrível de fazer sobre a vida, sobretudo quando a pessoa está no leito de morte e não pode fazer absolutamente nada para mudar a vida. Todas as oportunidades que houve para fazer com a vida qualquer coisa de significação eterna lhe escapuliram dos dedos. O remorso deve ser inacreditavelmente amargo.

Talvez a única coisa pior seja o caso do crente que foi cristão a maior parte da vida e, mesmo assim, não tem quase nada para mostrar pelo que viveu. O tempo pode ser o bem mais precioso que Deus nos dá. Por isso, precisamos usá-lo para a mais completa glória do Senhor. Como escreve J. C. Ryle: "Disponhamo-nos a fazer qualquer coisa, a sofrer qualquer coisa e a entregar tudo pela causa de Cristo. Pode nos custar algo por alguns anos, mas grande será a recompensa na eternidade".[6]

O uso do tempo: Durante as próximas duas semanas, anote detalhadamente como você gasta todos os minutos do dia, ou seja, comendo, dormindo, trabalhando, participando da igreja, assistindo à televisão, orando, etc. Como pode usar o tempo de forma a ficar mais inclinado às coisas eternas? De que modo você está desperdiçando tempo com preocupações temporais e como usar esse tempo mais eficazmente para o Reino de Deus?

Dedicação ao Trabalho

William Carey (1761-1834), pai do movimento missionário moderno, ficou cada vez mais estarrecido com as igrejas na Inglaterra, sua pátria, cujo povo parecia não dar a mínima pelos perdidos do mundo. No seu profícuo trabalho escrito em 1792, *Enquiry into the Obligations of Christians to Use Means for the Conversion of the Heathens* (Investigação sobre a Obrigação de os Cristãos usarem Recursos para a Conversão dos Pagãos), ele puniu os crentes que se mostravam mais interessados com as coisas do mundo do que com as coisas de Deus. Impulsionado pelo desejo de ver o evangelho espalhado por todo o globo, ele atacou os argumentos típicos usados contra as missões estrangeiras.

Estas eram as cinco principais objeções normalmente enunciadas contra missões em terras estrangeiras: a distância, o barbarismo do povo-alvo, os perigos envolvidos, a dificuldade de levantar apoio financeiro e as barreiras do idioma. Carey provou eficazmente que se o objetivo incentivador das pessoas fosse ganhar dinheiro, todas essas barreiras seriam prontamente contornadas. "Tudo que precisamos fazer é ter tanto amor pelas almas de nossos semelhantes e pecadores quanto eles [os comerciantes] têm pelo lucro percebido com as peles de lontras para que todas essas dificuldades sejam facilmente sobrepujadas."[7]

Muitos se matam de tanto trabalhar para fazer um nome para si, ou comprar uma casa maior, ou um automóvel mais luxuoso, e levantam apenas um dedo para a obra do Senhor. No mundo há pessoas ímpias e egoístas que pela sua ética de trabalho deixam envergonhados muitos cristãos evangélicos. Elas se esforçam para ganhar mais dinheiro; e nós que conhecemos as verdades eternas e o Deus eterno estamos entre as pessoas mais preguiçosas do mundo. Como o cantor cristão Keith Green cantou sarcasticamente em "Asleep in the Night" (Dormindo na Luz):

Jesus ressuscitou dos mortos,
E você, você tem preguiça até de se levantar da cama.

Vemos melhor esse contraste quando se trata de membros de seitas. Nos anos em que morei em um bairro nobre de Chicago, recebi visitas diferentes de prosélitos religiosos em minha casa. Em todas as cinco ocasiões, eles representavam seitas, como o mormonismo ou as Testemunhas de Jeová. Nem uma vez recebi alguém de uma comunidade evangélica típica para me falar do evangelho.

Não devemos trabalhar só por trabalhar. Até com o nosso trabalho, temos de procurar usá-lo do melhor modo possível para o Reino e a glória de Deus.

Lembro-me de um missionário que foi enviado para trabalhar nas ilhas Comores, oceano Índico, cujo governo é muçulmano. Nesse lugar não é permitido evangelizar e testemunhar para as pessoas em público; mas pelo estilo de vida e em conversas em particular é possível falar de Cristo. Esse missionário recebera informações claras a esse respeito. Em vez de obedecer às leis, ele imediatamente saiu pelas ruas evangelizando livremente. Levou só alguns meses para ser deportado.

Tenho certeza de que ele deve ter pensado que estava fazendo a obra de Deus, mas tenho dúvidas quanto à sua eficácia. Tivesse ele vivido pelas leis do país, poderia ter servido muitos anos nas ilhas Comores como sal e luz.

Não estou defendendo que gastemos todo o nosso tempo e trabalho em atividades relacionadas à igreja ou falando de Jesus às pessoas, enquanto deveríamos estar fazendo relatórios. Temos de achar o equilíbrio certo entre obrigação ao nosso patrão e obrigação ao nosso Deus. O que ocorre é que, na maioria das vezes, estamos tão envolvidos com o trabalho que não paramos para pensar em modos de usá-lo melhor para a glória de Deus.

Se gastarmos todo o nosso tempo falando de Jesus para as pessoas no bebedouro, sem fazer o trabalho pelo qual estamos sendo pagos, não estamos tornando o evangelho atraente. Como crentes, temos de ser conhecidos como os funcionários mais aplicados, fidedignos e honestos da empresa. Desse modo, podemos falar silenciosamente de Jesus. Mas também proponho que procuremos meios mais públicos. Não devemos fugir das responsabilidades que assumimos para com o nosso empregador e nos atarefar com "a obra de Deus". Com certeza essa é a receita para nos envolver em dificuldades. Contudo, investiguemos como explorar mais eficientemente a função que exercemos no trabalho para atrair as pessoas ao evangelho.

Logo depois que me formei na faculdade, trabalhei alguns anos em uma metalúrgica como engenheiro de vendas. Os meus serviços eram requisitados por agentes de compras, gerentes de fábrica, engenheiros projetistas e por quem mais você imaginar. Se eu tivesse determinado que em toda situação seria prioritário falar do evangelho a ponto de excluir as minhas verdadeiras responsabilidades no trabalho, o meu empregador teria recebido muitas reclamações e eu teria ficado sem emprego. Porém, no transcurso do meu trabalho, havia muitas oportunidades para falar de Jesus. Em alguns casos, era a pessoa ao lado de quem eu me sentava em minhas viagens de avião. Ou era o motorista de táxi que me levava do aeroporto para o hotel. Eu tinha o costume de levar os clientes para almoçar, e por não tomar bebidas alcoólicas, muitas vezes me perguntavam por quê. Embora a minha abstinência não seja apenas por razões religiosas, era uma oportunidade para falar de Jesus.

Ao longo do bate-papo normal que freqüentemente resultava em vendas, faziam-me perguntas pessoais sobre passatempos ou atividades nas horas livres. Essa era outra oportunidade para eu falar de Jesus despretensiosamente e sem fazer mal. Para ser honesto, nem sempre eu era proativo, muitas vezes tinha preguiça e permanecia calado a esse respeito. Mas nunca ninguém se queixou quando eu falava de Jesus assim. Dava para perceber quem estava genuinamente interessado e quem, caso fosse pressionado, ficaria ofendido.

Falar do evangelho não é uma atividade acidental. Temos de tomar a iniciativa com relação a isso. Muitos de nós passamos pelo menos quarenta horas por semana — que é de um terço a metade do tempo em que estamos acordados — empregados no mundo secular. Foi Deus que nos pôs ali, não apenas para ganhar dinheiro ou obter os meios de subsistência, mas para fazer algo muito maior. Assim que perguntarmos a Deus a razão de ter nos colocado nesse trabalho específico neste momento de nossa vida, começaremos a pensar em maneiras de usar melhor essa oportunidade.

> *[O cristão] tem de considerar santo cada parte da sua vida, porque tudo será oferecido a Deus.*
> *William Law (1686-1761),* Um Chamado Sério para uma Vida Devota e Santa

O uso do trabalho: Durante os próximos seis meses, veja como usar sua posição de trabalho mais estrategicamente em prol do Reino de Deus, sem nunca descuidar de obter o equilíbrio certo entre obrigação ao seu patrão e obrigação ao seu Criador.

Dedicação aos Talentos

Quando começarmos a entender verdadeiramente que tudo o que temos nos foi dado por Deus, seremos motivados a usar tudo para a sua glória. É tão comum agirmos egoisticamente, como se existíssemos somente para nós mesmos. Durante os anos de minha adolescência rebelde, minha mãe me dizia: "O mundo não gira em torno de você, Victor!" Às vezes tenho a impressão de que Deus ainda está me dizendo isso.

Talvez não haja satisfação maior do que ser elogiado pelos nossos talentos. Alguns são esportistas habilidosos, outros são cantores talentosos, ainda outros são dotados de elevada habilidade criativa. Infelizmente, só usamos esses dons para benefício e louvor próprio, ao passo que Deus os deu a nós para um propósito maior.

O ensino mais bem conhecido de Jesus sobre esse assunto é, possivelmente, a parábola dos talentos (Mt 25.14-30). Antes de partir em uma viagem longa, certo homem deu talentos aos seus três servos, que é uma espécie de dinheiro. Quando voltou, só dois servos tinham usado os talentos para ganhar mais. O terceiro servo simplesmente enterrou o talento na terra. O senhor repreendeu severamente esse servo, considerando-o "mau", "negligente" e "inútil", e mandou que ele fosse lançado nas trevas exteriores. Se esse ensino de Jesus não nos motiva a usar melhor as habilidades que Deus nos deu, então nada consegue nos motivar.

Em certo assunto relacionado, também devemos trabalhar para descobrir quais são os dons espirituais que temos. Paulo fala que o fato de o Espírito Santo habitar no crente é prova de que Deus deu dons espirituais a cada crente (1 Co 12.7). Na minha ótica, é da máxima prioridade descobrirmos quais são esses dons. Quando eu tinha vinte e poucos anos, fazer testes de dons espirituais foi o meio como identifiquei em que Deus queria que eu o servisse.

Façamos uma analogia. Os crentes lutam muito para determinar qual é a vontade de Deus para a sua vida. Imagine uma colher e uma pá. Você não usaria a colher no quintal para cavar uma vala, assim como não usaria a pá na cozinha para mexer o café. A colher e a pá foram criadas para propósitos específicos. Assim, o crente que foi criado para ser colher tenta fazer a obra de uma pá.

Se você quiser saber o plano e propósito de Deus para a sua vida, procure ver como Ele tem projetado você. Com que talentos Ele o tem equipado para servir no Reino? Há muitos crentes na igreja que não usam os dons espirituais, porque nem mesmo sabem que os têm. Ou pior, há crentes que sabem que os têm, mas são muito preguiçosos ou estão mais preocupados com outras coisas. Deus quer que façamos a obra para a qual nos criou. A nossa tarefa é discernir esse projeto.

O uso dos talentos: Você está usando todas as suas habilidades de modo a beneficiar o Reino de Deus ou está somente beneficiando a si mesmo? Faça um teste de dons espirituais para determinar os talentos que Deus lhe deu para o serviço no Reino de Deus e no Corpo de Cristo.

Dedicação à Mente

> *Portanto, se os demônios virem todos os cristãos [....] labutando alegremente e avançando, primeiro eles atacarão através de tentações e porão obstáculos para impedir o nosso andamento, ou seja, maus pensamentos.*
>
> *Atanásio (296-377),* Vida de Antônio

Quantas vezes gastamos tempo trabalhando para aumentar as nossas chances profissionais incrementando a nossa educação, mas fazendo pouco para aumentar o nosso entendimento da doutrina e devoção cristã? Na passagem de Tito que vimos anteriormente, Paulo fala de "fé e conhecimento", mas os crentes freqüentemente começam com o primeiro e nunca passam para o último.

Em outra passagem bíblica, Paulo fala sobre renovar a mente (Rm 12.2, ARA) e concentrar o pensamento em coisas nobres e religiosas (Fp 4.8). Entretanto, grande parte do cristianismo ocidental está baseada em emoção e representação. Passamos tempo em louvor e adoração com braços levantados e mãos abertas, mas raramente folheamos um livro durante o restante da semana. Quantos crentes hoje afirmam que confiam no Espírito, mas nem mesmo sabem o nome de todos os sessenta e seis livros da Bíblia? Diante de toda a nossa conversa sobre dedicação ao Espírito Santo, exibimos pouca dedicação à Palavra do Espírito.

Alguns livros cristãos de maior vendagem hoje em dia entretêm, mas não desafiam. Desta forma, em vez de encorajar a maturidade cristã, eles a desencorajam. Somos ainda crianças, jogados para cá e para lá por heresias inteligentes e tramas enganosas (Ef 4.14). Em vez de renovar a mente, nossa mente fica farta desse creísmo sentimental.

Mas o padrão da fé bíblica sempre é o pensamento apropriado acoplado à vida apropriada, o que chamamos ortodoxia e ortopraxia. Os dois vão lado a lado. Por exemplo, Paulo gasta os primeiros onze capítulos de Romanos falando sobre o pensamento correto e a doutrina própria (ortodoxia), para depois falar sobre como ter a vida cristã apropriada (ortopraxia). Ele usa o mesmo padrão em Efésios.

As nossas ações são determinadas pelos nossos pensamentos. O que pensamos determina o que fazemos. Como cremos ditará como viveremos. A noção do bom cristão que vive agradando a Deus, mas que não sabe quase nada sobre doutrina e fé cristã é um conceito estranho ao cristianismo bíblico.

> *Porque, primeiro ocorre à mente um mero pensamento, depois vem a forte imaginação, seguida pelo prazer, o mau deleite e, por fim, o consentimento.*
>
> *Tomás de Kempis (1380-1471),* Imitação de Cristo

Considere o que vimos no capítulo anterior: Quando Jesus foi tentado por Satanás, usou a Palavra de Deus em sua defesa. Reciprocamente, quando Eva foi tentada pela serpente, abusou da Palavra do Senhor, citando erroneamente o que Deus dissera no mandamento (Gn 3.3). Em seu manejo errado da palavra de Deus, junto com a distorção da serpente, Eva foi enganada e caiu em pecado.

Muitos cristãos hoje são ignorantes acerca da Palavra de Deus e, assim, caem em enganos e pecados. Eles não estão adequadamente preparados para usar "a espada do Espírito" (Ef 6.17), porque não a estudam nem a memorizam. Imagine se Jesus, diante do uso errado que Satanás fez da Bíblia, tivesse de desculpar-se por um momento para fazer uma procura frenética pelo livro santo? "Eu sei que está por aqui, em algum lugar, Satanás. Só um minutinho e já encontro. Tenho certeza de que a minha Bíblia diz algo sobre isso, só não sei citar de cabeça." Teria sido uma cena digna de pena.

O salmista diz: "Escondi a tua palavra no meu coração, para eu não pecar contra ti" (Sl 119.11). Em vez de considerarmos que a tarefa de estudar a Bíblia é algo estranho e cansativo, devemos reconhecê-la pelo que é. Estudar a Bíblia dá vida e preserva a vida.

Quando Paulo fala de "fé e conhecimento", observamos algumas coisas. Em primeiro lugar, crescer no conhecimento cristão é importante para todo crente e não apenas para pastores e professores de seminário. Todo crente tem de fazer questão de crescer no conhecimento da verdade. Isso pode significar tornar a leitura da Bíblia parte regular do dia ou da semana; freqüentar reuniões que ajudem os crentes a crescer em entendimento da doutrina e crença cristã; ler e estudar livros cultos sobre a vida, prática e teologia cristãs; ou participar regularmente de estudos bíblicos em grupos pequenos. Ninguém se torna crente instruído por acaso. Envolve trabalho e dedicação.

Em segundo lugar, aprendemos que fé e conhecimento estão juntos. Muitos crentes hoje em dia crêem que não precisam de conhecimento ou entendimento. O Espírito Santo fará todo o trabalho para eles. Eles não precisam se dedicar ao trabalho laborioso de estudar; tudo que precisam fazer é confiar no Espírito. Esse pensamento cria uma falsa dicotomia entre a fé e o conhecimento. Isso incentiva os crentes a agir como se a vida cristã só dissesse respeito ao coração, e não à mente.

Você gostaria que o seu pastor passasse várias horas durante a semana preparando o sermão de forma que você visse sentido e ele mostrasse profundidade na Palavra de Deus? Ou preferiria que ele passasse a semana sentado na frente da televisão, contando que quando chegasse o domingo, o Espírito Santo lhe diria o que dizer? Você já ouviu uma pregação que não foi bem preparada? Poucas coisas neste mundo são piores do que desperdiçar trinta ou quarenta minutos ouvindo alguém que não sabe do que está falando.

A terceira coisa que aprendemos com o comentário de Paulo sobre fé e conhecimento é que se firma na esperança da vida eterna, tema que já examinamos. O modo como usamos a mente pode ter conseqüências eternas.

Na passagem de Filipenses 4.8, Paulo diz que concentremos o nosso pensamento em tudo o que for verdadeiro, honesto, justo, puro, amável e no que houver boa fama, virtude e louvor. Pense um instante nos antônimos dessas idéias e depois lembre-se com que você tem enchido a mente. A que tipos de filme você assiste? De quais programas de televisão gosta mais? Que piadas você lê ou ouve? De que tipo de conversas participa?

Percebeu quanto lixo e sujeira deixamos entrar em nossa mente? Alguns crentes têm o costume de alugar vídeos ou DVDs com cenas de violência, praguejamento e sexo; e ainda ficamos imaginando por que não somos mais espirituais. Aquilo com que alimentamos a mente se manifestará em nossa vida. Tudo que entra em nossos pensamentos acabará saindo em nossas ações. Somos o que fazemos, e fazemos o que permitimos que entre e permaneça em nossa mente.

Todos sabemos que comer diariamente alimentos ricos em caloria e de baixo valor nutritivo faz mal para a saúde física. O mesmo se aplica com a saúde mental. Se alimentarmos a mente com coisas fúteis, coisas fúteis sairão dela. Lance Armstrong sabe que tem de manter uma dieta rígida para poder competir na Volta da França. Como cristãos, temos de nos treinar para remover o lixo e sujeira que nos cerca todos os dias, ou fracassaremos em nossa carreira da fé.

Para termos uma mente totalmente dedicada a Deus, precisamos cortar as coisas que prejudicam a nossa fé e devoção, ao mesmo tempo em que nos concentramos nas coisas que nos ajudam a crescer em conhecimento e sabedoria.

O uso da mente: Quais são as ações factuais que você pode tomar para aumentar o seu conhecimento da fé cristã? Você alimenta a sua mente com lixo de maneira voluntária? Nos próximos doze meses, amplie as suas oportunidades, entrando em um grupo pequeno para estudar a Bíblia, ou fazendo um curso básico de teologia perto de casa, por correspondência ou pela internet, ou lendo livros sobre tópicos seletos. Se você lê regularmente cinco livros de ficção cristã por ano, troque dois deles por leitura mais substancial sobre doutrina cristã ou vida cristã.

> *Portanto, quer comais, quer bebais ou façais outra qualquer coisa, fazei tudo para a glória de Deus.*
> *Apóstolo Paulo, 1 Coríntios 10.31*

Até algo tão aparentemente mundano quanto comer ou beber pode ser feito para a glória de Deus. Procuremos usar melhor o dinheiro, o tempo, o trabalho, os talentos e a mente para o Reino e a glória de Deus. Deste modo, estaremos colocando a mão no arado e andando para frente.

POR QUE OS CRENTES QUASE SEMPRE NÃO TÊM A DEDICAÇÃO DE VERDADEIROS DISCÍPULOS

No contexto da passagem sobre o arado (Lc 9.57-62), Lucas o exemplifica com três histórias. Ele fala sobre três homens, cada um com certo nível de dedicação para seguir a Cristo, mas nenhum com o nível necessário para satisfazer a Jesus.

O primeiro homem se aproxima de Jesus com a oferta de segui-lo. Jesus o lembra que tal compromisso não é nada fácil. "As raposas têm covis, e as aves do céu, ninhos, mas o Filho do Homem não tem onde reclinar a cabeça." Em outras palavras, ser discípulo de Cristo não significa obter as vantagens que esperaríamos ter com essa atividade.

Nem sequer o Filho do Homem tem um lugar regular para descansar, quanto menos os outros luxos que queremos da vida. Só os verdadeiramente sérios devem candidatar-se ao cargo.

O segundo homem é convidado por Jesus para segui-lo. Nesse caso, porém, o homem pede que o deixe primeiro fazer o enterro do seu pai. Para entendermos a resposta aparentemente fria e insensível de Jesus, devemos vê-la sob o contexto do judaísmo do século I, que só faz parecer ainda mais fria e insensível. "O dever de enterrar tinha precedência sobre o estudo da lei, o serviço no Templo, a matança do sacrifício da Páscoa, a observância da circuncisão e a leitura da Megilá."[8] Neste caso, Jesus diz ao homem que até a necessidade mais rigorosa da sua cultura não basta para isentar-se do dever de seguir a Cristo. Tudo o mais tem de ficar em segundo lugar.

O terceiro homem faz uma oferta semelhante a do primeiro, mas com uma condição. É na resposta de Jesus a esse homem que temos a declaração que forma o tema deste capítulo. Em todos os três casos, os homens mostram-se insuficientes para o serviço como discípulos de Cristo. Vemos também essa atitude na conhecida passagem sobre o "pão da vida" em João 6, onde fala que, depois de ouvirem alguns ensinos difíceis de Jesus, "muitos dos seus discípulos tornaram para trás e já não andavam com ele" (Jo 6.66).[9]

Por que há tantos que inicialmente querem se dedicar a Cristo, mas depois abandonam o arado? No restante desta subdivisão, proporei brevemente três razões por que muitos crentes não possuem a dedicação necessária para ser um discípulo de Jesus.

Crentes Domingueiros

Dedicação também é compromisso, devoção e devocional. Estudando essas palavras, obtemos esclarecimentos valiosos sobre o erro que muitos crentes fazem ao entender o que é devoção. Em geral, quando falamos de "devoção" queremos dizer o tempo de adoração congregacional, como o culto de domingo na igreja, e de "devocional" a nossa hora tranqüila pessoal quando lemos a Palavra de Deus e oramos. Com essa abordagem, produzimos uma bifurcação entre "tempo sagrado" e "tempo secular".

No primeiro dia da semana cantamos hinos de louvor a Deus e lhe damos toda a glória, ao passo que nos outros seis dias da semana não lhe damos a menor atenção ou sequer um pensamento. No domingo, proclamamos: "Glória a Deus", e de segunda-feira a sábado: "Glória a mim". É quase como se estivéssemos dizendo: "Deus, esta parte do domingo é o tempo da semana que divido contigo. O restante do tempo é o *meu* tempo, no qual planejo fazer tudo que eu quiser".

Isso me lembra da anedota sobre a igreja que recolhia os dízimos e ofertas e os levava à frente do santuário. Um dos pastores pegava a bandeja de ofertas e jogava o dinheiro para cima, com força, deixando tudo cair pelo chão. Certo dia, depois do culto, um visitante perguntou ao pastor por que eles faziam isso com o dinheiro. O pastor respondeu: "Bom, nós jogamos o dinheiro para cima, e tudo que Deus pegar é dele".

A nossa vida inteira deve ser *devocional*. Quando Paulo fala em apresentarmos o corpo em "sacrifício vivo", ele conclui dizendo que essa dedicação de vida é "o vosso culto racional" (Rm 12.1). A nossa "devoção" é uma atividade de vinte e quatro horas, e não algo que fazemos somente por algumas horas aos domingos ou outro dia da semana.

A nossa dedicação a Cristo é, por vezes, muito mesquinha. Tenho de confessar que durante a semana é muito comum o meu tempo estar ausente de concentração em Deus quando estou tratando de outros assuntos urgentes. Quando chega o domingo, percebo que necessito de nova dedicação, pois sinto o Espírito me impelindo para a frente. Mas na manhã de segunda-feira, volto à minha atitude indiferente e apática. Minha dedicação só é atiçada por causa do domingo, como se o dia do descanso fosse o único dia concedido a Deus.

Estamos nos Enganando?

O Senhor ressurreto disse à igreja em Laodicéia: "Eu sei as tuas obras, que nem és frio nem quente. Tomara que foras frio ou quente! Assim, porque és morno e não és frio nem quente, vomitar-te-ei da minha boca" (Ap 3.15,16). Essa declaração de nosso Deus me confundia nas primeiras vezes que a li. Entendo por que Ele quer que sejamos quentes e não mornos, mas por que frios? Não seria pior? A resposta está no que significa ser quente, frio e morno.

Quem é quente está obviamente em chamas por Jesus e o seu Reino. Esse é o tipo de discípulo que o Senhor deseja. Quem é frio está longe do seu Reino e da vida cristã que Deus requer. O problema é com quem é morno. Esse tipo de pessoa pensa que está tudo bem quando, na verdade, não está. Com a pessoa fria, há a esperança genuína de que ela venha a reconhecer a sua pobreza espiritual e arrepender-se. Mas a pessoa morna está enganando a si mesma e não reconhece a sua penúria espiritual. Em vez de entender a sua necessidade, como talvez se dê com a pessoa fria, ela pensa que é quente.

Não é esta a situação em que os crentes em Laodicéia estavam? O Senhor lhes diz: "Como dizes: Rico sou, e estou enriquecido, e de nada tenho falta (e não sabes que és um desgraçado, e miserável, e pobre, e cego, e nu)" (Ap 3.17). Que situação horrível: a pessoa pensa que está sã e salva, quando na verdade está correndo grande perigo.[10]

No Sermão da Montanha, Jesus fala do sal que perdeu a salinidade (Mt 5.13), idéia semelhante a ser morno. Há muitos crentes que estão se enganando a si mesmos. Como os crentes em Laodicéia, eles afirmam que são dedicados a Deus, mas são desgraçados e miseráveis. Pensam que são quentes, mas na verdade são mornos. Por causa disso, a vida que levam não tem a dedicação necessária para serem discípulos de Cristo.

Discípulos Inconstantes

No capítulo anterior, Ló serviu de exemplo excelente de alguém que vive por vista e não por fé. Neste capítulo, é a sua esposa que serve de exemplo apto de inconstância. A esposa de Ló não foi transformada em sal só porque Deus estava com vontade de dar uma temperada a um juízo primoroso. Enquanto chovia enxofre e fogo desde o céu sobre Sodoma e Gomorra, a esposa de Ló regressou para as cidades. Não cometamos o erro de pensar que foi um simples olhar; foi um movimento completo para trás, uma volta às cidades.

Em sua narrativa, Moisés deixa claro que as cidades foram destruídas juntamente com tudo que em geral havia nos arredores. Ao retroceder e tentar voltar para Sodoma, a esposa de Ló foi colhida pela chuva de enxofre e fogo e sofreu o mesmo destino dos habitantes que estavam nas cidades.

Falando do "homem de coração dobre", Tiago diz que tal indivíduo "é instável em tudo o que faz" (Tg 1.8, NVI). Jesus resumiu essa idéia no Sermão da Montanha, quando disse: "Ninguém pode servir a dois senhores, porque ou há de odiar um e amar o outro ou se dedicará a um e desprezará o outro" (Mt 6.24a). É o retrato da pessoa dividida, que quer ir para duas direções opostas.

Em sua descrição da armadura de Deus em Efésios 6, Paulo menciona o cinto da verdade. No traje militar romano, o soldado punha primeiramente o cinto, porque todas as outras peças da armadura se prendiam ao cinto. A *verdade* aqui tem o sentido de integridade ou veracidade, e *integridade* denota inteireza ou unidade, como quando em matemática falamos que números como 1, 2, 3 são números inteiros. O soldado de Deus, portanto, não é de coração dobre, não é alguém que possui uma mente fracionada.

Não podemos lutar adequadamente com um olho em nosso inimigo e o outro olho em outro lugar. Semelhantemente, não podemos servir ao Senhor com a mente nele e o coração em nossos desejos mundanos. Temos de ser soldados completamente dedicados. A veracidade — integridade, determinação — tem de ser o cinto que prende tudo o mais no lugar. Sem termos a verdade como nosso cinto, o restante da armadura cairá. Os crentes de coração dobre estão mal preparados para servir no exército do Senhor, pois sofrem de lealdade dividida. Nessas condições, não possuímos a dedicação necessária que Jesus deseja e merece.

ESTAMOS ARANDO EM LINHA RETA?

A imagem que Jesus usa em Lucas 9 repercute a idéia de dedicação ou determinação morna. "Ninguém que lança mão do arado e olha para trás é apto para o Reino de Deus." No século I, as pessoas viviam em um contexto agrícola que tornava familiar e compreensível muitos dos exemplos que Jesus deu; mas hoje, em nossa sociedade primariamente industrial, não notamos o que Jesus queria dizer com os quadros verbais que criava. Minhas viagens pelo continente africano, sobretudo para a Etiópia, tornaram essas imagens bíblicas mais fáceis de entender.

Leve em consideração a idéia de arar enquanto se olha para trás. O agricultor fica atrás de um ou dois animais que puxam o arado. Enquanto os animais avançam, o agricultor tem de colocar incrível pressão no arado para baixo. Não se trata de tarefa simples; envolve muita força e notável coordenação. Mas o agricultor não apenas tem de empurrar o arado para baixo, mas tem também de firmá-lo para não se mover horizontalmente. Se o arado não estiver verticalmente firme, o sulco ficará desigual. Se ele não apertar o arado suficientemente, o sulco ficará muito raso.

Além disso, o agricultor tem de verificar que os animais estejam andando adequadamente. Na maioria das vezes, ele tem de usar um chicote para mantê-los andando sem que saiam da linha. Voltando a analisar as palavras de Jesus, é realmente impossível arar em linha reta e controlar os animais enquanto se olha para trás.

Se necessitarmos de uma analogia mais moderna para transmitir a mesma verdade, imagine alguém dirigir um automóvel em uma rodovia ao mesmo tempo em que entretém as crianças no banco traseiro. Não precisamos ter uma imaginação fértil para prever que o desastre será certo. Parafraseando as palavras de Jesus, eu diria: "Ninguém que lança mão do volante e olha para trás é apto para o serviço no Reino de Deus".

É o que Jesus nos chama para fazer. Uma dedicação abaixo desse ideal, ou seja, sem uma fixidez de propósito firme, é uma dedicação inadequada para servi-lo. Vamos nos dedicar, ou nos dedicar de novo, a Cristo. Comecemos vendo que *todas* as áreas de nossa vida são devocionais, e confiemos cada faceta de nossa vida aos cuidados de Deus e para a sua glória. Só assim estaremos arando em linha reta avante para Cristo.

> *Este não é realmente um assunto comum, nem é mera casualidade da lei da natureza. Mas trata-se da devoção ilustre, da luta pela fé,*

em que todo aquele que perde a vida por Deus, salva-a, para que você mais uma vez reconheça o Juiz que recompensa o ganho mau da vida com a destruição e a perda boa da vida com a salvação.[11]

Tertuliano (150-212),
Os Cinco Livros contra Márciom

* **N. do T.:** Rand é a unidade monetária e moeda da África do Sul, Botsuana, Suazilândia (África).
** **N. do T.:** Pula é a unidade monetária e moeda de Botsuana (África).

4

A ARTE DA AUTOCRUCIFICAÇÃO ESPIRITUAL

Se alguém quer vir após mim, negue-se a si mesmo, e tome cada dia a sua cruz, e siga-me.

JESUS CRISTO, LUCAS 9.23

Mas a alma que crê deseja e desfalece por Deus; ela descansa agradavelmente ao contemplá-lo. Ela se gloria na vergonha da cruz até que lhe seja mostrada a glória da face divina.

BERNARDO DE CLARAVAL (1090-1153), *SOBRE O DEUS DE AMOR*

É impossível o coração humano, sem cruzes e tribulações, pensar em Deus.

MARTINHO LUTERO (1483-1546), *CONVERSA INFORMAL À MESA*

Muitas vezes fico conjeturando como foi quando Abraão recebeu a ordem divina de sacrificar o seu filho Isaque. Abraão é o personagem principal da narrativa em Gênesis 22, e Isaque tem apenas algumas falas curtas. Mas o que se passava pela mente do rapaz? Só me resta imaginar o meu próprio filho, que é mais ou menos da mesma idade que se supõe que Isaque tivesse naquele momento, andando comigo para um lugar onde planejamos matar um animal. Só ao chegar lá eu lhe digo que ele será morto no lugar do animal. Visualizo a confiança se escoando dos seus olhos. O seu pai, sobre quem ele sabe que o ama ternamente e em quem depositou sua fé pueril, está pronto para matá-lo. Imagino o olhar de terror nos olhos do meu filho quando ponho as mãos nele para fazer a ação terrível.

Em geral, consideramos a angústia da perspectiva do devastado pai Abraão, mas quase não dizemos nada acerca do igualmente devastado filho Isaque. Ele tentou fugir? Ofereceu resistência enquanto o pai o amarrava com cordas e o punha sobre o altar? Quando viu a faca ser tirada do cinto, ele gritou e chorou? À medida que o pai lentamente orientava a arma em direção à garganta do filho, Isaque procurou se contorcer?

Em meu gabinete, há a reprodução de uma obra de arte que prezo muitíssimo. Trata-se de um quadro pintado por Rembrandt, grande artista holandês, intitulado *O Sacrifício de Isaque*. Rembrandt não usava cores vívidas, e a pintura é bastante parda e castanha. Mesmo assim, a imagem é forte. Isaque está deitado com as mãos amarradas às costas, apoiado em um feixe de lenha, tendo o rosto completamente coberto pela mão esquerda de Abraão. A cena é terrível, pois a mão de Abraão está empurrando a cabeça de Isaque para trás a fim de expor a garganta tenra do rapaz. Um pouco acima de Abraão está o anjo, agarrando a mão direita do patriarca, à altura do pulso, enquanto a faca está caindo ao chão. Não consigo discernir se o olhar de Abraão é mais de choque do que de alívio, mas é bem possível ele ter sentido essas duas emoções no mesmo instante.

Quando olho o quadro, há um item em que mais pondero. É um ponto que sempre captura o meu olhar primeiro e para o qual os meus olhos naturalmente vão. Trata-se da mão aberta de Abraão em cima do rosto inteiro de Isaque. Teria ele colocado a mão ali para que o rapaz não visse a faca? Ou será que ele pôs a mão para que ele mesmo não tivesse de ver o olhar de terror nos olhos do filho?

Perguntas continuam me inundando a mente enquanto contemplo a obra-prima de Rembrandt. Abraão estava cumprindo a ordem divina com uma atitude fria e distante, como um homem de fé resoluta que em seu coração não tinha a menor dúvida sobre a ação terrível que ele estava a ponto de fazer? Quando Jesus encarou o seu grande ato de fé no jardim do Getsêmani, sentia dor e angústia. E Abraão sentia o mesmo quando estava prestes a sacrificar o seu único filho, o filho da promessa?

Infelizmente, a narrativa mosaica não registra as emoções. Mas quando me ponho no lugar de Abraão e nessa situação terrível, lágrimas me brotam dos olhos. Não dá para imaginar a provação severa que me teria sido, caso tivesse recebido a ordem divina de sacrificar o meu filho naquele altar medonho.

E quanto a Isaque? Quantas vezes me ponho no *seu* lugar quando reflito na história? Pouquíssimas vezes. Mas é exatamente isso que Deus está me mandando fazer. Ele quer que eu posicione voluntariamente o meu corpo sobre o altar do sacrifício. Não há uma segunda pessoa forçando-me a colocar-me sobre a lenha; a ordem divina é que eu me coloque ali voluntariamente.

Quando percebo que sou eu a pessoa a ser sacrificada, começo a me espernear, gritar e lutar para ficar livre. Mas é precisamente no ato de sacrifício que sou mais livre. Jesus ensina que se eu cobiçosamente me agarrar à vida, irei perdê-la.

Suponho que ninguém ficou mais feliz em ver o carneiro preso pelos chifres entre os arbustos do que Isaque. Com certeza, pelo resto da vida, ele jamais esqueceu esse dia, e tenho por certo que o seu pai não foi relapso em fazê-lo lembrar da grande provisão feita pelo Senhor.

Vários capítulos deste livro estão relacionados. A idéia de tomar a cruz engloba a automutilação (capítulo 2), a dedicação espiritual absoluta, mesmo quando dói (capítulo 3), e o auto-ódio (capítulo 8). Para não ser redundante, separei certos aspectos de tomar a cruz e os tratei separadamente em cada um desses capítulos. De fato, este e o próximo capítulo terão muito a dizer acerca do sofrimento, tópico relacionado à autocrucificação. Portanto, nem tudo associado a tomar a cruz será analisado neste capítulo.

O meu propósito é lidar com o tema em três etapas simples. Primeiro, investigaremos o que significava levar a cruz nos dias de Jesus. Em seguida, avaliaremos a nossa chamada para levar a cruz. E por último, examinaremos por que temos de levar a cruz.

UMA IMAGEM HORRIPILANTE

Quando Jesus disse aos discípulos para tomarem a cruz, o que passou pela mente deles?

No passado, as execuções públicas eram comuns. Poucas pessoas não tinham visto uma execução algum dia na vida. Mesmo nos Estados Unidos de meio século atrás, não era incomum haver execução pública. Hoje, apenas umas poucas pessoas seletas presenciam uma execução, normalmente são as famílias das vítimas. Claro que não estou defendendo que voltemos ao tempo de enforcamentos e eletrocussões públicas, mas é triste que a maioria das pessoas hoje não tenha um entendimento real do que Jesus quer dizer quando fala de cruz.

Em vez de ser uma jóia pendurada no pescoço ou uma imagem sacra no templo, a cruz era um objeto menosprezado e temível na Roma do século I. A cruz simbolizava dor e agonia absoluta. Os romanos sabiam como era horrível morrer desse jeito, por isso limitavam essa forma cruel de execução aos não-cidadãos do império. (Vemos melhor o lado pior dos homens nos instrumentos de tortura inventivos, para os quais destinamos todos menos a nós mesmos.)

Em muitos casos, as pessoas presenciavam a crucificação e também a procissão do criminoso. Como aconteceu com Jesus, o condenado tinha de levar a viga transversal da cruz até ao lugar da morte. Imagine se hoje a pessoa a ser executada tivesse de ligar em seu corpo todos os eletrodos ou encher a seringa com o líquido letal antes de sentar-se na cadeira da morte.

Na marcha processional rumo à execução, todos podiam ver o medo nos olhos do homem prestes a morrer enquanto andava. Para alguns, essa visão lhes gratificava, porque o condenado estava recebendo o que merecia ou porque as pessoas eram sanguinárias mesmo. Até hoje muitos se divertem com cenas tumultuosas de convidados de programas de entrevistas que arremessam cadeiras e palavras obscenas uns aos outros ou gostam de ver lutadores profissionais infligirem golpes cruéis um no outro. Como os participantes nos jogos no Coliseu de Roma, muitos hoje mal podem esperar para ver a carne de outra vítima ser devorada por animais selvagens.

Mas os olhos medrosos do criminoso também falavam com pessoas de maior sensibilidade. Não há quem assista a tal evento repulsivo e avidamente queira participar. Pelo contrário, empreendemos todos os esforços possíveis para evitá-lo.

Uma vez mais, Jesus vira de cabeça para baixo as nossas inclinações naturais. Além de não devermos evitar, temos de nos sujeitar voluntariamente a tal ocorrência horripilante. Imagine esse trajeto longo até ao palanque do executor ou ao monte da crucificação. Todas as esperanças terrenas findaram-se. Todo sonho que você teve, todo bem material que desejou, todo esse tipo de coisa acabou. É o que o chamado de Jesus exige de cada um de nós que se digna usar o título de Discípulo de Cristo.

> *Negar-se a si mesmo não é questão de deixar algo, quer na quaresma quer por toda a vida. Trata-se de dizer um terminante e resoluto "Não" a si mesmo, para as esperanças, planos e ambições, para os gostos e desgostos, para os que nos são mais próximos e mais queridos, por amor a Cristo.*
> *F. F. Bruce (1910-1990),* Hard Sayings of Jesus *(Declarações Difíceis de Jesus)*

O SACRIFÍCIO DO EU

Consideremos o sacrifício animal. A vítima é erguida e colocada no altar, onde é amarrada e o seu sangue derramado. Claro que não somos de uma sociedade em que o sacrifício de animais é comum, mas nos tempos bíblicos a cena de sacrifício era bem conhecida.

Paulo ordena os crentes a apresentar o corpo em sacrifício vivo (Rm 12.1). Infelizmente, como no exemplo da cruz, hoje nos escapa grande parte da imagem dessa poderosa figura de linguagem. Mas tentemos imaginar como seria um sacrifício *vivo*. A vítima se contorce, se debate e se prende com as garras. Ela não quer ser jogada sobre o altar, onde a garganta lhe será cortada. Levar a cruz espontaneamente é como subir voluntariamente no altar para ser morto.

Como ocorre muitas vezes no cristianismo, há certas frases e expressões repetidas tantas vezes que perdemos de vista o seu significado original. Nesse caso, "tomar a cruz" entra nessa categoria, e conjeturamos o que significa. A idéia de levar a cruz foi banalizada. Virou um desses *slogans* evangélicos que diz: "Fui salvo dos meus pecados", ou: "Já pediu para Jesus entrar em seu coração?" Nenhuma dessas declarações é de todo ruim, mas na tentativa de condensar a mensagem do evangelho em uma frase fácil de lembrar, tais declarações ficaram um tanto quanto inexatas e imprecisas.[1]

O mesmo se aplica quando se trata de carregar a cruz. Sempre estamos ouvindo as pessoas referirem-se a uma dificuldade como "a cruz que tenho de carregar". Talvez a dificuldade seja agüentar um colega de trabalho complicado ou impertinente, ou o automóvel que não sai do conserto, mas não era bem isso que Jesus queria dizer. Nós diluímos o impacto desse mandamento tornando-o um *slogan* do evangelicalismo.[2]

Mas levar a cruz dificilmente tinha o objetivo de tornar-se um lema atrativo. O propósito era ser uma prática vitalícia e transformadora de vida. Em linha com o que vimos nos três padrões de tentação (1 Jo 2.16), quero investigar como levar a cruz tem o significado de opor-se a essas táticas do Maligno.

Crucifique o eu Sexual

Infelizmente, os pecados sexuais são comuns no Corpo de Cristo. Ainda que raramente nos recreemos neles, como fazia o irmão imoral em Corinto (1 Co 5), esse tipo de pecado existe. Em uma sociedade que nos satura de imagens sexuais, muitos crentes caem presa dessa tática efetiva de Satanás.

Poucos impulsos da natureza humana são mais fortes do que o impulso sexual. Infelizmente, com o avanço da tecnologia ficou muito mais fácil matar a sede desse desejo voraz. A concupiscência dos olhos pode ser satisfeita com vídeos alugados, software pornográfico e revistas que parecem onipresentes, e hoje mais eficazmente por meio da internet. No passado, quase todas as maneiras de satisfazer os desejos desse pecado envolviam olhar outra pessoa nos olhos, quer comprando uma revista por baixo dos panos quer alugando um vídeo. Para algumas pessoas, ter de vencer a barreira desse embaraço bastava para mantê-las afastadas do pecado. Mas hoje a pessoa pode se sentar na privacidade da sua casa e entregar-se a esses "prazeres" sem jamais ter de dar explicações a quem quer que seja.

A mentira traiçoeira é que nos enganamos quando acreditamos que ninguém sai ferido; nós nos esquecemos da determinação de Paulo concernente ao pecado sexual: "Todo pecado que o homem comete é fora do corpo; mas o que se prostitui peca contra o seu próprio corpo" (1 Co 6.18b). Sempre que pecamos sexualmente estamos nos destruindo em primeiro lugar.

Quando Jesus disse no Sermão da Montanha que temos de arrancar o olho que nos faz pecar, não foi por engano que esse mandamento veio logo após os seus comentários sobre adultério. Na realidade, se seguirmos a progressão nesse ensino, veremos que Jesus observou que o adultério começa no coração, pode facilmente passar para os olhos e, depois, ir para as mãos. Isso nos proporciona valiosos esclarecimentos sobre como lutar e conquistar esse impulso pecaminoso.

No capítulo 1, comentei que a pobreza material é um meio para a pobreza espiritual. Especificamente, se conseguirmos refrear o nosso desejo natural por comida por meio do exercício do jejum, aprenderemos a controlar melhor os outros impulsos naturais. No capítulo 3, vimos áreas de dedicação, uma delas envolvendo a mente. Aquilo em que fixarmos a mente acabará frutificando em nossas ações. Por exemplo, muitos acreditam na mentira de que podem olhar pornografia e terminar aí, sem que isso os leve a maiores males. Mas esse viciado em pornografia pode dizer honestamente que esse hábito não começou primeiro com um olhar sem importância e aparentemente inofensivo? Acreditamos tolamente que podemos abrir só uma fresta da porta para Satanás e nada mais. Todavia, é óbvio que ele não se contentará em ficar espiando do lado de fora. Só ficará contente quando tiver entrado.

Esse raciocínio não só é espiritualmente tolo, mas nem mesmo se sustenta diante da sabedoria mundana. É claro que quem foi promíscuo antes do casamento tem chance muito maior de tornar-se adúltero do que quem permaneceu puro antes do casamento. Satanás raramente nos apresenta diante dos olhos o mais escabroso dos pecados. Ele prefere nos tentar de modo mais sutil e, antes que percebamos, fizemos coisas que pouco antes jamais havíamos sonhado que faríamos.

Em que permitimos que os nossos olhos se demorem? Percebo alguém vindo pela rua; é uma mulher bonita e os meus olhos a contemplam naturalmente por um momento. Se o meu olhar for somente esse, então não pequei. Mas se decido dar uma olhada mais longa para absorver todos os detalhes, e, prosseguindo, eu me demorar mentalmente nesses detalhes permitindo-me sonhar pensamentos não mencionáveis, então cometi adultério em meu coração. Uma vez que deixo que tais coisas entrem em meu coração, em pouco tempo elas acabarão se infiltrando em minha mente repetidamente. Uma vez que a minha mente se torna corrupta, as minhas ações logo a acompanharão.

> *Os maus pensamentos terão domínio sobre nós sempre que estiverem escondidos no coração.*
> *João Cassiano (360-435),* Conferências

David Robinson, eleito o melhor jogador (MVP na sigla em inglês) de basquetebol que jogou por uma década para o San Antonio Spurs, deu um exemplo sobre esse assunto no qual os cristãos devem prestar atenção. Sempre que as líderes de torcida escassamente vestidas entravam na quadra para dançar, Robinson abaixava o olhar e fitava os próprios pés. Segundo ele, havia duas razões para essa ação: honrar e respeitar a esposa, e vigiar para não cair em tentação. Essa é uma atitude sábia que devemos imitar.

Também não cometamos o erro de pensar que o pecado sexual envolva somente o desejo ardente. Em muitos casos, a força motriz do pecado sexual não é concupiscência, mas soberba. Sentimo-nos lisonjeados quando as pessoas nos acham atraentes, e permitimos que isso nos suba à cabeça. Todo o mundo gosta de ser bajulado, sobretudo se diz respeito ao modo como é olhado. A mulher que se sente desprezada pelo marido, ou o homem que alcançou a idade em que ser atraente para as mulheres mais jovens significa que ele ainda tem "potencial", é impulsionado mais pelo ego do que pela concupiscência.

Temos de crucificar o eu sexual. Precisamos de escravizar o nosso corpo, e não permitir que ele nos escravize com os seus desejos e paixões. Tal crucificação começa com os olhos, da mesma maneira que muitas outras tentações começam. O autocontrole rígido sobre o que nos permitimos olhar livremente, com o tempo, acabará nos guardando do pecado sexual.

Crucifique o eu Material

Há um tema que percorre os primeiros três capítulos deste livro. Esse tema tem a ver com o caso de amor que muitos cristãos ocidentais têm com a riqueza material. Como conferencista em um seminário africano, é comum eu enfrentar perguntas difíceis que dizem respeito ao modo como Cristo e a cultura interagem. Não querendo ser outro missionário paternalístico e branco do Ocidente que só critica a cultura africana, tive de examinar severamente minha cultura e educação americana. Ensino aos meus alunos que o evangelho confronta *todas* as culturas.

Os americanos têm uma cosmovisão bem definida que é formada por sua cultura, tão certo quanto têm os africanos de determinada tribo ou grupo nacional. Os americanos olham os outros povos e ficam intrigados com a razão de eles pensarem e agirem do modo como pensam e agem, mas as perguntas exatas são feitas pelos outros que ficam perplexos com os americanos e as coisas que me parecem tão importantes.

Eu me faço as mesmas perguntas que mando os meus alunos fazerem a si mesmos: "O que há em minha cultura ou sociedade que é contrário ao evangelho? O que a minha sociedade ou cultura deseja que entra em conflito com a Bíblia?" A primeira coisa que me vem à mente quando levo em consideração a minha cultura americana é a riqueza material.

Viver em um país estrangeiro causa um tremendo impacto na perspectiva que se tenha. Em nosso primeiro período de quatro anos na Namíbia, minha família e eu vivemos com muito pouco. A atitude mental de nossa missão incentivava uma mentalidade de vida frugal e simples, dando-me receio até de comprar um forno de microondas. Nos primeiros meses na cidadezinha para onde fomos enviados, possuíamos em nossa sala de estar uma estante, uma mesa e duas cadeiras de plástico. Foi só depois de quatro meses que comprei um sofá para o aniversário de minha esposa. Levou um ano para termos uma televisão e quase dois anos para comprarmos um videocassete. Isso era bastante diferente da vida que levávamos anteriormente nos Estados Unidos, quando possuíamos todas essas coisas e muito mais.

Findo o nosso primeiro período, voltamos aos Estados Unidos para cumprirmos um ano de serviço nacional. Nessa ocasião, pessoas que conhecíamos se mudaram para uma nova casa, e passamos para fazer-lhes uma breve visita. Fiquei admirado com tantos haveres que eles possuíam. Cada quarto parecia entulhado de coisas. Quatro anos antes eu não teria notado nada disso, mas depois de morar na Namíbia, as coisas ficaram mais óbvias para mim.

Infelizmente, os americanos ensinam aos filhos a desejarem o excesso. Um amigo namibiano diz que a sigla EUA significa Estados Unidos da Abundância; e é verdade. Os Estados Unidos são materialmente abençoados por Deus muito mais que qualquer outra nação do planeta e, quiçá, de qualquer outra nação da história. Mas com essa grande bênção vem grande responsabilidade. Para Deus, é muito importante o modo como as pessoas usam os bens que Ele dá, tanto como indivíduo quanto como nação. Por exemplo, os americanos são as pessoas mais obesas do mundo. E também gastam a cada ano mais dinheiro em entretenimento (cinema e jogos esportivos) do que os países emergentes gastam em qualquer coisa em qualquer período.

Mas antes que você pense que me tornei um desses missionários americanos que arrogantemente censuram o seu país natal e que acabam se tornando antiamericanos por morar muito tempo no estrangeiro, deixe-me defender-me com um breve relato. Quando eu tinha vinte e poucos anos, encontrava-me em uma aula de escola dominical quando missionários do Afeganistão vieram nos fazer uma visita e falar sobre o ministério que exerciam. Depois de algumas palavras de ensinamento, esse casal usou os quinze minutos finais para depreciar os americanos e o seu estilo de vida opulento. Ainda me lembro da correção sugerida: "Os americanos gastam bilhões de dólares a cada ano alimentando cães e gatos de estimação, enquanto há milhões de pessoas no mundo passando fome".

Bocejei. *Mais outros desses missionários arrogantes que gostam de falar mal dos Estados Unidos*, pensei. Faz mais de quinze anos que essa cena ocorreu. Só agora vejo por que eles estavam reclamando.

O fato é que não foram felizes em usar a melhor maneira para comunicar o que queriam. Claro que não penso que alimentar o meu gatinho de estimação seja tamanho crime como eles deram a entender que fosse. Para dizer a verdade, cinco anos depois desse episódio, quando eu e minha família estávamos indo para o campo missionário, falei para os meus amigos mais íntimos que se eu voltasse com essa mesma atitude esnobe, eles tinham minha permissão para me dar uns sopapos.

Hoje, entretanto, entendo o que eles queriam dizer. Lógico que não penso que se todos os americanos deixarem de alimentar os seus animais de estimação a fome no mundo desaparecerá automaticamente. Mas, como cristãos, precisamos avaliar as nossas prioridades. De quantas coisas precisamos? Será que realmente precisamos de uma coleção de DVD tão grande? Vamos morrer se não comprarmos o último CD daquele cantor de sucesso? O que estamos ensinando aos nossos filhos sobre o uso espiritual dos bens materiais quando compramos para eles linha de telefone exclusiva e televisão para o quarto? Não seria melhor ensinar autocontrole e moderação nessas áreas em vez de prazer sem restrição?

Às vezes, como americano, sou excessivamente patriótico, sobretudo se há uma guerra em algum lugar a ser começada ou terminada. Mas tenho de declarar que, em primeiro lugar, sou cristão. A minha lealdade ao meu país, pouco importando quão forte seja, não pode usurpar a minha lealdade a Cristo. Infelizmente, os ideais da cultura vigente são opostos aos de Jesus. Neste caso, tenho de escolher seguir a Cristo e abandonar os meus valores tradicionais, tão certo quanto digo aos meus alunos africanos que façam o mesmo quando estiverem diante de conflitos semelhantes. Não posso permitir que os ideais que definem a minha cultura americana me afastem de minha lealdade a Cristo. O materialismo da sociedade hodierna é uma área na qual oscilamos entre normas culturais que nos parecem naturais e seguir a Jesus, que envolve crucificar essas normas dentro de nós.

> *Pois quando as Escrituras nos ordenam que abandonemos toda consideração particular por nós mesmos, isso não só despoja a*

mente do desejo excessivo por riquezas, ou poder, ou favor humano, mas também erradica toda a ambição e sede de glória mundana e outras pestes mais secretas.
João Calvino (1509-1564), Sobre a Vida Cristã

Crucifique o eu Mundano

Já tratei dos ideais mundanos da acumulação de riquezas e dos prazeres da sensualidade. Agora, quero tratar especificamente de outros ideais mundanos que secretamente nos moldam e nos dirigem a vida.

Em certos casos, esses ideais podem ser úteis. O modelo capitalista gera uma ética de trabalho positiva, embora seja impulsionado pelo desejo de ganhar dinheiro e adquirir bens materiais. Contudo, há muitos americanos que trabalham com afinco para sustentar a família só porque a cultura americana diz que pessoas que trabalham com afinco tornam-se pessoas prósperas. Esse é um aspecto positivo da cultura americana, mesmo que seja impulsionado por metas não tão sublimes.

Por outro lado, a sociedade americana também é fortemente individualista e centrada no eu. Tenho a tendência a pensar só em mim mesmo e não ter a menor consideração pelos outros. Em muitas empresas e organizações americanas, a individualidade é incentivada, mas há pouco espaço para isso no Corpo de Cristo. Já imaginou um braço proclamar a independência do corpo? Além de o braço gangrenar e apodrecer, o corpo ficaria lesado por sua ausência. O mundo tende a nos ensinar a ser centrados no eu, ao passo que nós, como crentes, temos de nos esforçar em manter nossa atenção nos outros. É o que expressa o mandamento de Jesus quando nos diz para negarmos a nós mesmos.

O mundo também nos educa a nos concentrarmos no agora. Buscamos lucros imediatos e soluções rápidas. É o que mostra o modo como vemos o sexo (trocando os benefícios de longo prazo de compromisso e monogamia pelos prazeres de curto prazo de satisfação imediata) e usamos os bens materiais (desperdiçando dinheiro em atividades inúteis ou coisas fúteis em vez de investir tendo em mira metas de mais longo prazo).

> *O principal uso da cruz é que de vários modos nos acostuma a menosprezar o presente e nos impulsiona a aspirar à vida futura.*
> *João Calvino (1509-1564),* Sobre a Vida Cristã

Carregar a cruz tem o modo maravilhoso de tirar o nosso foco dos interesses temporais para fixá-lo nos assuntos eternos. Como já comentei, a nossa visão é míope e tomamos decisões baseadas nessa imprevidência. Deus quer que nos concentremos em ideais maiores do que os existentes nesta vida. Amamos muito este mundo, e não reconhecemos que somos peregrinos e estrangeiros aqui. A nossa casa verdadeira e eterna está em outro lugar. É por isso que Paulo disse: "Se esperamos em Cristo só nesta vida, somos os mais miseráveis de todos os homens" (1 Co 15.19).

Em muitos aspectos, é o que está englobado na soberba da vida. Ficamos tão arrogantemente presos ao que estamos fazendo, ao que nos empolga e nos interessa que perdemos de vista o que é superior e muito maior. Não podemos amar o mundo e Deus ao mesmo tempo (Tg 4.4; 1 Jo 2.15). Os sistemas e poderes corruptos e pecaminosos deste globo giratório estão se acabando. Não obstante, como cristãos que possuem as verdades eternas, nós pateticamente corremos atrás do mundo e seus ideais. Anelamos e ansiamos ter mais riqueza, maior poder e crescentes privilégios, e assim menosprezamos a cruz.

> *Não há meio-termo entre as duas coisas: Em nossa opinião, ou a terra nos é imprestável e desprezível ou nos mantém escravizados por um amor imoderado a ela.*
> *João Calvino (1509-1564),* Sobre a Vida Cristã

Crucifique o eu Egoísta

No livro *Confissões*, Agostinho fala sobre os dias anteriores à sua conversão e como ele tinha a necessidade quase insaciável de adquirir coisas e ter êxito em fazer algo. Hoje, muitos cristãos são exatamente assim. Afirmamos que colocamos Jesus em primeiro lugar, mas o fato simples é que somos da mesma maneira impulsionados pelas metas e desejos do mundo como qualquer outra pessoa. Esse fato se evidencia na meta de nos exaltar.

No capítulo 8, falarei mais sobre esse eu egoísta da crucificação. Por isso, não me estenderei mais sobre esse tópico agora.

> *Esta é a principal parte do grande dever cristão da abnegação. Esse dever consiste em duas coisas. Em primeiro lugar, o homem deve negar as suas inclinações mundanas, abandonar e renunciar todos os objetos e prazeres mundanos; em segundo lugar, deve negar a sua auto-exaltação natural, renunciar sua dignidade e glória e esvaziar-se de si mesmo. Desta forma ele está livremente e de coração, por assim dizer, renunciando e aniquilando a si mesmo.*
> *Jonathan Edwards (1703-1758),* Um Tratado Relativo aos Afetos Religiosos

LIÇÕES DA HISTÓRIA

Em vez de me concentrar em pessoas do passado distante, desta feita me aterei às pessoas da história recente da igreja. Talvez não haja melhor exemplo dessa atitude espiritual de levar a cruz do que no grupo de homens e mulheres que servem como missionários. Não digo isso porque sou missionário, pois sei muito bem que a minha abnegação é escassa em comparação a muitos dos meus compatriotas.

A Namíbia, e especialmente a capital Windhoek, é em muitos aspectos um país de primeiro mundo. Não sou daqueles que romantizam morar em uma choupana de barro sem água encanada ou eletricidade. Em Windhoek, tenho acesso imediato à internet, água potável encanada e eletricidade constante. Também usufruo na Namíbia de muitos bens a que nós ocidentais estamos acostumados. Além disso, tenho o benefício de trabalhar em um país que é categoricamente cristão, com estimativas tão altas quanto 90% da população considerando-se cristã.

Muitos missionários enfrentam condições bem diferentes. Em certos casos, não podemos sequer falar publicamente sobre o trabalho que fazem, porque eles trabalham em regiões que os missiologistas denominam de "nações de acesso fechado". Eles encaram a pressão diária de viver entre pessoas que, além de serem fechadas ao evangelho, na maioria das vezes, foram ensinadas a odiá-lo.

Há também os que podem servir abertamente como missionários, mas assim eles se colocam em grande perigo. Os missionários que trabalham na Somalilândia temem a expulsão do país, caso eles meramente ultrapassem os limites legais do antievangelismo da nação. O risco literal que correm é receber uma bala na cabeça. Depois de uma série de execuções naquele país hostil, entre elas um médico missionário e uma enfermeira que há mais de trinta anos prestava serviços médicos aos doentes, levou a liderança de uma agência missionária evangélica de destaque a questionar o bom senso de deixar os missionários ali. Todas as vezes que lhes perguntavam se queriam deixar o país, os missionários respondiam que não. A escolha fora feita *antes* de eles irem àquela região do mundo, pois sabiam dos riscos envolvidos.

Para eles, o martírio não era uma possibilidade hipotética como era antes de irem para o campo. Era uma realidade sangrenta enquanto eles viam os outros missionários serem mortos a tiros (uma missionária morta em frente à própria casa, outro missionário morto dentro de casa). Contudo, eles estavam dispostos a manter posição. Relutante em aceitar mais riscos, a liderança missionária acabou tirando-os de lá.[3]

Sempre que as pessoas me dão a entender que acreditam erroneamente que devo ser um sujeito inacreditavelmente santo porque sou missionário, ressalto de imediato que só estou servindo onde o Senhor me chamou para servir. Mas, intimamente, sinto-me aliviado por ele não me ter chamado para servir nos lugares acima mencionados. Quando, com vinte e poucos anos, comecei a examinar a possibilidade de entrar no ministério de tempo integral, grande parte da minha resistência inicial às missões era esta. O meu medo era Deus me enviar para um lugar que eu detestasse.

Não é anormal ter medo de sacrifício e autocrucificação, mas se permitirmos que ele domine as nossas emoções, iremos nos tornar discípulos fracos. Dois problemas se apresentam em relação a isso. O primeiro é que fazemos do sacrifício supremo a indicação de qualidade e legitimidade dos "supercrentes", enquanto os demais residem na categoria de "crentes normais". Só os supercrentes têm de suportar as perseguições e provações severas, ao passo que nós, meros crentes, ficamos livres para dirigir a vida simples e monótona que temos. Pelo fato de nossa concepção das demandas do discipulado ser deficiente, não esperamos ter de levar a nossa cruz, muito menos sacrificar a nossa vida.

O problema pior, entretanto, é que passamos a menosprezar a noção de sacrifício. Muitos adeptos do movimento de prosperidade encaram as perseguições, provações e vicissitudes da vida cristã como fatores que estão abaixo do chamado cristão. Quando chegam as dificuldades, é por causa da falta de fé e não se trata da presença do imprescindível treinamento discipular. Qualquer condição menos que saúde e riqueza não serve.

Erasmo de Roterdã (1469-1536), humanista católico, identificou essa mesma atitude na liderança dos seus dias. No livro *Elogio da Loucura*, falando do clero e particularmente dos papas, Erasmo comentou:

> *Fazer milagres é velho e antiquado, não está na moda; ensinar o povo dá muito trabalho; interpretar a Bíblia é pedante; orar é sinal de que não se tem mais o que fazer; derramar lágrimas é tolice e próprio de mulher; ser pobre é ignóbil; ser vencido, desonrado e desprezado torna como aquele que mal admite que os reis lhe beijem os chinelos; e por último, morrer é incivilizado; e ser estendido em uma cruz é infame.*

Temos de nos precaver de ambos os pontos de vista errados. Levar a cruz é um mandamento para *todos* os crentes, não só para os que classificamos de exemplos supremos. Também não é sinal de falta de fé ou dedicação e compromisso com Cristo. Como ressaltamos no capítulo inicial deste livro, foi esse o erro dos amigos de Jó. Em vez de ser sintoma de pecaminosidade, os sofrimentos indicam que há dedicação espiritual.

> *Jesus, eu tomei a minha cruz, Deixei tudo para te seguir; Destituído, menosprezado, abandonado, De agora em diante, tu serás tudo para mim:*

Pereça toda ambição favorita, Tudo que busquei, esperei e conheci;
Contudo, como é rica a minha situação, Deus e os céus ainda são meus!
O mundo pode me menosprezar e abandonar, Eles também abandonaram o meu Salvador;
O coração e a aparência humana me enganam; Tu não és falso como os homens;
E, enquanto tu estiveres me favorecendo, Deus de sabedoria, amor e força,
Os inimigos podem me odiar e os amigos me evitar; Mostra a tua face e tudo é luz.
Henry Francis Lyte (1793-1847), "Jesus, I My Cross Have Taken" (Jesus, eu Tomei a minha Cruz), 1831

O NOSSO DEVER DIÁRIO

É extremamente comum os crentes pensarem que depois de se converterem, não há mais nada a fazer a não ser se aquecer sob os raios da glória. O fato é que o trabalho difícil apenas começou. A nossa justificação foi efetuada por completo quando confessamos a simples fé infantil na obra realizada por Cristo, mas a nossa santificação será um processo sangrento e excruciante. É por isso que Jesus disse que temos de levar a cruz *diariamente*. Junto com o pão nosso de cada dia tem de haver a agonia nossa de cada dia. A nossa conversão talvez tenha sido apenas ajoelhar-se e fazer a "oração do pecador", mas a nossa santificação envolverá sobrancelhas suadas e bochechas chorosas. Será um processo de purificação diário e doloroso, no qual submetemos a nossa vontade inteiramente à vontade do Senhor.

Certa feita eu aconselhava um casal em dificuldades matrimoniais. A conclusão a que se chegou era que o marido agia de forma egoísta e não cuidava da esposa adequadamente. Acima de tudo, o seu maior interesse era que ela lhe obedecesse, e quando ele percebia que isso não estava ocorrendo, tornava-se verbalmente abusivo. Expliquei-lhe que, enquanto que a esposa tem de submeter-se ao marido, o marido tem de amar a esposa como Cristo amou a igreja. A verdade é que, como marido egoísta, sei como é difícil esse mandamento de amor que se espelha em Cristo. O marido encarou-me com seriedade e disse que amava a esposa exatamente assim. Ele explicou que se um trem estivesse a ponto de atingi-la, ele se jogaria na frente para salvá-la. Era assim que ele concebia que tinha de ser a expressão suprema de amor.

Somos levados a tais pensamentos heróicos de amor quando consideramos o que significa amar. Contudo, o amor não é expresso somente deste modo, nem tem necessariamente a sua melhor expressão por tal ato de heroísmo. Se me permito falar sem cortes, acho mais fácil pôr a minha vida em risco para salvar a minha esposa de um assaltante ou arrombador do que entregar a minha vida no processo diário de amá-la. Quantos homens durante o namoro correm para o outro lado do carro para abrir a porta para a esposa em potencial, mas que não têm a mínima vontade de fazer o mesmo para ela depois que se casam?

O mesmo se aplica ao meu andar com Cristo. Posso me imaginar tomando posição final e sublime por Cristo, enfrentando o machado do executor ou indo corajosamente para a prisão. Mas quando se trata da rotina diária de seguir a Jesus, erro vezes sem conta. O nosso amor e dedicação a Jesus são mais bem comprovados nas pequenas escolhas que fazemos no dia-a-dia do que naquele ato fantástico de heroísmo que ocasionalmente imaginamos. O fato é que a maioria de nós na igreja ocidental nunca terá de tomar tal posição dramática. Até me aventuraria a supor que quem não está com vontade de assumir os compromissos diários para seguir a Jesus também não estará com vontade de assumir o compromisso sublime e final.

Tomemos como exemplo o imaturo e estouvado Pedro. Ele proclamou corajosamente que seguiria a Jesus em qualquer situação até a morte. Mas quando chegou a hora de tomar posição, acovardou-se na frente de uma criada. É por isso que gosto tanto de Pedro. O seu discurso era espalhafatoso, mas encolheu-se todo quando enfrentou uma pequenina prova. Tenho certeza de que quando ele viu Jesus carregando a própria cruz, Pedro temeu que o próximo teria de ser ele.

E esse é o nosso problema. Não entendemos bem o que significa levar a cruz, porque o conceito em si nos é muito estranho. Claro que o filme de Mel Gibson intitulado *A Paixão de Cristo* tornou a cruz mais real para os que a viam nas pinturas dos artistas. Quando, porém, ela é associada a um corpo, banalizamos o que significa *para nós*. Que Jesus tivesse de suportar a cruz sangrenta e dolorosa é uma coisa, mas que *nós* tenhamos de fazer o mesmo toca as raias da blasfêmia.

Em defesa de Pedro, temos de dizer que, assim que ele foi restabelecido por Jesus, mostrou a disposição que Jesus exige de todo discípulo. Pedro pôs a mão no arado e dessa vez não olhou para trás, mesmo quando enfrentou o martírio. É triste dizer que, quando eu me avalio, sou mais como o Pedro imaturo do que como o Pedro maduro.

POR QUE TEMOS DE TOMAR A CRUZ?

Mas não há um caminho mais fácil ou um atalho para a vida cristã produtiva? Tenho certeza de que alguns leitores estão pensando que estou exagerando. *Acho que o autor deste livro é fanático.* Talvez eu seja mesmo fanático, mas não necessariamente no sentido ruim. E quando vemos o Filho do Homem fazendo cordas para chicotear os cambistas e derrubando-lhes as mesas, há entre nós aqueles que se retraem e olham com ressalvas. Temo que muitos de nós acreditem que esse incidente é uma anomalia no caráter de Jesus; mas creio que foi um momento de decisão. Quando se tratava do caráter e da vontade do Pai, Jesus era fanático. Nada mais nada menos que isso.

Se o maior mandamento for mesmo amar a Deus de todo o nosso coração, alma, entendimento e forças, parece-nos perfeitamente aceitável concluir que só os fanáticos se candidatam a tal missão. Lógico que não quero dizer o tipo de fanático que visualizamos hoje, aquele que amarra uma bomba no próprio peito. Mas refiro-me ao tipo de fanático que prende uma cruz às costas.

Se levarmos a sério o ensino bíblico de que todos somos pecadores miseráveis necessitados de novo nascimento, temos de reconhecer que o remédio tem de ser radical. O cristão que for realista percebe quanto trabalho dá tomar uma criatura pecadora e transformá-la segundo a imagem do Filho perfeito de Deus. Só uma cruz dá conta do recado.

A crucificação é dolorosa. Hoje em dia, muitos crentes vêem a fé cristã mais como um piquenique ou um passeio no parque do que um sacrifício sangrento do eu. Mas o retrato bíblico nada tem a ver com piquenique ou passeio no parque. O retrato bíblico da fé cristã é uma pessoa sendo pregada em uma cruz. Os cravos perfuram a carne, e o corpo é içado por completo no madeiro, onde é deixado para morrer pouco a pouco. Essa crucificação do eu é necessária para nos aproximar mais de Deus. Por que a cruz é obrigatória para os discípulos de Cristo?

1) *A cruz nos induz a nos concentrarmos em Deus*. Poucas coisas são mais eficientes que o sofrimento para nos levar a Deus. A famosa declaração de C. S. Lewis: "O sofrimento é o megafone de Deus", é absolutamente sagaz. O luxo e a prosperidade tendem a nos concentrar em possuir mais das mesmas coisas, ao passo que a dor e a angústia nos induzem a correr para Deus. Jesus conhecia muito bem essa característica humana. É por isso que Ele prescreveu um remédio doloroso. Muitos crentes visualizam a vida cristã como passar o tempo ociosamente na praia, e não como trabalhar em um estabelecimento escravizante. Em conseqüência disso, tornam-se testemunhas ineficazes — o sal que perdeu a salinidade e a luz que não brilha mais. As costas dos verdadeiros discípulos deveriam estar cheias de escoriações por causa das lascas de madeira, e não besuntadas por causa do óleo dos bronzeadores.

A mensagem de prosperidade desviou nossa atenção para a direção errada. Em vez de nos concentrar em Deus, estamos nos concentrando no que ele pode nos dar ou fazer para nós. A grande recompensa de Abraão foi conhecer o Criador (Gn 15.1). Infelizmente, Satanás hoje cegou a mente de muitos cristãos fazendo de Deus mais a imagem de um Papai Noel cósmico do que o Senhor da glória. Que vergonha querermos mais o que Deus nós dá do que apenas Ele mesmo.

> *Embora seja bom pensarmos na bondade de Deus, e amá-lo e louvá-lo por isso, é muitíssimo melhor pensarmos nEle em si, e amá-lo e louvá-lo por Ele em si.*
>
> *Anônimo,* A Nuvem do Inconsciente, *século XIV*

Levar a cruz mantém nossa atenção no que é realmente importante. É por isso que é impossível ser discípulo de Cristo sem a cruz.

2) *A cruz nos induz a confiar totalmente em Deus*. Quando em dificuldades e provações, muitos cristãos acabam fugindo de Deus. Esse comportamento é sinal de fé fraca, se não completamente morta. A autoconfiança é um estado que o mundo de hoje exalta, mas Deus deseja discípulos dependentes, e não dissidentes independentes. Os verdadeiros crentes são fortalecidos pelas adversidades, e não esmagados por elas. Quando voluntariamente subimos o monte da autocrucificação, estamos dizendo a Deus que queremos confiar nEle, e não em nós mesmos.

Uma de minhas expressões bíblicas prediletas referentes a essa confiança através da adversidade foi verbalizada por Jó. Quando pequenos homens teriam sido irremediavelmente destruídos pela tragédia que atingiu Jó, esse grande homem de fé articulou a confiança suprema: "Ainda que ele me mate, nele esperarei" (Jó 13.15a).

Mais uma vez os valores do mundo são virados de cabeça para baixo. O problema da dor e do sofrimento é um dos contra-ataques clássicos que os ateus fazem quando expressam as objeções ao cristianismo e à existência de Deus. Ainda que este não seja um protesto trivial, como crentes temos de reconhecer que as tribulações e dificuldades não são prova contra a existência de Deus tanto quanto são prova da sua existência. Temos de nos conscientizar de que, sem as adversidades, Deus não nos transformará nas pessoas que deseja que sejamos.

O ouro só é refinado por meio do calor extremo do crisol. Só quando trafegamos por esse calor e saímos do outro lado pessoas melhores é que percebemos que Deus é confiável. O seu desejo é que vivamos por fé, e esta é a razão de Ele permitir tribulações e obstáculos em nossa vida; é por meio disso que a nossa confiança nEle aumenta.

3) *A cruz nos induz a confiar na força de Deus, e não na nossa*. Temos o hábito de exaltar o dissidente, o empresário, o solitário que, contra todas as probabilidades, sai do habitual e forja a própria sorte. Essa é a imagem mental que fazemos da vida de grandes missionários, como Hudson Taylor e William Carey, ou de apóstolos, como Paulo. Mas eles não fizeram o que fizeram dependendo de força própria. O fato é que todos eles foram unânimes em afirmar que, sem a confiança em Deus, nada de importante teria sido feito.

Paulo expressa essa verdade primorosamente na segunda epístola que escreveu aos crentes coríntios. Nesse documento, ele nos informa que, tendo "um espinho na carne", pediu que o Senhor o tirasse. Mas Deus tinha um propósito sublime para essa dificuldade. As palavras a seguir descrevem habilmente a noção de tomar a cruz e por que isso é necessário:

> E, para que me não exaltasse pelas excelências das revelações, foi-me dado um espinho na carne, a saber, um mensageiro de Satanás, para me esbofetear, a fim de não me exaltar. Acerca do qual três vezes orei ao Senhor, para que se desviasse de mim. E disse-me: A minha graça te basta, porque o meu poder se aperfeiçoa na fraqueza. De boa vontade, pois, me gloriarei nas minhas fraquezas, para que em mim habite o poder de Cristo. Pelo que sinto prazer nas fraquezas, nas injúrias, nas necessidades, nas perseguições, nas angústias, por amor de Cristo. Porque, quando estou fraco, então, sou forte. *(2 Co 12.7-10)*

O ponto muito interessante nessa passagem é que Paulo pediu que o espinho fosse retirado, e Deus negou. Deus podia fazer mais com Paulo com espinho do que sem espinho. Há quem veja aqui uma justificativa para desejar *nunca* ter adversidades na vida, mas esta é uma aplicação equivocada da passagem. Obviamente, não é pecado pedir que as dificuldades sejam tiradas de nossa vida, mas é errado pensar que nunca teremos nenhuma, ou entender que só os crentes de fé fraca é que as têm.

Levar a cruz tem o objetivo de nos quebrar. Desprende-nos do nosso amor-próprio, presunção, teimosia, egoísmo e apetites pecaminosos. Só sendo quebrados e aprendendo que não há nada em nós digno do favor divino é que podemos ser usados pelo Senhor. Da mesma maneira que Jesus foi ferido, quebrado, socado e esmagado pela cruz, assim temos de ser crucificados. Pessoas autoconfiantes não são aptas para seguir a Jesus. Como escreveu John Piper: "A vida centrada na cruz, enaltecida pela cruz e impregnada de cruz é a vida que glorifica a Deus — a *única* vida que glorifica a Deus. Todas as outras vidas são descartadas".[4]

TOMANDO A CRUZ

Temos de nos avaliar para determinar que áreas e interesses de nossa vida precisam de autocrucificação. A lascívia e os desejos sexuais nos vencem? Ansiamos ter riquezas mundanas e permitimos que essa fascinação tentadora nos consuma? De que forma temos aceitado ideais mundanos que nos levam a evitar o mandamento de tomar a cruz?

Os versículos apresentados adiante falam de crucificar algum aspecto de nosso ser. Não é por acaso que essa imagem de autocrucificação e tomar a cruz seja uma das imagens de Jesus que o apóstolo Paulo mais usou.

Crucificação de nossa Escravidão ao Pecado

> *Sabendo isto: que o nosso velho homem foi com ele crucificado, para que o corpo do pecado seja desfeito, a fim de que não sirvamos mais ao pecado. Porque aquele que está morto está justificado do pecado. (Rm 6.6,7)*

Crucificação de nossa Vontade

> *Já estou crucificado com Cristo; e vivo, não mais eu, mas Cristo vive em mim. (Gl 2.20a)*

Crucificação de nossa Natureza

> *E os que são de Cristo crucificaram a carne com as suas paixões e concupiscências. (Gl 5.24)*

Crucificação do Mundo

> *Mas longe esteja de mim gloriar-me, a não ser na cruz de nosso Senhor Jesus Cristo, pela qual o mundo está crucificado para mim e eu, para o mundo. (Gl 6.14)*

Tomar a cruz com freqüência é vergonhoso, tremendamente fatigante e sempre doloroso. Mas é mandamento de Jesus. Trata-se de algo que temos de fazer todos os dias se quisermos ser discípulos de Cristo. No próximo capítulo, examinaremos mais incisivamente a questão da perseguição e sofrimento no que tange à fé, pois isso faz parte de tomar a cruz. Por ora, concluo este capítulo com minha oração a esse respeito:

> *Oh, Deus, ajuda-me a suportar a dor dos cravos quando eles perfurarem os meus desejos egoístas, a coroa de espinhos quando penetrar o meu orgulho egoísta e a lança quando for fincada em minhas motivações egoístas. Que a cada golpe e espasmo eu reconheça que Tu estás criando o bem do mal. Estás melhorando o meu corpo, mente e coração pecador. Estás me transformando em uma nova criatura. Estás me conformando à imagem do teu Filho perfeito. Dá-me a fé para crer em ti, quando cada pedacinho do meu ser for cortado, perfurado e triturado. Amém.*

5

A ARTE DO MARTÍRIO ESPIRITUAL

Bem-aventurados sois vós quando vos injuriarem, e perseguirem, e, mentindo, disserem todo o mal contra vós, por minha causa.

JESUS CRISTO, MATEUS 5.11

É perigoso estar perto de Jesus. Essa posição não oferece perspectiva de felicidade terrena, mas envolve o fogo da tribulação e o crivo do sofrimento. [...] Chegamos ao Reino somente através do fogo.

JOACHIM JEREMIAS (1900-1979), *AS PARÁBOLAS DE JESUS*

Fiz um estudo bíblico do livro de Hebreus para um grupo. Essa epístola está ricamente pontuada de alusões ao sofrimento. Em determinado momento, apresentei ao grupo o que pensei ser uma dedução relativamente óbvia: O crente deve não só esperar sofrer, mas também precisa sofrer.

O grupo era formado por crentes solteiros e casados de vinte e poucos anos de idade, exceto um dos seus integrantes que era mais velho; tratava-se de um líder na igreja e na sua comunidade. Falando em voz alta, ele disse que não concordava que o crente precisava sofrer. Quando comentei que Paulo dissera que temos de participar dos sofrimentos de Cristo para que também participemos da sua glória (Rm 8.17), esse irmão respondeu que participamos tendo fé nEle. Ele o comparou a acessar a internet, quando então estamos conectados com os sofrimentos de Jesus. Em outras palavras, Jesus já sofreu tudo por nós; não precisamos nem devemos esperar sofrimentos.

Fiquei chocado com esses comentários. Para ser franco, não sabia o que lhe dizer. Não era meu desejo envergonhar esse irmão na frente dos outros que o viam como líder. Por outro lado, também não era meu desejo deixar os seus comentários sem resposta, pois receava que os outros interpretassem o meu silêncio como aprovação. Dei uns passos vagarosos enquanto exprimia minha discordância e dava razões sólidas e bíblicas. Mas ele não se intimidou. Ficou óbvio que não se importava em me envergonhar, se possível, como eu me preocupava em preservar-lhe a respeitabilidade. Indiferentemente, expus as razões pelas quais eu acreditava que Jesus espera que soframos, e soframos de modo muito semelhante ao que nosso Senhor sofrera.

Pensando bem, há algo na posição teológica do irmão que é convidativo. Encaremos os fatos: quem é que gosta de sofrer? Tenho um amigo que diz que não há honra no sofrimento; portanto, sendo possível, evite-o. Considerando essa observação sobre a experiência humana em geral, não nos é natural evitar as dificuldades ou provações? Só os loucos ou fanáticos vão procurar sofrer, certo? Deixe-me ser o primeiro a admitir que se eu tivesse de optar entre suportar o sofrimento e evitá-lo, sempre escolheria a última opção. Diante disso, não é justo perguntar se sou feito dos materiais certos para ser um discípulo de Jesus?

TRAÇANDO O CURSO

O que pretendo fazer com este capítulo pode parecer ambicioso demais. Reconheço que minhas metas são altas para o que quero tratar. Por conta disso, gostaria de dar uma breve explicação sobre o ponto a que estamos nos dirigindo.

Classifico o sofrimento em dois grupos amplos. O primeiro é o tópico mais geral que abrange doenças ou outras enfermidades da existência humana natural. Denomino esse grupo de *sofrimento comum*. Por outro lado, também penso em um tipo mais específico de sofrimento que precisa ser analisado. É o sofrimento por amor a

Cristo, que chamarei *sofrimento especial*. Insuficiência hepática ou doença cardíaca não se classificam adequadamente nessa categoria, mas perseguição movida por incrédulos por causa da fé certamente sim.[1]

Na categoria de sofrimento especial também há a distinção entre sofrimento voluntário e sofrimento involuntário. O que quero dizer por *sofrimento voluntário* é o sofrimento ao qual o crente se submete conscientemente em decorrência de vocação ou opção cristã, como os missionários que deixam os confortos do seu país natal para morar em lugares desprovidos de recursos a que estão habituados. Por *sofrimento involuntário* quero dizer sofrimento que não é intencionalmente escolhido, mas que ocorre em virtude da fé em Cristo. É nesse último tipo que categorizo a perseguição. Não fazemos a opção: "Hoje vou ser perseguido", mas o fato de estarmos seguindo a Cristo pode resultar em perseguição.

O título deste capítulo fala de martírio *espiritual*, mas obviamente o martírio físico também é uma possibilidade. Entretanto, a menos que moremos em países como Sudão ou Coréia do Norte, a probabilidade de martírio é mínima. Para quem mora em países democráticos gozando de liberdade religiosa, a fé que conduza à morte não é muito provável que ocorra. É por isso que decidi me concentrar em martírio espiritual, algo que todos os cristãos têm de experimentar, mas, com isso, não ignorarei o martírio físico.

De um modo ou de outro, todas as pessoas sofrem. Esse sofrimento comum é a experiência universal dos seres humanos, porém estou mais interessado com o tipo especial de sofrimento que todo crente terá de passar. O meu propósito neste capítulo não é gastar muito tempo falando sobre sofrimento no sentido geral, e sim mais especificamente no sentido de sofrimento por Cristo e seu Reino.

Nas subdivisões deste capítulo, examinarei primeiro diversos assuntos relativos a sofrimento que fazem parte tanto do sofrimento comum quanto do especial e voluntário. Em seguida, discorrerei três aspectos do sofrimento que todo crente tem de reconhecer. Depois dessas considerações mais gerais, passarei o restante do capítulo falando sobre o sofrimento involuntário caracterizado na perseguição por nossa fé cristã.

O sofrimento não nos é natural, por isso requer a capitulação da nossa vontade.
Andrew Murray (1828-1917), A Escola da Obediência

SURPREENDIDOS PELO SOFRIMENTO

A idéia de intencionalmente encarar a perseguição ou aceitar o sofrimento é estranha para a maioria das pessoas, até para os crentes. Na realidade, é frontalmente evitada por muitos crentes. Talvez isso se deva, em parte, aos esforços constantes da cultura atual de evadir-se disso.

Philip Yancey comenta que os livros sobre sofrimento podem ser divididos em duas categorias claras. Os livros mais antigos escritos por pessoas como Agostinho, Lutero, Bunyan e assim por diante "aceitam de bom grado a dor e o sofrimento como agentes úteis de Deus". Os livros modernos sobre o mesmo tema colocam Deus na posição de réu que tem de responder ao homem por que não pode tirar a dor de nossa vida. Ou o amor de Deus ou a sua capacidade de vencer o mal é questionado por muitos dos mais recentes autores. Yancey escreveu há quinze anos e não é difícil imaginar que, desde então, tais atitudes só ficaram cada vez mais acentuadas.[2]

Tenho certeza de que os americanos já estão fartos de ouvir que eles não fazem a mínima idéia do que significa o verdadeiro sofrimento. Infelizmente, vou dizer coisas semelhantes neste capítulo; portanto, estejam de sobreaviso. Nós ocidentais não entendemos bem o que é sofrer, porque vivemos em sociedades que não permitem perseguição religiosa ou que usufruem de bem-estar material que pessoas de outras nações jamais sonharam ter.

Considerando que milhões de pessoas no mundo hoje não têm o que comer e um teto sobre a cabeça, os americanos em geral preocupam-se bem menos com essas coisas. Se restringirmos aos americanos evangélicos, há poucos grupos demográficos no mundo que desfrutam da abundância que eles têm.

Na Namíbia, por exemplo, estimativas da UNICEF mostram que quase 50% da população vive na pobreza. Levando em conta que numerosos americanos deliberam sobre a que filme assistir neste final de semana, muitos namibianos não sabem o que comerão hoje à noite. "Só no Ocidente precisamos lembrar aos cristãos que eles foram chamados para sofrer."[3]

Para nossa vergonha, há segmentos na comunidade cristã que pensam que sofrimento e perseguição são sinais certos da ausência do favor de Deus na vida do sofredor. Nos capítulos 1 e 2, comentei que os que se agarram ao evangelho da prosperidade estão vivendo por vista e não por fé. Como Ló, eles trocaram a idéia de recompensas eternas pelas que são temporais e imediatas. Essa mensagem de saúde e riqueza tem boa aceitação em sociedades em que impera a abundância, mas fica cada vez mais difícil vendê-la em culturas e países onde ocorre a perseguição religiosa.

Contudo, a proclamação da prosperidade não é absolutamente nova. No capítulo 4, citei Erasmo, que observou essa mesma atitude no clero da igreja católica durante os séculos XV e XVI. Já em 100 d.C., temos uma carta comumente conhecida por *Segundo Clemente*,[4] na qual consta que a idéia de perseguição e sofrimento para os crentes atinge os limites do inaceitável. O autor da carta escreveu:

> *Não permitas tampouco que isso perturbe a tua mente: ver os injustos possuírem riquezas e os servos de Deus passando dificuldades. Tenhamos fé, irmãos e irmãs! Estamos lutando nas fileiras de um Deus vivo; estamos recebendo treinamento na vida presente para que possamos ser coroados na vida futura. Nenhum justo recolheu o fruto prontamente, mas espera que este chegue. Porque se Deus desse imediatamente a recompensa aos justos, logo estaríamos ocupados com negócios e não com a religiosidade; embora tivéssemos a aparência de justos, não estaríamos buscando a piedade, mas o ganho.*[5]

Toda vez que leio essa citação, sinto-me atingido até o âmago. Claro que estou usando-a para criticar os pregadores da prosperidade de nossos dias, e faço-o acertadamente. Mas eu estaria sendo remisso se não a tomasse em meu coração. Quantas vezes desejei as recompensas imediatas do Senhor? Ou quantas vezes valorizei as recompensas eternas em comparação com as recompensas que intuo que posso ter nesta vida? Quando contemplo a minha avareza nesse aspecto, minha alma clama: "Senhor, tem misericórdia de mim!"

Que sabedoria incrível o autor de *Segundo Clemente* nos dá. Gostaria de compilar três lições com essa citação. A primeira lição é que temos de ter fé. Nós, evangélicos, sempre estamos falando essa palavra, mas não a compreendemos. O oposto de viver por fé é viver por vista. Deus, em sua sabedoria eterna, ordenou propositadamente que não receberíamos tudo nesta vida. É por isso que o Espírito Santo é considerado "a garantia da nossa herança" (Ef 1.14, NVI), e está escrito que Abraão "esperava a cidade que tem fundamentos, da qual o artífice e construtor é Deus" (Hb 11.10). O autor da Epístola aos Hebreus, no grande capítulo em que cataloga as ações heróicas dos santos de antigamente, afirma que eles "não alcançaram a promessa" (Hb 11.39). Deus nos chama para crer em coisas que não se vêem: esperar a glória futura, e não a recompensa presente.

Hoje, há tantos crentes que querem exatamente o oposto. Querem viver por vista, e não por fé. Por conta disso, permanecem bebês imaturos, crentes que só podem tomar leite, e cuja garganta não se desenvolveu apropriadamente para engolir carne espiritual. As verdades da fé com dois mil anos de idade não são boas o suficiente para eles. "Se Deus falou com Pedro e Paulo, por que também não pode falar comigo diretamente?", exigem com arrogância. Se não tiverem um cardápio constante de sinais e maravilhas, a fé que possuem torna-se débil e frágil. Passam de uma dificuldade espiritual para outra, o tempo todo crendo que são gigantes espirituais quando na verdade não passam de crianças fracas.

A perseguição e adversidade têm um jeito especial de nos direcionar para a fé. A prosperidade raramente faz isso; na realidade, ela se torna uma pedra de tropeço. É por isso que Jesus disse que é quase impossível os ricos entrarem no Reino dos céus. Como humanos pecadores, temos a tendência a confiar mais no que vemos do que no que não vemos.

O rei Davi expressa essa verdade. "Eu dizia na minha prosperidade: Não vacilarei jamais. Tu, Senhor, pelo teu favor fizeste forte a minha montanha; tu encobriste o teu rosto, e fiquei perturbado" (Sl 30.6,7). A prosperidade de Davi entorpeceu-lhe os sentidos espirituais. Foi só depois que Deus escondeu o seu rosto do rei que este reconheceu o erro. Quando reina a prosperidade, temos a tendência a confiar em nós mesmos. Quando o sofrimento é supremo, a nossa inclinação natural é nos voltarmos para Deus.

A segunda lição que aprendemos com *Segundo Clemente* é que o sofrimento nos ensina. O ditado "Não há bônus sem ônus" mostra que reconhecemos essa verdade implicitamente, mesmo que procuremos meios de contorná-la. Os esquemas para enriquecimento rápido ainda funcionam, em grande parte porque poucas pessoas querem fazer o trabalho duro necessário para ganhar a vida com fundamento financeiro. As casas de jogos e cassinos estão apinhados de gente com igual sentimento.

Uma fraude comum, originalmente criada na Nigéria, ainda faz sucesso mundial em enganando as pessoas que procuram meios de ganhar dinheiro fácil. Uma pessoa supostamente relacionada com um líder ou funcionário governamental falecido ou deposto há pouco tempo envia e-mails prometendo milhões de dólares para quem queira ajudar esse parente. Fico pasmo que haja quem caia nesta tolice. Porém o que mais me admira é que as pessoas não querem trabalhar com afinco para ter sucesso e que, ao procurarem meios de ganhar dinheiro fácil, são presas fáceis de vigaristas.

O apóstolo Paulo reconheceu que os sofrimentos são importantes para gerar em nós maiores qualidades. Foi o que ele disse quando escreveu: "Não só isso, mas também nos gloriamos nas tribulações, porque sabemos que a tribulação produz perseverança; a perseverança, um caráter aprovado; e o caráter aprovado, esperança" (Rm 5.3,4, NVI). Talvez seja errado dizer que não se cria caráter sem sofrimento, mas a experiência mostra que há poucas pessoas de caráter que não tiveram de passar por sofrimento. Na realidade, exaltamos os santos de outrora e nos referimos a eles como santos, precisamente porque, mesmo tendo passado por sofrimentos incríveis, eles não se afastaram da fé.

> *As minhas tribulações me são mais necessárias do que a comida e a bebida.*
>
> *Martinho Lutero (1483-1546),* Conversa Informal à Mesa

Até Jesus aprendeu por meio do sofrimento. O autor da Epístola aos Hebreus faz esta declaração intrigante: "Embora sendo Filho, aprendeu a obediência pelas coisas que sofreu e, tendo sido aperfeiçoado, tornou-se o Autor da salvação eterna para todos os que lhe obedecem" (Hb 5.8,9, ARA; cf. Hb 2.10). Essas duas passagens bíblicas causam consternação para quem sabe que Jesus é completamente Deus. Pois, se Ele já possuía a deidade perfeita, como poderia ser aperfeiçoado pelo sofrimento? A resposta é entender que Jesus também é completamente homem.

Jesus não era moral ou espiritualmente imperfeito, mas ao sofrer, Ele participou de nossa humanidade em sua mais plena extensão. Veja o que teria acontecido caso Jesus não tivesse sofrido. Ele teria se tornado um homem e vivido com fascinante bem-estar físico e espiritual. Mas Ele não poderia se relacionar conosco, nem nós com Ele. Somente sofrendo Ele aprendeu empiricamente como era de fato ser um humano.[6]

Da mesma maneira, os filhos adotivos de Deus têm de sofrer. Em Hebreus 12, o autor fala que o sofrimento e a perseguição são Deus disciplinando os seus filhos. Parece-nos difícil aceitar essa verdade, sobretudo quando a perseguição pode resultar em morte. Mas Deus chega a usar o martírio físico para levar o corpo de crentes a ter mais comunhão com Ele. Sem sofrimento, não podemos ser úteis a Deus. Como escreveu Oswald Chambers: "Só há uma maneira de você ser vinho: é ser esmagado. Ninguém bebe uvas, pois as uvas só são vinho depois que foram esmagadas".[7]

A terceira lição que aprendemos dessa carta da Igreja Primitiva é que recompensas imediatas podem nos fazer perder de vista as coisas importantes, nas quais devemos concentrar nossa atenção. Semelhantes aos idólatras que Paulo corrigiu, os quais adoravam a criatura no lugar do Criador, assim nos concentramos nos presentes em vez de no Presenteador. Quantos de nós corremos atrás de ganho, mas não da piedade? Estamos dispostos a trocar os tesouros celestes por refugo mundano. Quantas vezes nos esforçamos para ter posses que depois nos são roubadas por ladrões, ou estragadas pela ferrugem, ou carcomidas por traças, quando poderíamos ter trabalhado por posses que não nos podem ser furtadas, corroídas ou devoradas?

Ali permanece o prazer dos olhos desta minha carne. [...] Que essas coisas não ocupem a minha alma; que Deus a ocupe, Ele que fez essas coisas, de fato, muito boas, contudo Ele é o meu bem e não essas coisas.
Agostinho (354-430), Confissões

Em suma, vimos primeiramente que o sofrimento tem de ser preferido acima da prosperidade, caso queiramos conhecer a Deus e nos tornar mais semelhantes a Cristo. A prosperidade raramente produz fé em nós e freqüentemente nos afasta dela. Em segundo lugar, crescemos em caráter por meio do sofrimento, e esse caráter conduz a outras qualidades que nos tornam úteis para Deus. E por último, o sofrimento mantém nossa atenção em assuntos que são mais importantes e duradouros que as superficialidades imediatas da vida.

TRÊS ASPECTOS DO SOFRIMENTO

Agora gostaria de destacar três aspectos do sofrimento aos quais todos os crentes deveriam ser alertados. Repito que não estou necessariamente me referindo ao sofrimento comum que, como seres humanos, todos passaremos, mas me reporto ao sofrimento por causa de Cristo e do seu Reino.

1) *Todos os crentes terão de sofrer por Cristo.* Jesus disse que porque o mundo o odiou, o mundo também odiaria os discípulos de Cristo (Jo 15.18-21; Mt 10.21,22). É nesse momento que percebemos que proclamar lealdade a Cristo pode ser perigoso. Quanto mais perto ficamos de Jesus, mais perto ficamos do pelotão de fuzilamento. De modo inverso, se o mundo estiver contente e talvez em paz conosco, algo está errado com a nossa fé.

Muitos crentes pensam que ser amigo do mundo torna o evangelho atraente. Claro que não estou defendendo que sejamos rancorosos e rabugentos, cuspindo termos insultuosos aos pecadores como os fariseus faziam. Mas também não precisamos ficar amigos íntimos do mundo.

O entendimento comum entre muitos crentes é que se nos tornarmos verdadeiramente semelhantes a Cristo, o mundo ficará encantado por nós; mas isso não se sustenta sob exame minucioso. Uma declaração mais biblicamente precisa é que quanto mais semelhantes a Cristo nos tornamos, mais odiados seremos pelo mundo. Quero ser claro nesse ponto. Não estou dizendo que quanto mais amorosos nos tornarmos, mais o mundo nos odiará. Todavia, ser mais amoroso não é tudo que engloba ser semelhante a Cristo. Jesus não foi odiado pelo fato de ter curado paralíticos e dado visão aos cegos tanto quanto foi odiado por proclamar o juízo de Deus e o seu ódio pelo pecado.

Infelizmente, muitos crentes têm sido enganados pelo retrato comum que o mundo — e não a Palavra — forma de Jesus. Nesse retrato, Jesus é um sábio piegas e molenga que ama todas as pessoas e nunca, jamais as condena. Claro que Jesus nos amou tanto que se estendeu naquela cruz cruel, mas esse não é o quadro total dEle. O mesmo Jesus que amou a ponto de morrer também é o Jesus que revirou as mesas dos cambistas e os expulsou a chicotadas. O mesmo Jesus que nos ensinou a não condenar os outros condenou o pecado nos outros. O mesmo Jesus que também curou os feridos também amaldiçoou a figueira.

Nosso mundo está apaixonado pelo "Jesus *light*", e não pelo verdadeiro Jesus. Se tudo o que fizermos for tolerar o mal à nossa volta, o mundo nos amará até a morte por isso. Mas não nos enganemos acreditando que *Jesus* nos aprovará. Conheço crentes que se orgulham de nunca terem falado sobre pecado ou julgamento, ou que nunca dirão uma palavra severa contra qualquer pessoa ou qualquer coisa, pouco importando quão hediondo seja o herege ou a heresia. E proclamam com ousadia que é isso que significa seguir a Jesus, mas dificilmente é. A tolerância de praticamente todo mal é o que o mundo ama e não odeia. Se nos tornarmos cristãos assim, seremos o tipo de sal que só serve para ser pisoteado, e não o sal gostoso e que conserva a carne na qual é borrifado.

O mundo nos odeia? Se não nos odeia, pode ser que estejamos a ponto de ter uma crise de discipulado. Se Jesus entrasse no mundo hoje da mesma maneira que entrou antes, ensinasse as mesmas coisas que ensinou e fizesse as mesmas coisas que fez, o mundo o amaria ou o odiaria? Não estou nem mesmo certo de que se Jesus viesse e passasse um ano em minha igreja nós gostaríamos dEle.

Tenho a impressão de que, com o tempo, eu ficaria aborrecido com Ele a ponto de lhe pedir que se retirasse, ou esperaria que passasse para outra igreja.

Se a nossa mensagem para o mundo for apenas: "Deus te ama", não teremos muito problema com o mundo. Mas se a nossa mensagem for a mensagem de Cristo, que somos pecadores mortos em nossas transgressões, mortalmente depravados e incapazes de nos salvar, garanto-lhe que o mundo nos odiará. E se acrescentarmos a mensagem de fé em Jesus Cristo como o único Salvador e Senhor, alguém que além de nos salvar quer ser o nosso mestre, o nosso planeta pluralista procurará meios de nos calar.

Os crentes devem esperar sofrer por Cristo, e não evitar sofrer por Ele. Não obstante, é precisamente o que fazemos. Não tomamos uma posição apropriada em prol da fé, e até participamos com o mundo e seus pecados, pensando que estamos tornando o evangelho atraente. O que estamos fazendo é ficar mais mundanos, e não tornando o mundo mais semelhante a Cristo.

Devíamos parar de tratar o sofrimento como se fosse algo inesperado. Devíamos deixar de ficar surpresos quando um filho de Deus sofre. O sofrimento para o crente não tem de ser assustador, mas, antes, previsível. Não podemos esperar sermos feitos à imagem e semelhança do Filho perfeito de Deus sem passarmos por sofrimentos. Enquanto o velho homem está sendo crucificado, não dá para esperar que não sinta dor. Contudo, sem o sofrimento e o seu produto conseqüente, a perseverança, nenhum crente será santificado.

> *Agora não há ninguém que se aproxima de Deus com um coração verdadeiro e reto que não seja provado por sofrimentos e tribulações.*
> Sobre Ser Fiel a Deus, *obra atribuída a Alberto Magno (1193-1280)*

2) *Sofrer por Cristo é necessário para todos os crentes.* Na apologia de Agostinho para explicar por que o Império Romano experimentara pesadas perdas militares diante das tribos bárbaras germânicas, o bispo norte-africano argumentou que Deus usa os sofrimentos e tribulações para desenvolver o caráter do seu povo. *A Cidade de Deus* contém

algumas das declarações mais eloqüentes de Agostinho sobre esse tema difícil. Considere esta passagem:

> *Pois, no mesmo fogo, o ouro dá brilho e a palha vira fumaça; debaixo da mesma debulhadora o talo é esmagado e o grão debulhado; a borra não é confundida com óleo porque ambos saem do mesmo lagar. Assim, também, a onda de dificuldades testará, purificará e melhorará os bons, mas socará, esmagará e arrastará para longe os maus. Assim é que, sob o peso da mesma aflição, os ímpios negam e blasfemam de Deus, ao passo que os justos oram a Ele e o louvam. A diferença não está no que as pessoas sofrem, mas no modo como elas sofrem. A mesma sacudida que faz feder a água fedorenta faz o perfume exalar o mais agradável cheiro.*[8]

O autor da Epístola aos Hebreus comenta que se não estivermos sendo disciplinados por Deus por meio do sofrimento, não podemos ser considerados filhos de Deus. "Mas, se estais sem disciplina, da qual todos são feitos participantes, sois, então, bastardos e não filhos" (Hb 12.8). Isso mesmo; a tradução literal está correta. Essa passagem está dizendo que somos bastardos, filhos que não conhecem o verdadeiro pai.

O sofrimento é a experiência universal de todos os crentes. Como ensinou Jesus, se o Senhor teve de sofrer, todos os seus servos também terão de sofrer. Quando sofrermos, o nosso caráter é fortalecido. O sofrimento queima as impurezas, assim como andar em uma esteira queima gordura.

O exemplo de podar uma árvore é a analogia freqüente para essa idéia na Bíblia. Podamos as árvores para que os ramos bons cresçam mais e melhor. A árvore fica mais forte e saudável se as porções fracas forem cortadas. Por outro lado, se a árvore nunca for podada, ela vira um arbusto disforme que produz pouco fruto.

A maneira como a pessoa lida com o sofrimento diz muita coisa sobre o seu caráter. Mais que isso, como o crente lida com o sofrimento deixa entrever muito sobre a sua concepção de Deus. Se crermos realmente que Deus é o Senhor soberano de tudo, quando o sofrimento entrar em nossa vida, não amaldiçoaremos a sua chegada, mas lhe daremos as boas-vindas.

> *A doença é a prova decisiva da espiritualidade, porque revela se a nossa virtude é real ou fraudulenta.*
> *Alfonso de Liguori (1696-1787)*

Em vez de vermos o sofrimento como uma praga a ser evitada ou como um mal necessário, deveríamos aceitá-lo. Também deveríamos notar o benefício do sofrimento em estimular a fé dos outros. Sofrer não faz bem apenas para quem sofre. Serve também de estímulo para quem esteja passando por aflições semelhantes. Considere quantas vezes você se sentiu animado em suas dificuldades, porque outros puderam compreender e identificar-se com você.

O Peregrino está entre os maiores clássicos da literatura cristã. Nesse livro, John Bunyan narra o martírio do Fiel e como isso incentivou os outros crentes a prosseguirem avançando firmemente.

> *Tendo saído dos homens da cidade e tendo os seus amigos se despedido deles, logo chegaram ao lugar onde o Fiel fora morto. Ali pararam e lhe agradeceram por ter sido capacitado a carregar a cruz tão bem; e mais exatamente, porque descobriram que eles se beneficiaram por tal sofrimento varonil como foi o dele.*[9]

É exatamente assim que temos de ver o sofrimento de Cristo. "Considerai, pois, aquele que suportou tais contradições dos pecadores contra si mesmo, para que não enfraqueçais, desfalecendo em vossos ânimos" (Hb 12.3). O sofrimento dos crentes nos motiva a permanecer firmes em nossa jornada à frente.

Para quem pode não ter de sofrer perseguição extrema e física por Cristo, a idéia de ser abençoado através das perseguições nos soa estranha, ou pior, repreensível. Mas para quem está sendo perseguido, esse mandamento incentiva e até alegra. Em vez de vermos as perseguições como anomalia que deve ser extirpada, se não evitada, nós as reconhecemos pelo que são — uma necessidade e um privilégio. Qual é o crente que não se sente inspirado por histórias de coragem e bravura em face das adversidades como esta que citarei a seguir?

> *Certo jovem, cego de um olho, perguntou se podia pregar para os Babendi. Paul advertiu Tomais que eles poderiam espancá-lo, fazê-lo passar fome e talvez matá-lo. "Mas Bwana", respondeu ele, "o Senhor Jesus sofreu por mim; claro que posso sofrer um pouco por ele". O chefe Babendi prendeu Tomais, pôs uma corda no pescoço dele e ordenou que os soldados o forçassem a ir em marcha acelerada ao centro administrativo. Onde quer que eles parassem para descansar, os aldeãos investigavam por que estava sendo detido. Ele respondia: "Por pregar o evangelho de Jesus que morreu pelos nossos pecados" e apresentava-lhes o plano de salvação. Encarcerado na sede governamental, ele passava a mesma mensagem aos guardas. Na manhã seguinte, o juiz ordenou que ele fosse deitado ao chão e chicoteado com um chicote de couro cru de cavalo. Ele agradeceu a Deus pelo soldado designado a esfolá-lo. "A minha pregação ontem à noite tornou-o meu amigo e ele não me bateu com tanta força quanto podia." Libertado, ele continuou pregando, e Deus estabeleceu igrejas entre os Babendi.*[10]

Ao sofrermos por Cristo, temos a oportunidade de inspirar outros a maiores atos de fé em prol do Reino. É desta maneira que Deus usa os seus filhos. Uma geração suporta sofrimentos extremos para o benefício de numerosas gerações posteriores. Quando Tertuliano (150-212) proclamou o seu dito famoso: "O sangue dos mártires é a semente da igreja", ele estava reconhecendo esse fato.

3) *Sofrer por Cristo é o privilégio de todos os crentes.* Talvez o aspecto mais difícil do sofrimento seja vê-lo como privilégio. Não nos é difícil aceitar que os crentes, às vezes, sofrem. Muitos crentes acham um pouco mais problemático aceitar que o sofrimento seja um aspecto necessário da vida cristã. Mas é difícil ter de aceitar que o sofrimento seja um privilégio, algo que temos a *obrigação* de experimentar e sem o qual estamos perdendo uma oportunidade (como descreve a conotação de *privilégio*).

Os exemplos e ensinos bíblicos sobre o sofrimento por Cristo como privilégio são numerosos demais para serem todos postos em uma lista.[11] Tiago diz que devemos ter "grande gozo" quando estivermos enfrentando provações de muitos tipos (Tg 1.2), e Paulo, falando sobre isso, diz que é "a comunhão dos seus sofrimentos" (Fp 3.10, ARA). Todos os escritores bíblicos vêem o sofrimento por amor a Cristo sob luz positiva, e como tal, esperam que produza alegria no crente. "Porque a vós vos foi concedido, em relação a Cristo, não somente crer nele, como também padecer por ele" (Fp 1.29).

Oswald Chambers (1874-1917), autor de *Tudo para Ele*, devocional lido por milhões de pessoas no mundo inteiro, serviu no Egito como capelão para as tropas da Comunidade Britânica das Nações na Primeira Guerra Mundial. O calor sufocante do meio-dia chegava a cinqüenta e seis graus centígrados em uma barraca militar, e sem outra sombra para proteção dos raios solares ardentes, dentro da barraca era a melhor opção. Acrescente-se a isso o risco de contrair malária e as milhares de moscas que incubavam nas carcaças de cavalos e outros animais que perambulavam pela área, e não precisamos de muita imaginação para entender por que esse serviço nesta região da guerra era odiado por praticamente todo soldado. Um soldado escreveu:

> *Poucas pessoas sabem, a menos que já tenham experimentado, o que significa um clima como esse no Egito. O efeito do clima e da atmosfera histórica do Egito é psiquicamente estarrecedor para certos temperamentos. E para quem é poupado dessa condição climática, há ainda o escoamento ininterrupto das forças físicas pela febre e a resultante baixeza de nível que torna difícil lutar as batalhas morais ou mentais.*[12]

Em compensação, Chambers achava o lugar uma bênção. Ele estava constantemente ocupado atendendo as necessidades espirituais e físicas das tropas. O seu diário registra rompantes de exuberância durante o tempo em que permaneceu naquele lugar miserável. Como é que a experiência de Chambers podia ser tão diferente da maioria dos outros soldados estacionados no mesmo lugar? Se considerarmos os comentários de Agostinho citados anteriormente, veremos que, para as pessoas a quem Deus está treinando e desenvolvendo o caráter, o sofrimento é uma alegria e uma bênção. Mas para quem suporta exatamente as mesmas dificuldades e provações, o sofrimento é esmagador. "A maldição de um é a bênção de outro", ou como diz certo ditado: "O que um joga fora o outro aproveita". Oswald conhecia o santo Senhor da glória, e confiou na habilidade desse Deus para tirar o bem do mal.

Os ensinos bíblicos mostram que o sofrimento não se destina a ser um evento ocasional na vida do crente, mas, pelo contrário, é algo comum e freqüente. Sofrer por Cristo não tem o propósito de ser recreativo, mas vocacional. Faz parte do cargo.

Em Cristo, Deus tomou o ato mau de crucificar um homem inocente e o tornou em algo que salva e redime vidas. Temos de cultivar essa perspectiva em nossa vida para que o sofrimento deixe de ser um mal a ser evitado, e seja algo que esperamos, é necessário e, claro, é um privilégio que produz alegria.

> *Ó vós, pobres almas, que vos fatigais com irritação desnecessária, se ao menos buscásseis a Deus em vosso coração, haveria um fim rápido de todas as vossas dificuldades. O aumento da cruz seria proporcional ao vosso deleite.*
> *Madame Guyon (1647-1717),* Autobiografia de Madame Guyon

UMA PALAVRA FINAL SOBRE SOFRIMENTO

C. S. Lewis, um dos mais notáveis apologistas do cristianismo do século XX, escreveu uma das obras cristãs clássicas sobre o sofrimento com o título *O Problema do Sofrimento*. Nesse livro, ele discorreu eloqüentemente sobre os benefícios do sofrimento e da dor. Vários anos depois, entretanto, quando sofreu a morte agonizante da sua esposa, ele escreveu outro livro sobre o assunto intitulado *A Anatomia de uma Dor*. Dessa vez ele usou um pseudônimo, porque a sua experiência prática do sofrimento e da dor tinha despedaçado as suas reflexões acadêmicas sobre o tema escrito anos antes.

Em todos os meus comentários efusivos sobre o sofrimento e os seus benefícios, sinto a necessidade de fazer esclarecimentos adicionais. Quero deixar claro que não acredito que o sofrimento não seja algo muito impressionante ou que o sofrimento não seja visto como algo tão ruim assim. Pelo contrário, o sofrimento tem de *ser* ruim para que seja sofrimento.

Também não quero que os meus leitores pensem que dou pulinhos de alegria quando o sofrimento faz parte da minha vida. Tudo que enumerei até aqui é bastante acadêmico. Falando emocionalmente, a minha experiência e a minha atitude com o sofrimento estão muito longe do ideal bíblico.

Deixe-me também prever uma objeção à noção de que o sofrimento só é verdadeiro sofrimento se for experimentado de forma horrível durante a sua ocorrência. Quer dizer, se tudo que fazemos for alegrar-nos sempre que a dor ou a penúria chegar, essas experiências podem ser classificadas de dolorosas e ruins? Alguém poderia responder, dizendo: "Mas a nossa glória futura não está acima de comparação em relação ao nosso sofrimento presente?" Em outras palavras, depois que tudo tiver sido feito, o sofrimento conta pouco, porque o produto final é de longe muito maior. Mas isso reduziria o sofrimento a algo irrelevante, o que não é.

Jesus suportou a cruz pela alegria que lhe estava proposta. Concluiríamos, pois, que em virtude da glória inacreditavelmente grandiosa que Ele usufrui hoje, a sua morte sangrenta na cruz foi inconseqüente? Se fizermos isso, estaremos negando o sofrimento que Ele enfretou por nós. Jesus já possuía glória antes de se tornar homem encarnado. Se a meta fosse meramente ter glória, Ele já tinha. Mas a meta do Filho encarnado era entrar no estado do homem, sofrer as tentações e padecer os sofrimentos pertinentes ao homem, e derrotá-los. Ele só poderia fazer isso se o seu sofrimento fosse real.

A objeção também negaria o elemento da fé envolvido no processo de sofrimento. Conhecemos as promessas porque as lemos, mas ainda não experimentamos todas as promessas. Só na glória entenderemos verdadeiramente que os nossos sofrimentos temporários não valem nada em comparação ao nosso paraíso eterno. Por ora, suportamos os sofrimentos e temos fé que produzirão algo muitíssimo maior.

Por último, quero falar mais uma vez sobre o pecado cometido muitas vezes por crentes quando começam a sofrer. Em vez de vermos o sofrimento como um privilégio ou uma realidade positiva necessária, na maioria das vezes nós amaldiçoamos a Deus por estarmos sofrendo. Talvez seja exatamente por isso que Deus, em primeiro lugar, permita que o sofrimento ocorra em nossa vida: para nos libertar desse hábito mesquinho de repreendê-lo pelo modo como prefere administrar a sua criação. Se as *únicas* experiências de nossa vida fossem sofrimentos, mesmo assim Deus seria o Deus perfeito e santo. O fato de o sofrimento não ser uma experiência constante em nossa vida mostra o amor de Deus, porque, como pecadores, certamente não merecemos nada mais que isso.

O sofrimento de Jó serve como exemplo da soberania de Deus e a sua determinação de usar as suas criaturas para os bons propósitos que Ele tem. Jó sofreu porque Deus fizera um "desafio cósmico" com Satanás. Jó perdeu praticamente todos os bens e toda a família, suportando dor física indescritível, só porque Deus determinara prová-lo como um desafio a Satanás de que o servo fiel de Deus não daria as costas ao seu Criador. O aspecto notável da prova é que Deus não explica a Jó por que ele sofreu. Na verdade, quando tudo termina, é Jó que está arrependido e se rastejando diante de Deus, quando se esperaria que ocorresse o contrário, sobretudo se a história tivesse sido escrita do ponto de vista da cosmovisão atual. "Deus deve desculpas a Jó", poderiam ser as palavras de muitos cristãos hoje, que vêem o homem como o agente determinante quando se trata da relação entre Deus e o homem. Mas sempre temos de afirmar a bondade soberana de Deus, mesmo em meio de angústia extrema.

> *Na prosperidade, até os pecadores acham fácil unir-se à vontade divina; mas cabe aos santos unir-se à vontade de Deus quando as coisas vão mal e são dolorosas ao amor-próprio.*
>
> *Alfonso de Liguori (1696-1787),* Uniformidade com a Vontade de Deus

PERSEGUIÇÃO COMO UM TIPO DE SOFRIMENTO

Daqui ao final deste capítulo, quero tratar do assunto mais específico da perseguição por amor a Cristo. Haverá paralelos entre a perseguição e o exame que já fiz sobre o sofrimento. Assim, resolvi abordar tópicos em que a redundância será minimizada.

Nas subdivisões a seguir, discorrerei assuntos relativos à perseguição por causa de Cristo:

- Como somos bem-aventurados por sermos perseguidos?
- Se a perseguição é tão importante para a experiência, devo procurar ser perseguido?
- Sempre há o momento próprio para fugir da perseguição?
- Se a perseguição física não é uma realidade para mim, em virtude do lugar e cultura em que vivo, que outras formas de perseguição devo esperar?

AS BÊNÇÃOS DA PERSEGUIÇÃO

Primeiramente, reconsideraremos a declaração de Jesus que forma o tema deste capítulo: "Bem-aventurados sois vós quando vos injuriarem, e perseguirem, e, mentindo, disserem todo o mal contra vós, por minha causa. Exultai e alegrai-vos, porque é grande o vosso galardão nos céus; porque assim perseguiram os profetas que foram antes de vós" (Mt 5.11,12).

Por que Jesus diz que somos bem-aventurados se formos perseguidos por causa da fé que temos nele? Porque o mundo odiou Jesus e odiará os seus seguidores; se estamos sendo perseguidos pelo mundo, é sinal de que estamos seguindo a Cristo.

Paulo faz esta declaração extremamente chocante na epístola que escreveu ao jovem Timóteo: "Ora, todos quantos querem viver piedosamente em Cristo Jesus serão perseguidos" (2 Tm 3.12, ARA). Repare que ele não disse que *poderão* ser perseguidos, mas que *serão*. Esse é um exemplo em que eu gostaria de acrescentar ou mudar uma palavrinha de uma passagem bíblica para obliterar a sua força e a dor do golpe. Aqui também não há a palavra "se". A perseguição será categórica, definitiva e irrestritamente a experiência de todo crente que esteja de fato seguindo a Jesus.

Tendo feito essas considerações, o que Jesus estava pensando quando disse que somos bem-aventurados quando suportamos tais coisas?

Já toquei diversos pontos dessa questão na análise que fiz relativa ao sofrimento. Por isso, só as mencionarei brevemente quando for o caso. Por ora, proporei sete modos como a perseguição por causa de Cristo é de fato uma bem-aventurança. (A lista não é exaustiva.)

1) *Quando somos perseguidos por nossa fé, é sinal de que nos unimos com Cristo*. Paulo cita o salmista na expressão do clamor que o fiel faz a Deus: "Por amor de ti somos entregues à morte todo o dia: fomos reputados como ovelhas para o matadouro" (Rm 8.36). A nossa união com Cristo nos coloca em território perigoso, pelo menos nesta vida e neste mundo. No plano de redenção global de Deus, isso significa ter parte com as ovelhas sacrificadas.

2) *A perseguição tem um jeito especial de nos fazer confiar mais em Deus e menos em nós mesmos*. É o que acontece especificamente quando somos perseguidos por quem tem autoridade sobre nós ou a quem não podemos resistir. Tal perseguição leva os crentes a correr para Deus em busca de refúgio. Quando estiverem diante de obstáculos intransponíveis, a inclinação natural dos crentes deveria ser correr para Deus.

3) *A perseguição produz frutos espirituais em nossa vida, algo que de outro modo não é produzido*.

4) *A perseguição gera uma alegria espiritual em nós que não há em tempos de prosperidade*.

5) *O sofrimento espiritual é um incentivo para os outros crentes e fomenta-lhes a fé*.

6) *Deus usa a perseguição para desenvolver e fortalecer a igreja*.

7) *Jesus diz que devemos nos alegrar quando formos perseguidos por causa da fé, porque temos a recompensa celeste esperando por nós*. Isso implica algo diferente da salvação, visto que a recompensa está ligada diretamente a algo que fazemos. Em outras palavras, há recompensas celestes que esperam os que padecem perseguições, ao mesmo tempo em que a falta de perseguição indica a ausência dessas recompensas específicas. Seja como for exatamente, uma coisa é clara. Jesus está mandando que ergamos os olhos acima de nossos fardos terrenos, com um olhar para frente, para o futuro eterno.

Se você estiver padecendo perseguições por causa de Cristo, coragem! Não perca de vista as bênçãos da perseguição. Deus toma o mal mais hediondo e o transforma em bênção. Se você não estiver sendo perseguido por causa da fé, não se esqueça dessas bênçãos nem por um momento. Pois se os seus esforços em seguir a Cristo forem verdadeiros, com certeza você será perseguido.

EVITANDO O COMPLEXO DE MÁRTIR

Com toda essa conversa sobre perseguição e sofrimento por amor a Cristo, não seria lógico buscarmos tais coisas ativamente? Por exemplo, João de Ávila (1499-1569) estava convencido de que toda pessoa honrada deveria desejar a morte para que, vivendo, não corresse o perigo de perder a graça divina. No seu raciocínio, o que seria mais agradável ou desejável do que morrer uma morte boa para ter a garantia de não perder mais a graça de Deus? (No capítulo 2, citamos Orígenes que ativamente buscou o martírio.)

Pelo visto, não é o que Jesus tinha em mente. Mesmo que os seus discípulos devam esperar perseguição, não significa que devamos procurar dificuldades ou provocar brigas. Andar por aí com complexo de mártir não é o que Jesus espera; nem torna o evangelho atraente. Se estivermos seguindo a Jesus, com certeza seremos perseguidos. Não há necessidade de procurarmos ser perseguidos ou acintosamente criarmos situações que desencadeiem perseguição contra nós.

FUGINDO DA PERSEGUIÇÃO

Quando estamos sendo perseguidos, a nossa inclinação natural é fugir. É sempre certo ou sábio fugir das perseguições? Se a perseguição vem mesmo e é um privilégio, não seria melhor sempre suportá-la? De acordo com a noção de complexo de mártir, há quem opine que fugir das perseguições nunca é certo. Contudo, gostaria de me posicionar contra essa idéia.

No livro *Apologia sobre sua Fuga*, Atanásio (296-373) defendeu o conceito de "fuga oportuna". Durante o seu arcebispado em Alexandria, Atanásio foi mandado para o exílio cinco vezes. Essas ocorrências sucederam quase todas sob o governo do imperador Constâncio, simpatizante do arianismo, que se opunha à posição firme de Atanásio em prol da cristandade nicena e à crença de que Jesus era completamente

Deus. Atanásio justificou sua fuga de Alexandria quando Constâncio lhe impôs a pena de morte. O seu argumento era que há "um tempo para fugir e um tempo para ficar".

Atanásio tinha obviamente apoio bíblico para tal noção. O profeta Elias fugiu da má rainha Jezabel quando ela procurou matá-lo (1 Rs 19.1-3a). E certa vez, até o corajoso apóstolo Paulo achou apropriado fugir da perseguição levantada em Damasco, logo após ele ter se convertido (At 9.25; 2 Co 11.33).

Pelo que tudo indica, há autorização bíblica para fugirmos da perseguição a fim de sermos poupados para enfrentá-la outro dia. Até Jesus "escapou" do martírio às vezes, até chegar o tempo certo para Ele morrer. Por exemplo, João deixou claro no seu Evangelho que Jesus estava se orientando para um destino designado, de forma que quando as pessoas tentavam agarrá-lo, a Bíblia fala que Jesus "escapava" (refiro-me à tentativa de jogá-lo em um precipício e a dois outros casos em que quiseram apedrejá-lo). E sabemos como Ele escapou. Na narrativa que Lucas faz de um desses casos, tudo que ele diz é que Jesus, "passando pelo meio deles, retirou-se" (Lc 4.30). Fica evidente que Jesus sabia que o tempo da sua morte ainda não chegara. Por conseguinte, não ia se submeter à morte de mártir até que chegasse o tempo certo.[13]

Isso requer muito discernimento. Imagino cristãos com complexo de mártir que nunca procurarão escapar das perseguições, ao passo que outros que não querem sofrê-las de jeito nenhum usarão os exemplos acima como justificativa para a fuga. Entretanto, há exemplos na Bíblia que mostram claramente que é sábio saber quando ficar firme na perseguição e quando fugir dela para enfrentá-la outro dia.

TIPOS DE PERSEGUIÇÃO

Mesmo sabendo que muitos cristãos jamais terão de suportar perseguição física, hesito em pular o tópico. Essa foi a experiência comum de cristãos em tempos passados, mas ainda ocorre em muitas regiões de nosso mundo. Dallas Willard observa que mais cristãos morreram como mártires no século XX do que em todos os séculos anteriores até 1900.[14] É por isso que depois dessa subdivisão comentarei vários exemplos de martírio em "Lições da História".

A perseguição física tem muitas formas e pode não conduzir necessariamente à morte. Em diversos pontos da sua Epístola aos Hebreus, o autor classifica formas de perseguição, notavelmente em 11.32-38 e na passagem a seguir:

> Lembrai-vos, porém, dos dias passados, em que, depois de serdes iluminados, suportastes grande combate de aflições. Em parte, fostes feitos espetáculo com vitupérios e tribulações e, em parte, fostes participantes com os que assim foram tratados. Porque também vos compadecestes dos que estavam nas prisões e com gozo permitistes a espoliação dos vossos bens, sabendo que, em vós mesmos, tendes nos céus uma possessão melhor e permanente. *(Hb 10.32-34)*

A nossa tendência é elevar o martírio à mais alta forma de perseguição, contudo, há outras variedades igualmente devastadoras. O Império Romano idólatra inventou métodos engenhosos de extrair a retratação de fé das pessoas, mas infelizmente a igreja medieval fez o mesmo com a inquisição espanhola. Escaldar com óleo quente, açoitar com instrumentos pontiagudos ou afiados, quebrar os ossos eram métodos usados para fazer os crentes se retratarem.

Jesus diz que somos bem-aventurados se as pessoas nos insultarem ou nos caluniarem. Quero ser claro neste ponto. É comum sermos insultados porque merecemos o insulto, e não só porque somos crentes. Criar problemas para nós por meio de nosso comportamento impróprio e afirmar martírio e perseguição espiritual por conta disso não é o que Jesus tem em mente. O tipo de perseguição que Jesus prevê tem tudo a ver com a nossa confissão de fé nEle, e não por outras razões mundanas. No capítulo 7, contarei a minha experiência de ser caluniado, mas essa situação era o que poderíamos chamar difamação geral, em vez de eu ser especificamente caluniado porque sou crente.

Pode ser que nunca passemos pelo confisco de bens, ou prisão e tortura, ou martírio por causa da nossa fé. Mas podemos sofrer outros tipos de perseguição. Por exemplo, muitos crentes sofrem perseguição emocional. Quando confessam que aceitaram a Jesus, são evitados pela família e amigos, ridicularizados por colegas de trabalho e até divorciados por cônjuges. Crentes que estão em evidência na mídia são denegridos por políticos e pregadores, por pessoas de outras crenças e por quem não tem crença nenhuma. Há quem rotule os cristãos de fanáticos ou homófobos, tudo com o propósito de depreciá-los e gerar ódio entre o povo. Esse tipo de perseguição emocional arruína as nossas relações, a nossa carreira profissional, a nossa saúde mental e física; portanto, nada disso deve ser considerado de pouca importância. Nunca é fácil viver sob uma nuvem de falsas acusações e difamação.

Jesus suportou muitas formas de perseguição: física, emocional, mental, verbal e espiritual. Avaliamos a perseguição espiritual numa análise geral da guerra espiritual. Por estarmos unidos com Cristo, Satanás e os seus lacaios concentrarão seus ataques em nós. Há uma batalha espiritual travando-se nos céus, e os filhos da luz estão sendo bombardeados pelas forças das trevas. Quando a pessoa se torna crente, entra em uma guerra. Antes disso, ela era uma espectadora, mas agora é uma participante ativa no confronto. Assim, essas formas de perseguição podem sobrevir a praticamente qualquer crente.

LIÇÕES DA HISTÓRIA

Nos primeiros séculos da cristandade, era fácil distinguir os cristãos genuínos dos falsos. Quando chegou a perseguição, os crentes genuínos ficaram firmes, ao passo que os falsos deixaram-se cair. O martírio físico era sinal de cristianismo autêntico, chegando a ponto de muitos cristãos o desejaram para provar a sua fidelidade a Cristo.

Conhecemos bem as primeiras narrativas dos mártires cristãos. Em Atos 7, lemos o relato do primeiro mártir da fé, o diácono Estêvão. Alguns dos mais importantes Pais da Igreja Primitiva dos primeiros séculos do cristianismo foram martirizados pela fé: Policarpo, Clemente de Roma, Inácio de Antioquia, Justino Mártir, Irineu e Cipriano. Se acrescentarmos a essa lista todos os apóstolos originais, exceto João, incluindo Paulo, teremos uma lista realmente incrível. Por que Deus determinaria que alguns dos seus melhores servos fossem mortos desse jeito é um enigma para nós, mas parece que assim sempre acaba produzindo mais fruto.

Depois que Constantino trouxe o cristianismo para a vanguarda do Império Romano, a ameaça de perseguição física diminuiu. Os cristãos fiéis se viram em um mar de impostores, porque virou moda ser cristão. Com o fim do crisol da perseguição física, os crentes autênticos buscaram outros meios de comprovar a fé que tinham. Assim, surgiu a instituição do monasticismo, um meio de "perseguição espiritual" de si mesmo.

Contudo, ao longo dos séculos e continentes, os maus-tratos físicos são a cota de muitos crentes. Por exemplo, a chegada do cristianismo à África Oriental no século XIX ocorreu com perseguição violenta, apesar do fato de essa região do mundo ter usufruído a presença cristã quase desde o início.[15] Com a forte ocupação muçulmana de partes da área litorânea ao longo do oceano Índico, a reintrodução da fé aconteceu com dificuldade. Mark Shaw segue o curso de quase toda essa oposição e o conseqüente martírio, e depois cita a observação feita por Ludwig Krapf: "As vitórias da igreja são ganhas pisando em cima das sepulturas dos seus membros".[16]

Quando levamos em conta a enorme quantidade de tratamento e sofrimento injusto que os filhos de Deus têm suportado nesses últimos dois mil anos, chegamos à conclusão de que ou Deus é fraco e não pode proteger o seu povo, ou tem de ter um plano mais sublime para nós que envolve perseguição. Escolho, obviamente, a última opção, embora muitos dos meus contemporâneos escolham, infelizmente, a primeira.

CANTANDO OS LOUVORES DO SOFRIMENTO

Quantos hinos nós cantamos hoje que mostram uma atitude positiva em relação ao sofrimento? Entoamos cânticos de louvor e adoração que acertadamente exaltam a Deus e quem Ele é; mas o nosso repertório é irrisório quando se trata de cânticos que aplaudam as provações e sofrimentos e como Deus atua por intermédio deles. As músicas que cantamos nas igrejas espelham a teologia que adotamos. Muitas igrejas ficam anêmicas quando desenvolvem uma teologia do sofrimento, e os hinos refletem essa fragilidade.

Apresento, como exemplo, versos de três hinos escritos em uma época quando os sofrimentos e as dificuldades eram vistas sob a luz correta e bíblica:

Vós, santos medrosos, renovai a coragem,
As nuvens que vós tanto temeis
Estão cheias de misericórdia que romperão
Em bênçãos sobre a vossa cabeça.
William Cowper, "God Moves in a Mysterious Way" (Deus Age de Maneira Misteriosa), 1774

E quando encontrares cruel provação
Será minha graça a tua porção;
O fogo não vai consumir-te jamais,
Mas purificado qual ouro serás.
John Rippon, Selection of Hymns from the Best Authors, *"Firme Fundamento", 1787*

Descansa, ó alma; eis o Senhor ao lado;
Paciente leva, e sem queixar-te, a cruz.
Deixa o Senhor tomar de ti cuidado:
Ele não muda, o teu fiel Jesus!
Prossegue, ó alma: o Amigo celestial
Protegerá teus passos no espinhal!
Katharina von Schlegel, "Confiança em Cristo", 1752

Para muitos, a existência de sofrimentos é o único maior argumento contra um Deus santo e soberano. (Não estou me referindo apenas aos ateus.) Muitos cristãos acham extremamente difícil ponderar sobre esse tema, e o motivo, na maioria das vezes, é a amarga realidade das adversidades e provações. Talvez não haja outro tópico na teologia cristã que produza argumentos e opiniões que sejam tão diferentes entre a teoria e a experiência severa.

Como crentes, entendemos que Jesus também sofreu, e sobre esse ponto deveríamos tecer todos os nossos comentários subseqüentes acerca do sofrimento e perseguição. Ele derramou lágrimas. Suou gotas de sangue. Ele foi escarnecido, ridicularizado, caluniado e maltratado. Mas perseverou e triunfou. "No mundo tereis aflições, mas tende bom ânimo; eu venci o mundo" (Jo 16.33b). O que foi adequado para o Senhor experimentar também deve ser verdade para os seus servos.

Gosto disso? Nem um pouco. Mas agora estou diante da mesma decisão que sempre tenho de tomar quando defronto Jesus e os seus ensinos. Submeto a minha vontade à dEle, ou continuo teimosamente fazendo as coisas à minha maneira como uma mula?

No próximo capítulo, passaremos para uma conseqüência lógica da perseguição — a existência de inimigos. Se há pessoas em nossa vida que pretendem nos fazer mal, qual é a maneira correta de nos relacionar com elas? Como não poderia deixar de ser diferente, a resposta que Jesus dá a essa pergunta não é a mesma que o mundo dá.

> *Tudo que não é bonito no amado, tudo que se coloca entre nós e não pertence ao amor, deve ser destruído.*
>
> *George MacDonald (1824-1905),*
> O Fogo Consumidor

6

A ARTE DO AMOR ESPIRITUAL

Ouvistes que foi dito: Amarás o teu próximo e odiarás o teu inimigo. Eu, porém, vos digo: amai os vossos inimigos e orai pelos que vos perseguem; para que vos torneis filhos do vosso Pai celeste.

JESUS CRISTO, MATEUS 5.43-45A, ARA

Nós todos somos fracos, mas a ninguém você deve considerar mais fraco que a você mesmo.

TOMÁS DE KEMPIS (1380-1471), *IMITAÇÃO DE CRISTO*

Em certa noite fresca de janeiro em Windhoek, capital da Namíbia, dois homens surgiram furtivamente atrás de mim enquanto eu estava entrando no carro. Um barulho curto e agudo me assustou, e quando me virei para olhar, levei uma pedrada no rosto. Quando recobrei a consciência, eu estava no chão com os dois homens em cima de mim, revistando-me os bolsos. Só então notei que um deles tinha uma enorme faca caseira na mão.

Roubaram a minha carteira, os sapatos, a camisa, a jaqueta e algumas coisas do carro, como os meus óculos de sol. Só não roubaram o meu carro porque provavelmente não sabiam dirigir, o que me foi favorável, pois caso o tivessem roubado, teriam me matado. Na ocasião, a Namíbia se classificava em terceiro lugar no mundo entre os países com a mais alta taxa de assassinatos per capita.

Fugiram, deixando-me estendido no chão e envolto em meu próprio sangue. Para dizer o mínimo, o incidente foi atordoante. O golpe em meu rosto me fazia entrar e sair de consciência durante a experiência penosa. Depois que foram embora, consegui me sentar no chão, esperando que tudo não passasse de um pesadelo. A pedrada atingiu-me bem no nariz e na boca, e quando passei a língua pelos dentes incisivos, senti que um estava quebrado e o outro bastante dobrado para dentro.

Levantei-me e entrei no carro. Lá estava a faca caída entre os bancos dianteiros. Evidentemente, um dos maus elementos a esquecera quando não conseguiu tirar o rádio. Liguei a luz interna do teto para olhar o meu rosto, mas um calafrio me percorreu a espinha. "E se eles decidirem voltar?" Pus a chave na ignição e dei partida ao motor. Só quando pus a mão direita no volante foi que vi o grande corte no dorso da mão. Em algum momento durante o ataque, eu levara uma facada que me perfurou completamente a mão.

Murmurei: "Não entre em choque. Dirija até ao hospital. Não entre em choque". O hospital ficava a uns três quilômetros. Recebi cinco pontos no lábio superior, e fizeram um curativo provisório na mão direita. Por milagre, o nariz não estava quebrado, tendo sido apenas arranhado pela pedra.

O corte na mão seccionara os tendões do dedo anular e mínimo. Na manhã do dia seguinte, o médico ligou os tendões e deu quinze pontos. Naquela mesma semana, fui ao dentista, que fez o canal de um dos dentes que se quebrara até a raiz; ele usou uma composição mista para que o dente parecesse inteiro novamente. Ainda havia a esperança de que o outro dente sobrevivesse. Mas, dois anos depois, também foi necessário tratar o canal daquele dente. Resta-me fazer um implante nos dentes, mas é só questão de tempo para ter de fazê-lo.

A mão ficou imobilizada por seis semanas, indo o gesso até a ponta dos dedos para que os tendões sarassem. Sendo destro, isso representou um mês e meio de muitas inconveniências. Como professor, digito bastante. Tenho de dizer que fiquei bom em digitar só com a mão esquerda. Mas outras coisas não eram tão fáceis, como lavar a axila esquerda ou passar o fio dental entre os dentes. Não dava para pegar nada com a mão machucada. Eu não via a hora de tirar o gesso.

Infelizmente, a parte mais difícil ainda estava por vir. Como o ortopedista me disse, se imobilizarmos firmemente uma mão saudável só por uma semana, os ligamentos se atrofiam e não conseguiremos movê-la. Depois de minha mão ter ficado engessada por seis semanas, não dava de esperar nada menos que isso.

Os meus dedos ficaram comprimidos firmemente no gesso sem espaço entre eles. Depois que o médico retirou o gesso, ele abriu suavemente o meu dedo indicador e o médio não mais que meio centímetro. Tive ânsia de vômito. Ele me avisara que eu poderia sentir náusea, mas não acreditei. Como me enganara.

Fui encaminhado à fisioterapia para recuperar os movimentos da mão. Estou convencido de que os fisioterapeutas existem para fazer com o seu corpo o que você nunca faria com ele. A dor, às vezes, era insuportável; mesmo assim, a fisioterapeuta continuava impiedosamente. Fiz fisioterapia por alguns meses. Pouco a pouco fui recuperando os movimentos. Primeiro, só dobrando as pontas dos dedos; depois, movendo os dedos para baixo em direção à palma; mais tarde, chegando quase a fechar o punho. Cada etapa era excruciante.

Levou vários meses para eu conseguir escrever com a mão, ou lançar uma bola de futebol americano, ou agarrar e segurar algo com firmeza. Toco piano, e receei que a lesão tivesse me impedido permanentemente de tocar, mas graças a Deus não foi o que aconteceu. Ainda não dá para fechar bem o punho e apertar. E particularmente em dias chuvosos, a minha mão fica dolorida. Mesmo quando digito, ainda persiste uma dorzinha que percorre o meu tendão até ao cotovelo.

Tenho de reconhecer que tive sorte. Duas semanas antes do assalto, um homem percorria de carro uma área nobre de Windhoek e parou em um sinal vermelho. Outro homem saiu correndo dos arbustos ao lado da estrada e o atingiu no rosto com uma pedra pela janela aberta. A pancada esmigalhou o osso malar direito, e ele acabou perdendo o olho. O assaltante roubou cinqüenta dólares e o celular.

Os dois homens que me assaltaram tinham intenções semelhantes. Não lhes importava onde me batessem no rosto, contando que me batessem. O meu olho poderia ter sido atingido, mas não foi. Havia também a faca, cuja lâmina chega a uns vinte e cinco centímetros de comprimento, um artefato caseiro cujo propósito óbvio era me ferir. Guardei a faca, a despeito do dissabor de minha esposa. Enquanto eu jazia deitado no chão, eles poderiam ter me cortado a garganta ou me esfaqueado à vontade como quisessem.

Por mais que me esforçasse em procurar o lado bom dessa situação ruim, um fato persistia: Eu estava com raiva. Repeti a cena do assalto em minha mente vezes e vezes sem conta. Do momento em que ouvi o barulho até que me virei não levou nem cinco segundos, mas e se eu tivesse tido melhor reação? Eu me visualizo reagindo bravamente e dando a esses sujeitos uma boa surra.

Como se costuma dizer, eu estava no lugar errado, no momento errado. Graças a Deus, não tive muito que discutir com Ele em tudo isso. Sei que coisas ruins acontecem e que temos de suportar as intempéries da vida. Sentia-me mais grato pelas coisas não terem sido piores do que foram. Deus permitira que o assalto acontecesse, mas também não permitiu que fosse pior do que foi.

E o que dizer dos assaltantes? Rapaz, eu teria me deliciado em ter posto as minhas mãos neles. Durante muitas semanas andei pela cidade olhando para o chão, na esperança de encontrar a carteira roubada. Então me imaginava espancando aqueles assaltantes e um sorriso de satisfação maliciosa surgia em meu rosto enquanto eu me divertia no devaneio.

Quando contei o assalto aos meus alunos, eles inevitavelmente perguntaram o que eu faria se encontrasse um dos ladrões. O meu lado pecador sabia muito bem que eu buscaria vingança, mas o Espírito dentro de mim sabia mais. Um aluno sugeriu que eu fosse a um feiticeiro que prontamente adivinharia os culpados, e, por um segundo, achei a oferta tentadora.

Os descrentes procuram vingança, mas não os discípulos de Jesus. O nosso Mestre nos chama para um ideal mais alto, para um modelo mais nobre de comportamento. Às vezes, penso que tudo está errado, e fico fervendo de raiva.

Em meus vinte e poucos anos, freqüentei a classe para adultos na Escola Dominical de minha igreja. O professor perguntou se pudéssemos retirar uma única passagem da Bíblia e ignorá-la, qual seria? A minha resposta foi quase imediata: "Amai a vossos inimigos". Na época me pareceu, como ainda hoje me parece, um dos mandamentos mais severos que saiu da boca de Jesus.

Mas por que cargas-d'água eu tenho de amar o meu inimigo? Se alguém se opõe a mim, não tenho o direito de revidar? Será que nem ao menos a neutralidade é aceitável? Quero dizer, nem ferir nem abençoar?

DOIS TIPOS DE INIMIGOS

Há dois tipos de inimigos, e é nesse ponto que está o problema. Um tipo de inimigo sou eu que produzo por nenhuma outra razão que a minha própria pecaminosidade, as minhas falhas e o meu jeito egoísta. A minha personalidade pode ser irritante para certas pessoas; com outras, posso ter inadvertidamente fofocado ou tê-las maltratado em um acesso de raiva. Falei palavras impensadas e criei — pelo meu próprio comportamento nefasto — um inimigo.

Muitos crentes gostam de pensar que estão sendo perseguidos por causa de Cristo, mas, na realidade, estão sendo perseguidos porque merecem. São pessoas rudes e execráveis, o tipo que aparece em funerais de homossexuais com cartazes dizendo "Deus odeia os homossexuais". São indivíduos que se divertem com a probabilidade de incrédulos indo para o inferno, e oram para que o juízo de Deus venha sem demora. Nem percebem que podem estar orando por algo que eles mesmos não suportarão.

Na epístola escrita aos crentes romanos, Paulo diz que os seus irmãos judeus agiam de modo semelhante. Ele fala que Deus é blasfemado entre os gentios por causa do mau comportamento dos judeus (Rm 2.24). Aqueles que afirmavam conhecer a Deus e seguir os seus mandamentos constantemente os quebravam, gerando nos gentios um ódio por essa hipocrisia e pelo Deus que eles diziam servir.

Hoje, muitos crentes agem semelhantemente. Eles andam por aí afastando as pessoas do Reino de Deus, procurando brigas e proclamando com orgulho que estão sendo perseguidos pela fé que têm em Jesus. Dificilmente. Nada disso. Eles estão sendo perseguidos porque são desprezíveis, nada mais. Jesus tinha palavras fortes para os líderes religiosos dos seus dias que se comportavam de mesmo modo: "Ai de vós, escribas e fariseus, hipócritas! Pois que percorreis o mar e a terra para fazer um prosélito; e, depois de o terdes feito, o fazeis filho do inferno duas vezes mais do que vós" (Mt 23.15).

Infelizmente, muitos crentes geram o mesmo efeito quando, em vez de falar a verdade em amor com os incrédulos, martelam a verdade na cabeça das pessoas acima do que podem compreender. Não há compaixão ou preocupação pelos perdidos. Pelo contrário, só há o grito estridente de um "espancador de Bíblia" que mostra pouco do amor de Cristo enquanto metralha palavras peçonhentas e insultuosas aos pecadores. Mas não temos de falar contra o pecado? Claro que temos. Mas que o façamos de uma posição de amor, e não de julgamento; com certeza virá o dia em que nós também seremos julgados com a mesma medida que usarmos para com os outros (Mt 7.1,2).

Outros crentes produzem inimigos quando vivem hipocritamente em pecado impenitente, o tempo todo condenando as pessoas por transgressões semelhantes. Por exemplo, o pecado da homossexualidade é o bode expiatório comum dos evangélicos modernos, ao passo que o pecado do divórcio desenfreado raramente é falado. Jesus ensina que o divórcio irregular pode levar ao adultério, que certamente é um pecado que Deus não considera inconseqüente.

Há pesquisas que mostram que a taxa de divórcio na comunidade cristã está em mais de 30%, que é valor igual ou até mais alto do que alguns estudos estatísticos populacionais não-cristãos.[1] Essa é uma área em que a igreja é pouco diferente que o mundo. No momento que permitimos que a nossa fundação moral se corroa progressiva e lentamente, a nossa autoridade moral para falar contra o pecado em nossa sociedade perde a força. Quem pode levar a sério a pessoa que fala contra o pecado na vida dos outros quando ela mesma está bem resolvida a tolerar o pecado em sua vida?

Mais uma vez, Paulo nota que os judeus faziam a mesma coisa: "Portanto, és inescusável quando julgas, ó homem, quem quer que sejas, porque te condenas a ti mesmo naquilo em que julgas a outro; pois tu, que julgas, fazes o mesmo" (Rm 2.1). Essa vida hipócrita acumula ira para eles mesmos e faz, também, os gentios blasfemarem de Deus. As palavras de Paulo são duras nesse aspecto; ele usa os exemplos específicos de roubo, adultério e idolatria para expor a hipocrisia dos judeus. Assim como Jesus se referiu aos mestres da lei como "condutores cegos" (Mt 23.16), assim Paulo faz referência semelhante. Os crentes que são perseguidos, ridicularizados e depreciados pela vida hipócrita que levam são acertadamente perseguidos, ridicularizados e depreciados.

O segundo tipo de inimigo é produzido pelo crente que genuinamente se esforça em seguir a Cristo. É que, fazendo assim, ele desperta hostilidade de quem está completamente imerso no mundo e seus valores. Essa inimizade provém de muitas formas: dos materialistas, que escarnecem das visões supersticiosas da cosmovisão cristã; dos relativistas, que rejeitam a idéia de verdade objetiva e religiosa ligando todos os homens; dos hedonistas, que menosprezam a atitude desmancha-prazer dos crentes; dos naturalistas, que vêem na busca do céu apenas uma abordagem cavalheiresca à Mãe Terra; dos carolas, que encaram como ameaça ao cristianismo a concorrência para o seu rótulo de fé; para os pluralistas, que desprezam a afirmação de que Jesus é o único caminho para a bem-aventurança eterna.

Para todos estes, Jesus, como o Deus-homem encarnado, o único Mediador e Salvador que por sua morte expiatória e vicária pagou a penalidade dos pecados cometidos contra um Deus santo, é um Jesus ofensivo. Este quadro bíblico de Jesus logo produzirá inimigos em um mundo relativista e amante da tolerância. A razão de tantos cristãos e igrejas acharem "Jesus *light*" tão atraente é porque o mundo acha isso muito atraente. Anunciar um Salvador cordial e generoso não é problema; você provocará pouca oposição do mundo por conta disso. Anunciar que esse Salvador exige ser o Senhor é onde está o problema.

Já vimos que os seguidores de Jesus serão perseguidos. Comentamos também que se o crente não está sendo perseguido pelo menos em certo grau, esse crente não está seguindo a Jesus como devia. Se tomarmos posição por Cristo, com certeza seremos perseguidos.

A perseguição, então, produz inimigos. Mostre-me alguém que esteja disposto a me fazer mal, e lhe mostrarei o meu inimigo. É bem simples assim. Pode ser alguém em meu trabalho, ou em minha igreja, ou em minha família. Faça esta pergunta: "Quem é o meu inimigo?", e alguém lhe virá à mente. Se ninguém vier, é porque você é mesmo bem-aventurado.

Ou talvez não. Se a perseguição produz inimigos e todos os crentes serão perseguidos em graus variados, então todos os crentes devem ter inimigos. Não estou dizendo para sairmos por aí procurando e acintosamente criando inimigos, mas se estivermos tomando posição por Cristo de maneira genuína em um mundo que o odeia, tenhamos a absoluta certeza de que haverá um inimigo ou dois movendo-se às furtadelas. Se não, é possível que não estejamos representando a Cristo devidamente.

O mais provável é que tenhamos os dois tipos de inimigos em nossa vida, e, no entanto, a nossa atitude para ambos deve ser a mesma. É neste ponto que jaz a dificuldade nos ensinos de Jesus.

O ENGANO DOS FARISEUS

Este ensino de Jesus consta no Sermão da Montanha. Jesus estabeleceu a chamada radical para os seus discípulos nas Bem-aventuranças, algumas das quais já examinamos. Depois de declarar a sua intenção de cumprir a lei, Ele fala aos discípulos que, caso queiram entrar no Reino dos céus, precisam ter uma justiça que exceda a dos fariseus. O Senhor dá seis exemplos concretos de como essa justiça excelente tem de ser expressa.

Primeiro, Jesus aborda o assassinato; depois, o adultério, o divórcio, os juramentos, a recompensa; e, por último, o amor pelos inimigos. Em cada caso, Jesus ataca as percepções equivocadas comuns dos mestres da lei quando se trata de obedecer fielmente às exigências da lei. Em cada exemplo, ele expõe o erro de entendimento e a aplicação imprópria que eles faziam da lei. Vemos isso claramente no sexto exemplo, o tema deste capítulo: "Ouvistes que foi dito: Amarás o teu próximo e odiarás o teu inimigo" (Mt 5.43, ARA). Esse versículo é composto de duas partes. A primeira vem da lei do Antigo Testamento, a outra vem do ensino dos fariseus. "Amarás o teu próximo" é o mandamento que encontramos em Levítico 19.18a, que diz: "Não te vingarás, nem guardarás ira contra os filhos do teu povo; mas amarás o teu próximo como a ti mesmo".

Há um princípio simples exposto em Levítico 19.18. Como você quer que as pessoas o tratem? Você quer que elas guardem rancor de você? Já houve alguém em sua vida que não o perdoou por algum erro que você cometeu, mesmo que tenha ocorrido há anos? Não devemos fazer vingança com as próprias mãos. Não devemos procurar meios para nos desforrar de alguém que nos prejudicou. Mas o mandamento em Levítico 19.18 não trata apenas de nossas ações; trata também de nossas atitudes. Não devemos sequer ter ressentimento de quem quer que seja. Ame essa pessoa como a si mesmo. Em outras palavras, trate essa pessoa do modo como você quer ser tratado.

Os fariseus interpretavam esse amor ao próximo como licença para odiar os inimigos. Na verdade, os fariseus cometiam dois erros a esse respeito. O primeiro era que entendiam que a palavra *próximo* significava somente alguém que estava perto — um amigo, um companheiro, um compatriota.

Jesus evidenciou essa compreensão errônea de *próximo* na parábola do bom samaritano. Os judeus odiavam e menosprezavam os samaritanos, por considerá-los de raça mista; de maneira nenhuma eles os viam como próximos. Foi por isso que Jesus escolheu um samaritano para ensinar a sua lição naquela parábola. A verdade é que *próximo* quer dizer qualquer um com quem entramos em contato.

O segundo erro cometido pelos fariseus era concluir que, visto que o mandamento ordenava especificamente amar o próximo, eles não tinham de amar os inimigos. Se não há mandamento para amar os inimigos, o que resta senão odiá-los?

Se por um momento pararmos para pensar, veremos que o que os fariseus fizeram foi inacreditável. Em um mandamento que ordena amar as pessoas, eles encontraram um jeito de ter o direito de odiá-las. "No tempo de Jesus, esse ódio contra estrangeiros estava tão institucionalizado que os judeus pensavam que estavam honrando a Deus menosprezando todo aquele que não fosse judeu."[2]

O QUÊ? NEM A MENOR INDIFERENÇA?

É neste contexto que Jesus insere a sua interpretação da lei: "Eu, porém, vos digo: amai os vossos inimigos e orai pelos que vos perseguem" (Mt 5.44, ARA). Imediatamente deveríamos recordar o que Jesus disse nas Bem-aventuranças no início de Mateus 5. Ele disse para nos alegrarmos quando formos perseguidos. Pode ser que digamos: "Certo, então tenho de me alegrar quando for perseguido, mas isso não significa que tenho de *gostar* das pessoas que me perseguem". E cometemos o erro que os fariseus cometeram, lendo demais em uma passagem bíblica e tentando achar razões para continuar abrigando rancor e má vontade em nosso coração.

Jesus não nos permite tal liberdade. Em manuscritos posteriores da Bíblia, o versículo 44 aparece ampliado: "Eu, porém, vos digo: Amai a vossos inimigos, bendizei os que vos maldizem, fazei bem aos que vos odeiam e orai pelos que vos maltratam e vos perseguem"[3] (ARC). Que coisa inacreditavelmente insensível de Jesus nos manda fazer.

Essa insensibilidade de Jesus fica ainda muito mais gritante quando o mandamento de amar os nossos inimigos é compreendido pelo contexto dos versículos que imediatamente o precedem (Mt 5.39-42). Nessa passagem, encontramos quatro mandamentos igualmente rigorosos sobre a não resistência às pessoas más: 1) voltar a outra face, em outras palavras, não revidar quando você for insultado; 2) deixar também a capa além da vestimenta pela qual você foi processado; 3) caminhar duas milhas se você foi forçado a caminhar uma; e 4) não recusar empréstimo a alguém que lhe pedir emprestado.

Primeiro, tenho de suportar o insulto e expor-me a mais insulto oferecendo a outra face. Depois, tenho de abrir mão dos meus direitos de propriedade, dos meus direitos legais, dos meus direitos pessoais e dos meus direitos financeiros. E agora tenho de amar o meu inimigo? Não tenho sequer a permissão de ser indiferente para com ele, muito menos de odiá-lo? Tenho de amá-lo? O que mais Jesus quer de mim, a lua?

De certo modo, sim, Ele quer. Jesus mandou os discípulos não só amar os inimigos, mas também orar por eles. Isso não significa o tipo de oração que diz: "Querido Deus, ajuda o meu inimigo; mude o coração dele a fim de que pare de me perseguir". Essa é uma oração por mim, e não pelo meu inimigo. Quando Jesus manda orar pelos nossos inimigos, significa que devemos pedir as bênçãos de Deus para eles, pedir que o bem e não o mal os acometa e assim por diante.

Essa é questão de confiança. Sabendo que estamos sendo insultados, ou resistidos, ou prejudicados por nossos inimigos, Deus ainda pede que oremos por eles. Deus é justo. Ao orar pelos nossos inimigos, estamos demonstrando confiança absoluta de que Deus julgará com justiça; imitemos o que Jesus fez (1 Pe 2.23).

LIÇÕES DA HISTÓRIA

Em minha leitura e estudo cuidadoso dos escritos dos grandes líderes da igreja do passado, fiquei admirado com a exigüidade de material sobre amar o inimigo. Efetivamente, havia grande quantidade sobre amar o próximo como a si mesmo, e acertadamente poderíamos classificar amar o inimigo nesse tópico. Mas Jesus, nos seus ensinos, faz distinção entre os dois, obviamente reconhecendo a diferença qualitativa que acarreta amar quem nos odeia. Até nos textos místicos, que falam de amar de maneira palpável e sentimental, não havia praticamente nada relativo a amar o inimigo. Essa constatação é especialmente surpreendente quando muitos deles falam de "amor perfeito" ou graus ou tipos de amor.

As regras monásticas do pai do monasticismo ocidental, Bento de Núrsia (480-547), enumeram setenta e um "instrumentos de boas obras", começando com amor a Deus e ao próximo, refletindo o ensino de Jesus sobre os maiores mandamentos.[4] Amar os inimigos é o número trinta, e orar pelos inimigos é o número sessenta e nove, quase o último da lista. Verificamos que há uma distinção entre amar o próximo e amar o inimigo; Bento identificou esse mandamento importante de Jesus e o incluiu na lista.

O reformador João Calvino lamentou o fato de que, durante os seus dias, muitos "escolásticos" proeminentes tinham transformado esse mandamento de Jesus em uma "recomendação", que visava, então, a ser seguida apenas pelos cristãos mais rígidos, normalmente os monges. Calvino conta que fizeram isso, porque imaginaram que o mandamento de amar o inimigo era pesado demais para o cristão comum obedecer. Calvino comentou que Tomás de Aquino e Filipe Melanchthon foram dois dos culpados a esse respeito.[5] Em essência, Calvino citou o teólogo católico mais influente da Idade Média e discutivelmente o estudioso luterano mais importante depois de Lutero. Portanto, é lógico concluir que muito do cristianismo do século XVI foi influenciado a pensar assim acerca desse mandamento de Jesus.

Martinho Lutero, que se enfileira entre os maiores líderes cristãos dos últimos dois milênios e que está no topo da minha lista pessoal de teólogos que influenciaram minhas convicções, serve de excelente exemplo do cristão que revidou. Tenho certeza de que se alguém quisesse compilar uma lista de todos os ataques pessoais, os comentários odiosos e os termos insultantes que Lutero empregou, tal lista encheria um livro pequeno. O humor e mau humor de Lutero são bem conhecidos, apesar do fato de poucos terem influenciado positivamente o cristianismo mais que ele.

Apenas uma amostra será suficiente. Em *Conversa Informal à Mesa*,[6] Lutero utilizou palavras específicas para os seus inimigos. Entre os comentários selecionados estão: dizer que Tetzel, Cochlaeus e Lêmnio são "detestáveis"; mencionar que Martinho Celário é um "patife incrédulo"; e ensinar seus seguidores a "menosprezar" Campano, não apenas os ensinos, mas também a pessoa. Lutero referiu-se a Erasmo de Roterdã como "o canalha mais vil que já desgraçou a terra".

E, claro, poderíamos incluir em tal estudo os comentários de Lutero sobre o papa ser o anticristo, ou sobre outros cristãos mais ou menos da mesma opinião, como o reformador suíço Ulrich Zwínglio, com quem Lutero brigou sobre a interpretação correta da Ceia do Senhor. Sobre esse tema, Lutero disse que os ensinos de Zwínglio eram a doutrina de Satanás. O comportamento acima é exemplo cristão apropriado para seguirmos? Mais objetivamente, isso não viola o mandamento de Jesus de amar os nossos inimigos?

Em defesa de Lutero, poderíamos destacar a linguagem semelhantemente forte usada pelos personagens bíblicos. E que tal Jesus, que chamou as pessoas de "hipócritas" e "raça de víboras", este último repetindo a denúncia de João Batista? Ou a observação crítica que fez a Pedro: "Para trás de mim, Satanás", uma repreensão óbvia por uma crença errada que Pedro disse?[7] Lógico que sempre podemos alegar que o que era adequado para o Filho do Homem impecável não é necessariamente adequado para nós, pecadores. Mas considere a execração que o apóstolo Paulo fez aos judaizantes, a qual está registrada na epístola que ele escreveu aos crentes gálatas: ele desejou que esses mestres da circuncisão se castrassem (Gl 5.12). Ele até desejou ardentemente que as pessoas que pregam um falso evangelho sejam condenadas para sempre (Gl 1.8,9).

Tenho de admitir que quando leio tais condenações bíblicas, sinto-me mais à vontade para fazer as minhas. "Jesus condenou os seus inimigos usando linguagem dura e ríspida; então, eu também posso". Mas é bem fácil eu cair no erro dos fariseus e achar justificação bíblica para ter ódio dos meus inimigos. É melhor nunca dizer nada de negativo para as pessoas. Deste modo, a causa de Cristo sempre é mais bem servida.

Já encontrei cristãos bem-intencionados que *nunca* têm uma palavra severa a dizer. Mesmo quando estão diante de uma falsa doutrina e franca heresia, eles nem condenam nem censuram. Muitos descrentes acham tal abordagem aceitável, no mínimo por que as suas opiniões anticristãs não são contestadas. Mas até que ponto tal abordagem é realmente cristã? Judas, Pedro, Paulo e Jesus não a praticaram. Ao longo da Bíblia encontramos de forma constante palavras de condenação para quem torce e distorce a verdade de Deus. Para cristãos bem-intencionados que exalam tolerância em face da descrença, os incidentes de Jesus purificando o Templo e amaldiçoando a figueira têm de parecer bem estranhos.

Há certo provérbio popular que diz assim: "A única coisa que precisa acontecer para os maus terem sucesso é os bons ficarem olhando e não fazerem nada". O problema, então, é como encontrar o equilíbrio certo entre a defesa do evangelho e as palavras de Jesus que nos ordenam voltar a outra face e amar os nossos inimigos.

As palavras sensatas de Lutero são muito úteis:

> *O cristão, por amor à sua pessoa, nem amaldiçoa nem se vinga; mas a fé maldiçoa e se vinga. Para entendermos isso corretamente, temos de diferenciar Deus e o homem, a pessoa e a causa. No que concerne*

> *a Deus e à sua causa, não temos de ter paciência, nem bênção. Por exemplo, quando os descrentes perseguem o evangelho, isso toca a Deus e à sua causa. Nesse caso, não devemos abençoar ou desejar bom êxito, mas, antes, amaldiçoar os perseguidores e os seus procedimentos. Isso se chama maldição da fé, que, em vez de permitir a supressão da Palavra de Deus e a manutenção da heresia, causa a destruição de todas as criaturas; pois através da heresia perdemos o próprio Deus (Nm 16). Mas pessoalmente os indivíduos não devem se vingar, e sim suportar todas as coisas, e, de acordo com a doutrina de Cristo e a natureza do amor, fazer o bem aos seus inimigos.*[8]

Lutero está ciente de algo aqui. Como embaixadores da mensagem de reconciliação entre Deus e o homem, sabemos que a mensagem e o mensageiro serão atacados por quem se opõe à verdade de Deus. Contudo, temos de fazer o delineamento ativo entre ataques contra a nossa pessoa (que devem ser ignorados) e ataques que visam a depreciar a mensagem.[9]

Se me defendo por não gostar de ser falsamente acusado, ou se ataco os outros porque sinto que o meu caráter foi desacreditado, então não estou agindo do modo que Jesus quer que eu aja. Entretanto, se estou defendendo a verdade do evangelho e, às vezes, uso linguagem condenatória para quem menospreza o evangelho, então não estou ultrapassando os limites do decoro cristão. Repetindo, se a questão for o meu caráter e pessoa, então devo aceitar os golpes como Jesus fez. Mas se a questão for o evangelho, então sou chamado a defendê-lo com rigor.

O melhor exemplo bíblico é, talvez, Jesus e a purificação do Templo, quando Ele expulsou os cambistas. Esse incidente causa perplexidade aos crentes, porque estamos acostumados com a imagem submissa e branda de Jesus. Imaginá-lo fazendo cordas para chicotear as pessoas enquanto vira as mesas afigura-nos muito em desacordo com o seu caráter. É comportamento que achamos mais condizente a um louco do que ao Filho do Homem.

Mas essa cena não deveria nos causar surpresa. O caráter de Deus estava em jogo, e Jesus não se equivocou em comunicar esse fato.

Ainda que fiquemos chocados com o evidente pouco caso que Jesus mostrou pela propriedade pessoal, Ele se preocupou mais com o caráter do Pai e em defendê-lo. Como observamos no capítulo 4, em vez de ser uma anomalia relacionada ao caráter de Jesus, a purificação do templo é um momento de definição.

Todavia, quando se tratava de sua pessoa, Jesus estava disposto a suportar insulto extremo e perseguição severa. Escarnecê-lo, cuspir-lhe no rosto e golpeá-lo fisicamente era recebido com condescendência suave, como eram recebidos os golpes e ataques constantes ao seu caráter sofridos ao longo do seu ministério. Lógico que Jesus via a diferença clara entre ataques à sua pessoa e ataques ao Deus Pai.

O meu problema, então, é fazer distinção entre os dois tipos de ataques. Quando falo ou defendo a verdade da fé cristã é freqüente eu ser atacado pessoalmente. É mais fácil as pessoas atacarem com argumentos *ad hominem** do que tratarem do cerne do assunto. Vemos isso claramente nos atuais debates sobre aborto e homossexualidade. Às vezes, ambos os lados fazem meros ataques pessoais ("assassinos de bebês" versus "odiadores de mulheres", ou "pervertidos depravados" versus "fanáticos e homófobos"), sem tratar do âmago da questão. Nem um dos lados está acima de tais estratégias.

O verdadeiro discípulo de Cristo é chamado para ter grande discernimento e autocontrole nessa área. Se formos pessoalmente atacados, o ensino de nosso Senhor é cristalino: não retaliar. Por mais que me seja difícil separar as minhas convicções religiosas de minhas convicções pessoais — porque em que acredito é o que sou —, é assim que tenho de fazer. Cruzo com pessoas que me menosprezam por nenhuma outra razão que a minha fé em Jesus, mas quando os seus ataques são lançados à minha pessoa e não apenas à minha fé, fico na defensiva. Sou aquilo em que acredito. Se você diz que as minhas crenças são absurdas e incultas, você insinua a mesma coisa sobre a minha pessoa.

Já fui falsamente atacado e caluniado, as minhas opiniões ridicularizadas e torcidas, e coisas em que não acredito me foram atribuídas indevidamente, tudo no esforço de desacreditar o meu caráter e, por conseguinte, as minhas crenças cristãs. Já me chamaram de "idiota" ligeiramente divertido até algo muito mais vulgar.

E repliquei com igual veemência. Defendi-me, mostrando as mentiras e a calúnia, intercaladas com as minhas próprias palavras aviltantes, e me jogaram na cara: "Você se diz crente? Então é assim que os crentes agem?" Às vezes, fico imaginando quantas pessoas desviei do Reino de Deus agindo dessa maneira.

Essa abordagem "mensagem *versus* mensageiro" requer extrema precaução e muita prudência. Tão certo quanto tenho dificuldade em distinguir entre a minha mensagem sendo atacada *versus* a minha pessoa, as pessoas do mundo também sentem o mesmo. Em outras palavras, podemos confundir condenar o pecado com condenar o pecador. Quando condenamos o comportamento pecador, que é algo tão chegado e querido ao coração dos incrédulos, não há como não sermos fortemente atacados e, na maioria das vezes, atacados pessoalmente. Nesse caso, temos de esforçar-nos para continuar sendo amorosos e gentis, nunca negando a verdade do evangelho, mas também não levando em conta as agressões pessoais.

"Não tornando mal por mal ou injúria por injúria; antes, pelo contrário, bendizendo, sabendo que para isto fostes chamados, para que, por herança, alcanceis a bênção" (1 Pe 3.9). Não temos sequer o consentimento de sermos indiferentes, pois a nossa obrigação é abençoar quando formos pessoalmente atacados.

POR QUE TEMOS DE AMAR OS NOSSOS INIMIGOS?

Como já comentado no Sermão da Montanha, Jesus quer que a justiça dos discípulos ultrapasse a dos fariseus. O Senhor dá duas razões.

Filhos de nosso Pai

A primeira razão é que, como filhos de Deus, temos de imitar o caráter de nosso Pai: "Para que sejais filhos do Pai que está nos céus; porque faz que o seu sol se levante sobre maus e bons e a chuva desça sobre justos e injustos" (Mt 5.45). Nesse aspecto, Deus não mostra favoritismo; se quisermos ser seus filhos, também não devemos mostrar favoritismo.

Há um fato ocorrido durante a Reforma Protestante do século XVI que exemplifica esse assunto. Os católicos e protestantes odiavam e menosprezavam os anabatistas, um grupo de cristãos protestantes. Durante várias décadas, os anabatistas sofreram perseguição terrível às mãos de outros cristãos. Certo relato conta que um anabatista estava sendo perseguido por vários cristãos luteranos que queriam executá-lo. Em sua fuga para salvar a própria vida, o anabatista cruzava um lago congelado. Em determinado ponto, o gelo quebrou e um dos perseguidores caiu no lago. O anabatista parou e voltou correndo para salvá-lo de afogar-se. Assim, ele foi capturado.

Podemos achar esse comportamento estranho ou tolo. Mas a questão é: Se tivesse sido o meu amigo que caiu no lago, eu não tentaria salvá-lo? Então, por que, agora que é o meu inimigo, eu não faço o mesmo?

Certa objeção lógica nos surge à mente de maneira súbita: Deus não castiga os malfeitores? Assim, o sol se levanta e a chuva desce sobre eles, mas isso não nega o fato de que Ele também os castiga. Podemos até estar tendo imensa satisfação com isso, dizendo: "Deus está decretando o julgamento, e eu sou o seu instrumento de vingança". Em outras palavras, se sou chamado para imitar a Deus, também posso imitá-lo no julgamento? Mas há uma enorme diferença entre o que Deus nos manda fazer e o que Deus faz. Em suma, Ele não permite que façamos vingança ou retaliação com as nossas próprias mãos. Então por que Jesus usa o exemplo do sol e da chuva quando ordena que amemos os nossos inimigos?

Penso que a resposta está na idéia do arrependimento. Somos limitados em nossa compreensão, e não estamos a par do que Deus pretende fazer no futuro. Existe a possibilidade dEle querer atrair as pessoas para si por meio de nossa mansidão, bondade e espontaneidade de suportar os maus-tratos. "O Senhor não retarda a sua promessa, ainda que alguns a têm por tardia; mas é longânimo para convosco, não querendo que alguns se percam, senão que todos venham a arrepender-se" (2 Pe 3.9). Se Deus dá chance para o arrependimento, assim também devemos fazer.

Se tudo que fazemos é insultar quando insultados, golpear quando golpeados ou odiar quando odiados, a única coisa que podemos esperar dessas pessoas é mais insultos, mais golpes e mais ódio. Pagar o mal com o mal só prolongará o mal. Um antigo ditado zulu ensina essa mesma verdade: "Quem morde será mordido".

De alguma forma Deus mostra a sua graça a todas as pessoas. Teologicamente, chama-se "graça comum", e dela vêm duas reações diferentes. A primeira é que as pessoas responderão a essa graça comum, se arrependerão e serão salvas. A outra é que elas continuarão endurecendo o coração para Deus e inevitavelmente serão castigadas.

Como você e eu sabemos quem é quem? Como saber se o nosso inimigo acabará se arrependendo ou continuará de coração duro? Você quer que um dia Deus lhe diga que você teve algo a ver com a contínua dureza do coração do seu inimigo? Ou prefere que Deus lhe diga que a sua mansidão e comportamento não retaliativo ajudaram a levar essa pessoa a Cristo? Espero que a escolha seja óbvia.

> A ninguém torneis mal por mal. [...] Não vos vingueis a vós mesmos, amados, mas dai lugar à ira, porque está escrito: Minha é a vingança; eu recompensarei, diz o Senhor. Portanto, se o teu inimigo tiver fome, dá-lhe de comer; se tiver sede, dá-lhe de beber; porque, fazendo isto, amontoarás brasas de fogo sobre a sua cabeça. Não te deixes vencer do mal, mas vence o mal com o bem. *(Rm 12.17a,19-21)*

Já que Deus mostra a sua graça comum a todas as pessoas, também devemos fazer o mesmo.

Uma Justiça Superior

A segunda razão que Jesus dá para termos de amar os nossos inimigos está registrada em Mateus 5.46,47: "Pois, se amardes os que vos amam, que galardão tereis? Não fazem os publicanos também o mesmo? E, se saudardes unicamente os vossos irmãos, que fazeis de mais? Não fazem os publicanos também assim?" Jesus quer que os seus discípulos tenham uma justiça superior. Se tudo que fazemos é agir como não-crentes, como podemos nos considerar o sal da terra e a luz do mundo?

Jesus não nos chama para sermos indiferentes aos nossos inimigos e amorosos aos nossos irmãos, vizinhos, familiares ou amigos. Ele nos chama para amar todas as pessoas, até os nossos inimigos. Agimos como sal, evitando que o mundo aumente em decadência e ódio, e agimos como luz, atraindo as pessoas ao amor de Cristo. Se tudo que fazemos é pagar o mal com o mal, só estamos afastando as pessoas de Cristo.

Claro que podemos perguntar: "Quem é o meu inimigo?" Imagino que cada um de nós individualmente tenha uma boa resposta a essa pergunta. Pode ser o chefe que o maltrata no trabalho, ou alguém que o odeia e espalha mentiras maldosas sobre você, ou até o membro da família que abusou de você ou o depreciou durante anos. Coletivamente, como cristãos, consideramos nossos inimigos os que se opõem ao cristianismo, ou os que se opõem à moralidade e ética cristã que desejamos que a nossa sociedade mantenha. Os nossos inimigos podem ser as pessoas que, em geral, se opõem ao povo de Deus. Jesus ordena, ou seja, Ele não sugere como se tivéssemos a escolha, que amemos os nossos inimigos e oremos por eles.

Antes de ser rei, Davi teve um inimigo claro, o rei Saul. Certo dia, Saul levou três mil homens para encurralar e matar Davi no deserto. Inacreditavelmente, enquanto Davi estava escondido na parte de trás de uma caverna, Saul entrou para aliviar-se. Davi teve a chance de aproximar-se sorrateiramente de Saul e acabar com os seus problemas uma vez por todas, matando-o. Em vez disso, ele cortou um canto do manto de Saul. Depois que Saul saiu da caverna, Davi o chamou e lhe mostrou o pedaço cortado para provar que não tinha a menor intenção de fazer mal ao rei.

Veja o que Davi disse a Saul:

> Julgue o Senhor entre mim e ti e vingue-me o Senhor de ti; porém a minha mão não será contra ti. Como diz o provérbio dos antigos: Dos ímpios procede a impiedade; porém a minha mão não será contra ti. O Senhor, porém, será o juiz, e julgará entre mim e ti, e verá, e advogará a minha causa, e me defenderá da tua mão. *(1 Sm 24.12,13,15)*

Inacreditavelmente, Davi teve outra chance de matar Saul. Desta feita, ele apanhou como prova a lança e a bilha de água de Saul, e novamente não matou o rei. Nessa segunda vez, Saul dá mostras de ter um momento de arrependimento quando, chorando, disse a Davi: "Mais justo és do que eu" (1 Sm 24.17). Mas, como sabemos, o seu arrependimento foi de pouca duração. Davi esperara que as suas ações para com Saul fizessem o rei ceder, porém mesmo que Saul não cedesse, Davi confiou a sua causa a Deus.

Há sabedoria prática em amar os nossos inimigos. Se os odiarmos, eles sempre permanecerão os nossos inimigos. Como disse Abraham Lincoln: "A melhor maneira de eliminar os nossos inimigos é torná-los nossos amigos". Odiar os nossos inimigos e procurar causar-lhes dano não nos faz diferentes dos não-crentes que fazem a mesma coisa. Jesus espera mais dos seus discípulos.

Também há grande liberdade em amar os nossos inimigos e orar por eles. Apenas considere o oposto. Considere a quantidade de energia emocional desperdiçada quando alimentamos amargura e ódio pelos outros, ou quando maquinamos o seu fim. Tenho de admitir que, por breve tempo, tal conspiração me dá prazer, mas, com o decorrer do tempo, tudo que faz é esgotar a minha vitalidade espiritual. No fim, acabei percebendo que perda de tempo foi andar pelo centro da cidade de Windhoek olhando o chão, esperando me vingar dos ladrões que me assaltaram. Há paz muito maior em entregar o assunto a Deus, pois só Ele julga com justiça e tem a competência para fazê-lo.

O nosso mundo está cheio de ódio. Já imaginou se todos os crentes do mundo começassem a comportar-se do modo prescrito aqui por Jesus? Imagine a transformação que aconteceria, tanto na vida desses cristãos fiéis quanto na vida dos incrédulos. Claro que sempre haverá homens maus que vêem o amor e o perdão como sinais de fraqueza, particularmente quando demonstrados pelos inimigos, e que se apressarão em explorar isso. Mas isso não bastaria para começar a negar a revolução que se daria na humanidade se aprendêssemos a amar os nossos inimigos e procurar ganhá-los.

Dois exemplos do século XX, um indiano e outro sul-africano, ambos não declaradamente cristãos, mas que exibiram esse tipo de amor, comprovam como é fascinante tal amor. Mahatma Gandhi atribuiu a sua resistência não-violenta aos ensinos de Jesus. Muitos viram nesse comportamento uma força extraordinária não exibida por quem violentamente se opõe aos seus inimigos.

O outro exemplo é Nelson Mandela. Depois de passar mais de duas décadas injustamente preso sob o poder do regime do Apartheid, Mandela emergiu como o líder da África do Sul e o seu primeiro presidente democraticamente eleito. Com as rédeas do poder nas mãos, teria sido fácil ele ter se vingado dos seus inimigos, porém Mandela tomou um caminho mais sublime. Ele instituiu um tempo de reconciliação sem precedentes no continente africano, e hoje o mundo acertadamente o estima. Embora não-cristão professo, Mandela foi obviamente influenciado pelo cristianismo da sua pátria.

Mais um exemplo do século XX temos na pessoa de Martin Luther King Jr., que foi nitidamente influenciado por esse ensino de Jesus. Os outros líderes negros do movimento dos direitos civis exigiam confrontação violenta aos que se opunham à liberdade deles, mas o Dr. King não agiu de tal forma. Hoje, os Estados Unidos honram a oposição não-violenta que ele assumiu tendo um feriado público.

GRAUS DE AMOR

A verdade simples é que odiar os nossos inimigos nos desvia de amar a Deus. Se queremos mesmo ser chamados filhos de Deus, então esse mandamento de Jesus se posta à vanguarda do discipulado cristão e não como um apêndice. Não podemos dizer que amamos a Deus quando odiamos os nossos inimigos.

A Bíblia reconhece que há diferentes tipos ou graus de amor. Em certo nível, está o amor simples de família, talvez o tipo de amor mais fácil. O amor familiar nos vem naturalmente e, em geral, não precisa ser forjado. É a esse tipo de amor que Jesus se referiu quando declarou que os seus discípulos têm de "aborrecer a seu pai, e mãe" (Lc 14.26), assunto em que entraremos em um capítulo posterior.

O próximo nível é o amor de irmão, o termo comum usado ao longo do Novo Testamento para referir-se aos crentes. O amor fraternal pode não vir tão naturalmente quanto o amor familiar e pode ser mais difícil de imaginar. Todos nós lembramos de ocasiões em que, ao toparmos com outros crentes, sentimos imediatamente um vínculo comum por meio de Cristo. Tenho tido contato com muitos crentes de culturas bastante diferentes da minha, mas instantaneamente se apresenta um amor entre nós em virtude de nossa fé compartilhada. Mas isso não significa que o amor fraternal sempre seja fácil, sobretudo na igreja onde pode haver conflitos entre crentes de pontos de vista discrepantes. A Primeira Epístola de João é a declaração requintada sobre o amor fraternal, especialmente os versículos 20 e 21 do capítulo 4, onde ele diz que não podemos afirmar que amamos a Deus se não amarmos os nossos irmãos.

O amor ao próximo é um tipo mais geral de amor que abrange todos com quem entramos em contato em nossa comunidade, no local onde estudamos ou trabalhamos, nos negócios ou no lazer. Algumas vezes fácil, outras vezes mais difícil, o amor sociável é expresso no versículo: "Tudo o que vós quereis que os homens vos façam, fazei-lho também vós".

Em seguida, está o amor aos nossos inimigos, que é talvez o nível de amor mais difícil. Neste caso, não há o amor instintivo como há no amor familiar, nem há o vínculo comum que acompanha o amor fraternal. Também não é tão fácil quanto o amor sociável que, embora às vezes difícil, não envolve uma pessoa que esteja assídua e diligentemente se opondo a nós ou fazendo-nos mal. O amor aos nossos inimigos é, talvez, o amor mais antinatural de todos.

Por último, claro, está o amor a Deus. De maneira estranha, o amor aos nossos inimigos nos ensina a amar melhor a Deus, orientando-nos a imitar o seu caráter. Se Deus não demonstrasse amor pelos seus inimigos, como Paulo argumenta em Romanos 5.6-11, estaríamos sem esperança. O amor aos nossos inimigos é um dos meios como nos tornamos "imitadores de Deus" (Ef 5.1).

Jesus fala que os descrentes amam os seus familiares e amigos, e se os discípulos fazem o mesmo, não estão fazendo nada de excepcional. Mas o amor aos nossos inimigos, esse sim é um amor que excede. Trata-se de um amor que não nos vem naturalmente, mas deve ser recebido pelo poder do Espírito de Deus. "Pagar o bem com o mal é diabólico; pagar o bem com o bem é humano; pagar o mal com o bem é divino."[10] Concluindo o seu ensino sobre esse assunto, Jesus disse aos discípulos: "Sede vós, pois, perfeitos, como é perfeito o vosso Pai, que está nos céus" (Mt 5.48). Terá sido por acaso que esse mandamento consta exatamente depois do seu ensino sobre amar os inimigos?

AMOR PERFEITO

Nesse mandamento severo de amar o meu inimigo encontro, milagrosamente, uma paz perfeita que transcende todo o meu entendimento. Quando começo a amar o meu inimigo e a orar por ele, ocorre uma transformação maravilhosa — não necessariamente em meu inimigo, mas em mim. Começo a avançar mais no espectro de transformação segundo a imagem do Filho de Deus. Acerca dos que me assaltaram, deixei de ter a esperança de que o mal lhes acometesse e passei a nutrir a esperança de que eles se arrependam genuinamente dos seus pecados e busquem o perdão de Deus. Os descrentes querem ardentemente que o mal se abata sobre os seus inimigos, mas os discípulos de Jesus Cristo desejam que as bênçãos venham sobre eles.

Porém, para atingir esse amor perfeito, tenho de submeter-me ao poder do Espírito Santo. Não é algo que seja atingido com a minha própria força. A minha inclinação natural não é apenas odiar os meus inimigos, mas odiar esse mandamento também.

A questão é de mera confiança. Será que confio em Deus o bastante para submeter-me a esse ensino, ou prefiro fazer as coisas do meu próprio jeito? Em submissão, percorro o caminho da humildade para aprender a arte do amor espiritual.

Esta é a minha chamada. É mandamento do nosso Senhor Jesus Cristo. Tolerar qualquer coisa abaixo dessa perfeição é tolerar o pecado em minha vida. Estou convencido de que se tomar a sério esse ensino, serei transformado na pessoa espiritual que Jesus quer que eu seja. Não devo agir como descrente. Cristo me convoca para viver uma chamada mais sublime. Que Deus me dê a graça para viver como devo.

Esquivamo-nos da prova? Achamos impossível fazer o bem aos nossos inimigos? Se esse for o caso, então, com certeza, ainda temos de nos converter.[11]

J. C. Ryle

* **N. do T.:** *Ad hominem* é locução latina que significa "contra a pessoa". Diz-se de argumento falacioso ou errôneo, identificado quando alguém responde a um argumento com uma crítica a quem fez o argumento visando a confundir o oponente.

7

A ARTE DO PERDÃO ESPIRITUAL

Se, porém, não perdoardes aos homens as suas ofensas, também vosso Pai vos não perdoará as vossas ofensas.

JESUS CRISTO, MATEUS 6.15

Há poucos mandamentos que as Escrituras do *Novo Testamento nos ordenam com tanta veemência quanto esse, e poucos cujo descaso nos exclui com tanta firmeza do Reino de Deus.*

J. C. RYLE (1816-1900),
MINISTRO ANGLICANO, *COMENTÁRIO DO EVANGELHO SEGUNDO MATEUS*

Desde a nossa chegada inicial, em 1994, minha esposa Rachel e eu já passamos vários períodos como missionários na Namíbia. Cada período é de cinco anos, sendo que quatro são passados no campo missionário e um de licença ou de serviço nos Estados Unidos. Por causa das despesas de viagem entre a Namíbia e os Estados Unidos, só em raras ocasiões consideramos viajar à América antes de nosso ano de licença.

Uma dessas ocasiões aconteceu em 1997, quando Rachel voltou aos Estados Unidos para o casamento da irmã. Na época, tínhamos três filhos, e o mais novo tinha pouco mais de um ano de idade e necessitava de cuidados mais constantes. Era uma excelente oportunidade para Rachel voltar aos Estados Unidos e ficar lá as três semanas que ela planejara. Permaneci na Namíbia com os nossos dois filhos mais velhos que estavam, então, com cinco anos e três anos, respectivamente.

Certa manhã de domingo, fui à igreja com os meus dois pequerruchos quando uma jovem, a quem conhecíamos, perguntou-me onde Rachel estava. Contei-lhe sobre a viagem aos Estados Unidos, e ela mostrou-se ligeiramente interessada. Naquela mesma tarde, ouvi alguém chamando do lado de fora da cerca de casa, e era a mesma mulher. Disse-me que estava pelas vizinhanças e pensou em fazer-nos uma visita rápida. Deixei-a entrar. Ela ficou por pouco tempo e depois foi embora. Exceto na igreja ou a ocasião acidental de eu topar com ela na cidade, nunca mais a vi.

Um ano depois, terminou o nosso primeiro período na Namíbia, e voltamos aos Estados Unidos por um ano. Em 1999, retornamos à Namíbia para iniciar o nosso segundo período. Só alguns meses depois foi que um amigo da igreja me contou os boatos que circulavam sobre mim durante o ano que ficamos de licença. Fiquei chocado com o teor dos boatos, mas quando investiguei, outros amigos me contaram histórias semelhantes. Durante a nossa ausência, a jovem visitante de nossa igreja falou para as pessoas que eu lhe fizera propostas sexuais.

Os boatos eram perturbadores. Felizmente, vários amigos a quem essa mulher fofocara não acreditaram nas histórias, e eles foram amáveis em me contar tudo. Cada história tinha uma invenção diferente de como eu supostamente fizera tais avanços sexuais; não havia duas histórias iguais.

Por ironia, uma das mulheres a quem ela contou essas mentiras sabia muito bem de algo comparável. Em 1997, o ano em que essa jovem visitara a minha casa, ela havia feito acusações semelhantes contra o marido de minha amiga. Certa tarde, essa mesma mulher visitou a casa dele inesperadamente enquanto a esposa estava fora, e ele a deixou entrar para uma visita breve. Depois, ela espalhou o boato de que tivera um caso com o homem. Todas as pessoas envolvidas freqüentavam a mesma igreja. O ministério fizera uma investigação sobre o assunto. Chegaram à conclusão de que era mentira, e disciplinaram a jovem.

Durante o nosso ano de ausência, ela aproveitou a oportunidade para espalhar as mesmas mentiras maldosas sobre mim quando eu não estava presente para contestá-las. Até que juntei todas as peças do quebra-cabeça, havia se passado quase dois anos e meio da visita que ela fez à nossa casa.

Encontrava-me diante de uma decisão difícil: investigar o assunto a fundo em caráter oficial com a igreja ou deixar que morresse por si. Levando em conta que a visita dela à minha casa ocorrera há trinta meses e percebendo que ninguém (com quem eu falara) acreditara nas fofocas levantadas contra mim, resolvi abandonar o caso.

Inacreditavelmente, foi só em 2002 quando o nosso diretor de campo missionário pediu para falar comigo em particular que o assunto voltou novamente à baila. Era óbvio que a mulher ainda estava me caluniando, agora, depois de cinco anos, pois ele ficara sabendo disso por um amigo. A essa altura, a mulher já era bem conhecida por ser mentirosa, visto que vinha tentando fazer a mesma coisa com muitos outros homens casados, a ponto de ela ser excluída da igreja por um ano. Mesmo assim, o meu chefe de missão queria saber sobre o assunto e o que eu achava que deveria ser feito.

Para tornar as coisas piores, vinha ocorrendo muita animosidade entre a missão americana e a igreja namibiana durante muitos anos. Alguns na liderança da igreja entendiam que a missão já cumprira os seus objetivos e precisava deixar o país. Felizmente, muitos de nós, missionários, estávamos envolvidos em outros ministérios fora da igreja, e a idéia de a missão deixar completamente o país era, na melhor das hipóteses, questionável. Foi nessa atmosfera que o meu diretor de campo queria mais informações sobre o boato que ouvira acerca de minha conduta sexual imprópria com uma jovem na igreja.

Mais uma vez encontrava-me diante da questão sobre o modo de agir. Fazer uma reclamação formal ao ministério da igreja acentuaria os problemas que já existiam entre a agência missionária e a igreja namibiana. Por outro lado, não fazer nada daria a impressão de que havia alguma verdade nas alegações. A escolha era difícil.

Tenho de confessar que durante a experiência penosa havia amargura em meu coração. Rachel e eu discutimos o assunto. Por vezes, a minha raiva chegava a tal extensão que eu não me importava com o que acontecesse, contanto que pudesse fazer calar essa mulher difamadora. A irracionalidade vinha à tona em meus pensamentos, e passei muitas noites sem dormir ponderando o mal que eu poderia lhe causar.

Bem no fundo do meu ser, eu sabia que não podia retaliar ou tomar qualquer medida que viesse da vingança. O melhor curso e o único mais bíblico era, primeiro, confrontar pessoalmente a mulher antes de falar com a igreja. Mas levando em conta as alegações de má conduta sexual, nem de longe eu faria isso sozinho. Minha esposa e eu decidimos nos reunir com ela para discutir o assunto. Marcamos um dia e hora, e fomos conversar com ela.

Ela demonstrou surpresa por eu ter levado minha esposa comigo, embora eu lhe dissesse que a levaria. Levei também um gravador e o coloquei entre nós; assim, ela sabia que tudo que dissesse seria gravado. Perguntei-lhe especificamente pelos rumores que eu ouvira e os comentários atribuídos a ela. Diante de cada rumor ou comentário ela negava tê-los dito.

No fim da conversa, disse-lhe que nunca mais queria ouvir esses rumores, mas que estava satisfeito com as respostas que ela dera. Desde então, nunca mais falei com ela.

Enquanto escrevo estas linhas, faz três anos que ocorreu essa conversa. Mês passado, fiquei sabendo por um amigo que a mulher difamadora mentiu sobre a conversa que minha esposa e eu tivemos com ela, tentando desacreditar a gravação da fita e o que fora gravado. Ainda tenho a fita, mas decidi encerrar o assunto pouco importando o que mais eu ouvisse falar da sua difamação.

Mas eu *perdoei* a mulher? Parte de mim responde sim à pergunta, mas será que esse perdão é apenas um produto da passagem do tempo e da perda de memória? Mês passado, quando o assunto sobre a mulher e o gravador veio à tona, em questão de segundos a amargura inundou-me o coração e fiquei com raiva. Hoje, faz oito anos desde que deixei aquela mulher entrar em minha casa, e ela ainda tem esse desejo doentio de me caluniar. Quando é que isso vai terminar?

Há uma sobreposição natural entre este capítulo e o anterior. A capacidade de amar os inimigos tem a condição prévia de perdoá-los.

Neste sentido, o capítulo presente teria sido mais logicamente tratado antes do capítulo passado. Contudo, vejo a questão do perdão muito mais ampla do que a questão de amar os inimigos.

O ato de perdão não envolve necessariamente um inimigo, embora com freqüência envolva. Nessas ocasiões, quando somos feridos ou prejudicados por alguém, nesse momento essas pessoas se tornam inimigas, e muito do que dissemos no capítulo anterior aplica-se ao contexto do perdão. Como distinção geral, porém, considero inimigo aquele com quem há uma luta contínua, ao passo que o perdão é um assunto que já passou e pode envolver aqueles que mais amamos. A diferença entre os dois é tamanha a ponto de garantir uma discussão específica sobre o perdão. Para começar, Jesus fala sobre perdoar os outros, e é aqui que muitos cristãos fracassam.

"PAI, PERDOA-LHES"

Como nos é fácil abrigar inimizade por quem nos fere, achando boa justificativa para agirmos assim. Por vezes, sob o pretexto do auto-respeito, guardamos rancor porque nos seria indigno permitir que a infração passasse sem ser mencionada. Ou podemos ser tão estúpidos quanto buscar vingança só porque podemos nos vingar.

Um estudo dos Evangelhos revela a proeminência do perdão no ensino de Jesus. Por exemplo, é o único item da Oração Dominical no qual Jesus se estende. Diversas parábolas famosas o empregam como tema principal (por exemplo, a parábola dos trabalhadores na vinha, a parábola do filho pródigo). Também há outros exemplos do ensino de Jesus que expressam esse mandamento de forma didática ("[perdoar] até setenta vezes sete"). É um dos elementos mais notórios do ensino de Jesus, como não deveria deixar de ser.

Talvez o exemplo mais incrível de perdão venha do próprio Senhor Jesus. Quando estava pendurado na cruz, o sangue vertendo do corpo ferido, Ele gastou parte da sua limitada energia e fôlego para orar pelos que o crucificaram: "Pai, perdoa-lhes, porque não sabem o que fazem" (Lc 23.34a).

Temos de manter firmemente esse exemplo em mente quando nos dedicamos à tarefa difícil de entender o que significa ser um perdoador.

Jesus nunca pede que façamos algo que Ele mesmo não tivesse feito de bom grado. Nesse caso, se Ele pede que perdoemos as pessoas mesmo quando elas nos fazem os atos mais odiosos e horríveis imagináveis, não está pedindo que façamos algo estranho à experiência que Ele tem. Jesus foi insultado, escarnecido, ridicularizado, desprezado e sofreu o pior tipo de execução conhecido nos tempos romanos. E preste atenção a este detalhe: Ele não era culpado de absolutamente nada. O inocente Filho de Deus recebeu abusos e maus-tratos de pecadores corruptos e, mesmo assim, estava disposto a perdoar.

Se esse é o exemplo que Ele fixou para nós, como podemos afirmar que não precisamos ser perdoadores, ainda mais que por causa da nossa pecaminosidade temos parte na alienação e confrontação que experimentamos com os outros pecadores? Aliás, como veremos a seguir, o mandamento de Jesus não objetiva ser uma prática ocasional ou algo a ser executado em ocasiões especiais. Trata-se de um mandamento para o perdão *ilimitado* em nosso benefício, o tipo de perdão que Jesus está disposto a nos dar.

ESTÁ TUDO NAS PARÁBOLAS

A parábola do filho pródigo ou perdido nos aquece o coração por causa do espírito perdoador que o pai mostrou ao filho rebelde. Se Jesus tivesse terminado a história dizendo que o pai exigiu que o filho devolvesse cada centavo da herança que ele futilmente desperdiçara, ou que levasse meses ou até anos para que o pai recebesse o filho de volta calorosamente, teríamos uma parábola que poucas pessoas achariam tocante. Contudo, tenho certeza de que muitas pessoas ainda achariam a parábola satisfatória, pensando: *Esse filho inútil recebeu exatamente o que merecia.*

O fato é que se todos nós recebêssemos de Deus o que merecemos, nenhum de nós viveria. Sempre fico estupefato quando vejo crentes proclamarem que Deus não foi justo com eles, ou terem a audácia de dizer as palavras: "Deus, eu exijo que faças justiça". Se for justiça que queremos de Deus, nenhum de nós apreciará os resultados. Para que o Deus santo fosse justo com os pecadores, Ele teria de nos castigar. A justiça significaria sermos pendurados na cruz no lugar de Jesus.

Esta é a realidade: O que recebemos de Deus é misericórdia. Misericórdia pura e completa. Recebemos o que *não* merecemos. A justiça nos teria feito sofrer o castigo e a pena pelos nossos pecados cometidos contra um Deus eterno. A misericórdia é o que de fato obtivemos. O Filho de Deus veio e sofreu a nossa pena por nós.

A parábola dos trabalhadores na vinha (Mt 20.1-16) é instrutiva neste ponto. Certos homens concordaram trabalhar pelo salário de um dia cumprindo doze horas de trabalho. Percebendo que precisava de mais trabalhadores, o dono da vinha sai e contrata mais trabalhadores em pontos diferentes ao longo do dia. Alguns trabalhadores chegam bem tarde e trabalham só uma hora.

Quando chega o momento de pagar todos os trabalhadores, o dono da vinha dá o mesmo salário a todos. Os trabalhadores que chegaram cedo, que suportaram "a fadiga e a calma do dia", receberam a mesma quantia que os trabalhadores que trabalharam apenas uma hora. Os primeiros reclamaram, e entendemos a razão, porque superficialmente a situação parece injusta.

Mas Jesus não dá margem a tal entendimento. Na parábola, o dono da vinha representa Deus Pai, e lemos que os homens que trabalharam o dia inteiro receberam exatamente o que eles no início haviam concordado em receber: o salário de um dia cheio. Diante das reclamações, o dono da vinha responde que os homens não deveriam se ressentir pela generosidade feita aos trabalhadores que chegaram tarde: "Não me é lícito fazer o que quiser do que é meu?" Na parábola, os trabalhadores que trabalharam o dia todo recebem justiça (eles recebem exatamente o que mereciam), ao passo que os trabalhadores que chegaram tarde recebem graça ou misericórdia (eles recebem o que não mereciam).

Precisamos ir além da falsa dicotomia de justiça e injustiça, quando se tratar dos procedimentos de Deus para com a humanidade. Não existe tal separação. Deus nunca trata injustamente os seres humanos pecadores. Mais exatamente, é justiça e misericórdia. Temos de abandonar as nossas idéias artificiais de justiça, porque elas não se aplicam a Deus. A generosidade de Deus transcende as idéias humanas de justiça.

Muitos cristãos têm a atitude dos trabalhadores que chegaram cedo. Eles acreditam que merecem a graça de Deus, a qual, claro, não seria graça nenhuma. Graça é favor imerecido mostrado a quem só merece castigo; por definição, graça é injustificada e imerecida.

Se um homem vem e trabalha em meu jardim, eu o pago, porque ele ganhou o pagamento. Dizemos que isso é mérito. É o oposto de graça. Se um homem vem e rouba o meu carro, e eu o pego, mas o deixei ir, então ele recebeu graça. Graça e mérito são opostos.[1]

Em escala mais ampla, temos de entender que a nossa salvação vem inteiramente como um ato livre da graça feito por Deus. Se quisermos confiar em nossas obras, então podemos confiar nelas para ir diretamente ao inferno. Os que fazem obras, fazem obras para si em direção ao inferno. A entrada no céu é pela graça; a entrada no inferno é pelas obras. Ser salvo pela graça significa que todo o processo de salvação é pela graça.

- Somos salvos pela graça, mas permanecer em nossa salvação não é produto de nossas obras.
- Não podemos fazer acréscimos à graça, como se a nossa salvação fosse uma cooperação entre nós e Deus.
- Não podemos perder a nossa salvação, pois implicaria na capacidade de fazer obras para mantê-la.

Entender a graça assim é instrutivo em relação ao perdão, porque temos de entender que tudo que recebemos de Deus é imerecido. *Tudo*. Sempre teremos a tendência a abrigar amargura e rancor enquanto estivermos entendendo erroneamente a misericórdia de Deus mostrada a nós. Sempre que eu acreditar que tudo que tenho é meu e o que tenho é por merecimento, estarei menos inclinado a mostrar misericórdia aos outros. Afinal de contas, se eles me prejudicaram, eu mereço recompensa pelo meu sofrimento.

De modo oposto, se me dou conta da minha pobreza e penúria espiritual, entendendo que recebo tudo que tenho como se eu fosse um mendigo, então conceder perdão aos outros fica fácil. Sim, eu disse fácil, não mais fácil. Quando reconhecemos que toda a nossa relação com Deus é graça imerecida, ou seja, favor mostrado a nós quando tudo que merecemos é castigo e ira de Deus, então conceder perdão aos outros deveria ser fácil para nós.

Alguém nos prejudicou, nos caluniou ou nos maltratou? O que merecem, claro, é castigo. O que eles merecem é suportar o mesmo que fizeram aos outros. Mas Jesus espera que os discípulos não pensem assim. Temos a terrível tendência a desejar misericórdia quando fazemos mal aos outros, mas a ser parcimoniosos em oferecê-la aos que nos fazem mal. Um espírito não perdoador quase sempre é produto de uma falsa visão de nós mesmos e de nossa salvação, colocando-nos em um pedestal acima dos outros. Mas quando nos damos conta de que Deus nos mostra favor imerecido, seremos prestimosos em mostrá-la aos outros.

A PARÁBOLA DO CREDOR INCOMPASSIVO

É difícil classificar as parábolas em ordem de grau de julgamento e horror, mas se o fizéssemos, a parábola do credor incompassivo (Mt 18.23-35) estaria entre os primeiros lugares. Essa decisão não é feita tanto pelos detalhes da parábola quanto pelo comentário final: "Assim vos fará também meu Pai celestial, se do coração não perdoardes, cada um a seu irmão, as suas ofensas" (Mt 18.35). Com isso, temos um ensino claro sobre como Deus agirá conosco caso não formos perdoadores.

Os detalhes da parábola estão sujeitos à hipérbole. Para impressionar, Jesus contrasta a grande quantia de dinheiro que o servo devia ao rei[2] à quantia que um servo menos importante devia ao primeiro servo, cujo montante não chegava ao salário de um dia. A dívida do servo ao rei era tão grande que o rei determinara vender a esposa e os filhos do servo à escravidão, além de confiscar todas as suas posses materiais. A lição que Jesus está ensinando, claro, é que o servo não podia pagar tamanha dívida. O paralelo com nossa vida é que temos uma dívida semelhante a pagar a Deus, uma que não podemos pagar.

Implorando por misericórdia, o servo é atendido pelo rei, que lhe cancela toda a dívida. Esse inconcebível ato de bondade deveria ter levado o servo, estando em situação semelhante, a agir pelo mesmo critério. Se o servo tivesse feito isso, não teríamos uma parábola. O servo perdoado encontra outro servo que lhe devia tamanha ninharia de dinheiro que nem vale a pena mencionar. Demonstrando falta de consciência da grande misericórdia que o rei lhe mostrara, o servo interpela fisicamente esse outro servo e o lança na prisão, embora o servo lhe implore mais tempo para pagar a pequena dívida. Daí o título da parábola. O servo que recebera grande misericórdia é incompassivo, ou seja, não tem compaixão.

Quando vemos tal atitude, ficamos acertadamente chocados e, como o rei Davi ao ouvir a história do profeta Natã, com vontade de bater em tal homem. Quer dizer, até que ficamos sabendo que o tal homem nos representa. A dívida que devemos a Deus era tão grande que nos era impossível pagá-la. Mas Deus, enviando o seu Filho, cancelou a dívida. Agora, levando em conta tal misericórdia, devemos agir nós de igual modo.

O caráter do rei na parábola exala misericórdia — até certo ponto. Quando ficou sabendo das ações do servo incompassivo, ele o agarra e o lança na prisão para ser torturado até pagar tudo que lhe deve. Claro que, estando preso, o servo não poderá pagar nada, e esse é o ponto central da parábola. Foi-lhe perdoada uma dívida que nunca poderia ser paga, e agora, por causa do seu coração não perdoador, ele saberá por experiência própria o quanto fora perdoado.

Jesus está nos dizendo que, como pessoas que foram perdoadas, devemos, por nossa vez, perdoar os outros. É absurdo termos uma dívida perdoada que chega ao montante de nossas vidas e, em seguida, sermos incompassivos com quem nos deve quantias bastante irrisórias. Quem teria razão de considerar imperdoável uma dívida finita (pecados cometidos contra outros pecadores), quando reconhece que foi perdoado de uma dívida infinita (pecados cometidos contra o Deus eterno)?

Na função de cidadãos do Reino dos céus, temos não só de perdoar, mas perdoar exaustivamente. Jesus apresentou essa parábola no contexto de uma pergunta feita por Pedro: "Senhor, até quantas vezes pecará meu irmão contra mim, e eu lhe perdoarei? Até sete?" A pergunta inicial de Pedro sobre perdoar alguém até sete vezes deriva-se da tradição judaica que determina que, sempre que a pessoa pecar contra alguém mais de sete vezes, esse alguém não tem mais a obrigação de perdoar. Jesus contradiz essa tradição judaica, afirmando a Pedro que ele tem de perdoar "até setenta vezes sete" (Mt 18.21,22). Isso não significa que depois de 490 vezes não haja mais a necessidade de perdoar o ofensor. Jesus está dizendo a Pedro, de modo poético, que ele tem de perdoar sempre.

Esse versículo repercute o ensino de Jesus registrado em Lucas 17.3-5: "E, se teu irmão pecar contra ti, repreende-o; e, se ele se arrepender, perdoa-lhe; e, se pecar contra ti sete vezes no dia e sete vezes no dia vier ter contigo, dizendo: Arrependo-me, perdoa-lhe. Disseram, então, os apóstolos ao Senhor: Acrescenta-nos a fé".

Gosto da resposta dos discípulos porque é honesta. Relaciono-me com a exasperação que demonstraram: "Acrescenta-nos a fé". O peso desse ensino não passou despercebido aos discípulos, e também não devemos deixar passar.

> *Não procurem se vingar daqueles que lhes fazem mal. [...] Façamos deles irmãos por meio da nossa bondade.*
> *Inácio de Antioquia (35-107),* A Epístola de Inácio aos Efésios

"DO CORAÇÃO"

A parábola do servo incompassivo termina com estas palavras: "Assim vos fará também meu Pai celestial, se do coração não perdoardes, cada um a seu irmão, as suas ofensas" (Mt 18.35). Esse mandamento de Jesus ficaria muito mais fácil se fossem suprimidas duas palavras: "do coração". Essas duas palavras nos tiram do perdão falso e nos colocam no perdão genuíno e verdadeiro, que é quase impossível de forjar. Se o mandamento fosse apenas para perdoar, sem outras estipulações, eu poderia passar por todas as articulações externas do perdão, sem realmente perdoar.

Dava de sorrir e acenar gentilmente para a pessoa, abraçá-la ou apertar-lhe a mão, e até entabular uma pequena conversa educada com ela, sem realmente tê-la perdoado em meu coração. O meu sepulcro teria a aparência esplendorosamente branca, enquanto que por dentro abrigaria o desprezo e a hostilidade amarga. "Do coração" evita o falso perdão, que me faz representar o papel de perdoador e fingir que não guardo rancor. Que impostores maravilhosos podemos ser, mas Jesus não nos dá o mínimo espaço para isso.

Sempre que penso nesse mandamento de Jesus e na sua aparente dureza, lembro-me do meu tio. Ele era um cara durão, que na Guerra do Vietnã serviu como piloto da força aérea americana; sempre respeitei o meu tio e ainda o respeito. Infelizmente, aos quarenta e cinco anos ele morreu de um fulminante ataque cardíaco.

Quando ele tinha quinze anos, sua mãe abandonou a família. Minha mãe, sua irmã mais nova, tinha doze anos, e meu avô, o pai delas, servia como ministro em uma igreja batista. Minha avó deixou um casamento de dezessete anos, levou a filha mais velha, que na ocasião tinha dezesseis anos, e mudou-se para a cidade grande, Filadélfia, a fim de entregar-se aos prazeres do mundo.

Minha mãe me contou a história, que ainda lhe causa dor, sobretudo a parte em que ela saiu correndo pela rua implorando que a sua mãe voltasse enquanto esta acelerava o carro para ir embora. Meu avô, hoje falecido, também falou sobre a dor que a situação lhe trouxe. Ocasionou-lhe problemas ministeriais, visto que poucas igrejas têm em alta conta um pastor cuja esposa o deixou.

Durante cinco anos, meu avô esperou que a sua esposa voltasse. Quando todos diziam que ele estava perdendo tempo e deveria entrar com o divórcio, ele não fez tal coisa. Ele esperou e orou para que ela caísse em si e voltasse para casa, mas ela nunca voltou.

Quanto ao meu tio, ele jurou nunca perdoar a sua mãe. Nunca. Por outro lado, minha mãe sempre procurou aproximar-se de sua mãe e irmã rebeldes com relativo sucesso por muitos anos. Particularmente na época do meu nascimento, o primogênito de minha mãe, a relação estava bastante forte, especialmente entre as duas irmãs.

Quando eu era adolescente, minha tia e minha avó entraram em tempos difíceis. Depois de uma série de casamentos fracassados, ambas estavam em sérias dificuldades financeiras e precisaram mudar-se de Filadélfia, voltando para o sul de Nova Jersey. Meu avô, que na época estava casado com uma enfermeira missionária, foi providencial para achar um lugar para elas morarem a preço acessível; ele até as ajudou fisicamente na mudança da Filadélfia. Houve quem pensasse que o meu avô estava meio desequilibrado mentalmente por estar ajudando-as; tenho de admitir que mesmo hoje me ocorrem pensamentos semelhantes. Por outro lado, o meu tio não ergueu um dedo para ajudá-las, e até o dia em que morreu proclamou que nunca perdoaria a sua mãe pelo que ela fizera.

Quando leio o mandamento que Jesus nos deu de, do coração, perdoarmos os outros, considero a atitude do meu tio e a angústia me invade o coração. Até hesito em usar sua história como exemplo por temer que a conclusão a que tenho de chegar seja demais para eu aceitar. Não há dúvida de que o meu tio era um cristão que amava muito o Senhor, mas abrigar um espírito não perdoador nunca é certo para o discípulo de Jesus.

O que o meu tio ganhou permanecendo amargo a vida inteira? Como geralmente ocorre com o ensino de Jesus, há sabedoria prática para a existência desse mandamento. Exatamente como se dá com o mandamento de amar os nossos inimigos, que sempre permanecerão nossos inimigos se nós os odiarmos, assim também abrigar um espírito não perdoador só irá nos ferir.

Para crédito de minha mãe, ela nunca deixou de buscar reconciliação, fazendo o melhor que podia e sabia. A minha tia e avó ainda estão vivas e ainda são pessoas amargas que praticamente excluem todos que as amam. Penso que Jesus está satisfeito com minha mãe e suas constantes tentativas de reconciliação, ainda que custasse a ela muita angústia emocional. Minha mãe teve de reviver esse horrível sentimento de rejeição sempre que as suas tentativas de reconciliação eram repelidas, como lhe ocorreu em sua mais recente tentativa. Mas de uma coisa eu tenho certeza: Se a minha tia e avó buscassem o perdão de minha mãe, ela lhes daria. Por causa disso, acho que Jesus olha de modo favorável para a minha mãe.

Nunca fui ferido a tal ponto. O espírito não perdoador que abriguei por infrações muito menos dolorosas só me envergonham, mas uma comparação como essa é contrária ao bom senso. Não sou chamado para comparar o meu nível de perdão com o dos outros como minha mãe. Sou chamado para compará-lo ao do meu Pai celestial.

DEUS ORDENA QUE FAÇAMOS O IMPOSSÍVEL?

Certa feita, um aluno meu queixou-se desse ensino, notando que Deus é perfeito e nós somos seres humanos pecadores. Como se espera que perdoemos como Deus perdoa? Sei que alguns leitores concordam: "É fácil falar, difícil é fazer". Eu iria mais longe, dizendo que é impossível fazer. Terminantemente impossível. E é por isso que Jesus o ordena.

Se você estiver lendo o livro desde o início, já sabe que acredito que a vida cristã é uma luta. Martinho Lutero zombou: "Mostre-me um cristão que não esteja lutando com o pecado, e eu lhe mostrarei alguém que não é cristão". Penso que o comentário de Lutero tem valor. Andar das trevas para a luz é perturbador, sobretudo se você estava acocorado em uma caverna de pecado escura como carvão e agora tem de ser exposto à luz pura e ofuscante de Cristo. Transformar um pecador à imagem do inocente Filho do Homem tem de ser um processo difícil e doloroso, pouco importando quantos pregadores da prosperidade nos digam o contrário.

Meu palpite é que Deus intencionalmente ordena coisas que nos são impossíveis de fazer, porque Ele quer nos tornar humildes. Tendo dito isso, Ele não ordena algo que *lhe* seja impossível fazer. Ordena que façamos coisas que em nossa força acharemos impossível fazer. Mas, pelo seu Espírito, essas coisas podem ser feitas. O mandamento para perdoar do coração é, acredito, um mandamento desse tipo.

Há tantas pessoas que foram prejudicadas pelos outros. Penso em mulheres que foram estupradas, pessoas que na infância foram maltratadas, outros que foram arruinados financeiramente por gananciosos. Morar por mais de uma década na África me expôs a uns dos piores comportamentos da humanidade. É freqüente termos refugiados como alunos em nosso seminário, e as histórias que contam das atrocidades que viram e experimentaram são de causar pena.

Jesus espera que perdoemos todos os pecados como esses. Você deve perdoar o homem que abusou de você sexualmente quando era criança. Há tantos aposentados hoje em dia que são alvo de golpistas, para os quais, muitas vezes, perdem a poupança de uma vida inteira com pouca chance de recuperação. Mesmo assim, eles têm de perdoar, do coração, aqueles que os enganaram. Você tem de perdoar a mulher que, por onde quer que vá, o calunia. No que diz respeito ao perdão, não há alternativa se você se digna ser discípulo de Cristo. Abrigar um espírito não perdoador contra tal pessoa é não ser cristão em seu comportamento.

Cristo diz que temos de perdoar. Tenho de admitir que, às vezes, acho esse mandamento impossível de obedecer, em cuja situação me restam duas opções: ignorar ou submeter-me e buscar o poder milagroso do Espírito para superar a minha amargura e raiva.

LIÇÕES DA HISTÓRIA

Uma das grandes obras literárias da história cristã é o *Journal* (Diário), de John Wesley. O original foi publicado em vinte e seis volumes encadernados que narravam os últimos cinqüenta e cinco anos da vida de Wesley. Lê-lo é uma viagem extraordinária ao século XVIII com "uma das personagens éticas mais persistentes da história", como diz no prefácio o editor do diário. Como o líder cristão, evangelista e fundador de uma das maiores denominações protestantes do mundo agia quando era contrariado? A verdade é que Wesley tinha muitos inimigos, e a oposição contra ele era uma constante ao longo do seu ministério. Os cristãos o defrontavam, a sua própria igreja o excomungou, turbas raivosas o atacaram para impedi-lo de pregar. Wesley conheceu o antagonismo e a hostilidade. Teve de suportar todo tipo de revolta, a sua congregação o apedrejou durante um culto, a imprensa o escarnecia e funcionários do governo e membros de ministério o contrapunham. Seus colegas pastores o caluniavam no púlpito; ele foi ameaçado, espancado, preso, atingido por lama, pedras e ovos podres. Até a sua efígie foi queimada.

De algum modo, Wesley se elevou acima de tudo isso. Esse homem que "dedicou toda a sua energia e sagacidade em confrontar a desonra e a derrisão"[3] permaneceu em paz. Diferente de muitos outros grandes líderes da igreja ao longo da história da cristandade, Wesley raramente lutou com episódios de depressão ou desespero. Talvez fosse a sua capacidade de perdoar os inimigos, tanto quanto a percepção que ele tinha em agir de acordo. "Se tenho alguma força (e nada tenho que não tenha recebido), é perdoar os insultos; e exatamente nesse ponto sou muito mais atacado do que em qualquer outro."[4]

Na realidade, mais que mero perdão, quiçá fosse o amor de Wesley pelos inimigos que sempre o impulsionava no ministério. Ele percorreu a cavalo mais de quatrocentos mil quilômetros indo e vindo pelas ilhas britânicas, levado pelo amor aos seus compatriotas, muitos dos quais o menosprezavam.[5]

Semelhantemente, considere essa explanação do perdão verdadeiro e sincero encontrada em um documento do século II, *O Testamento de Gade contra o Ódio*, cujo autor e data exata nos são desconhecidos:

> *Se alguém pecar contra ti, conta-lhe gentilmente o ocorrido, expulse o veneno do ódio e não nutras a maldade em tua alma. Se ele confessar e arrepender-se, perdoa-lhe; se ele o negar, não o contradigas para que não fale palavras insultuosas e tu peques duplamente. Não permitas que um estranho ouça os teus segredos enquanto tu contradizes, temendo que ele odeie, torne-se o teu inimigo e cometa grande pecado contra ti; pois de tempos em tempos ele falará com astúcia contigo, ou te enganará com malvadez, instilando de si o veneno. Portanto, se ele o negar, e for convencido e envergonhado, e ficar calado, não o tente. Porque quem nega se arrepende, de forma que ele não cometa mais injustiça contra ti; de fato, ele te honrará, terá medo de ti e estará em paz contigo. Mas se ele estiver desavergonhado e permanecer no seu erro, mesmo assim o perdoe do coração e entrega a vingança a Deus.*

A VINGANÇA NÃO É MINHA

O oposto do perdão é a vingança. Claro que há pessoas que adotam a indiferença para quem os ofende, não buscando nem a reconciliação nem a vingança. Mas é errado optar pela indiferença, visto que o mandamento de Jesus é orarmos pelos que nos ofendem. Pior ainda, muitos de nós vemos o curso da vingança como uma opção extremamente deleitável. Mas somos chamados para evitar isso de todo jeito.

Essa lição ficou inconfundivelmente clara para mim durante uma visita que fiz à Etiópia. Contaram-me a história de um cristão cuja esposa cometera adultério e ficara grávida. O marido quis fazer o que se esperava das pessoas da sua tribo. Apanhou a arma, carregou-a com balas e saiu para matar o adúltero. No caminho, percebendo que essa não era a atitude apropriadamente cristã a fazer, voltou para casa.

Tivesse ele posto em prática as suas intenções iniciais, não teria havido nenhum desdobramento legal do governo etíope, pois tal vingança era o que se esperava de quem pertencesse à sua tribo. Ao menos por curto tempo, o marido teria se sentido bem com a vingança feita. Também tenho certeza de que muitos cristãos teriam concordado com ele e expressado de forma aberta ou não o desejo de agir igualmente caso estivessem em situação semelhante. Mas o marido fez outra opção, uma que inicialmente era mais difícil e exigia mais autocontrole e maturidade.

Em longo prazo, o resultado da situação foi que ele adotou a criança, a esposa tornou-se crente em Jesus Cristo, e hoje eles têm um casamento forte e saudável. A primeira opção — culturalmente aceitável — teria resultado em morte. A segunda opção — aprovada por Jesus — resultou em vida. Quem em seu juízo perfeito diria que esse homem não fez a melhor opção? Mas no nível mais baixo de nossos instintos pecadores, a primeira opção nos atrai sedutoramente.

Logo que me formei, trabalhei em uma empresa que me enviou para um curso de treinamento por várias semanas em outra cidade. Lá conheci uma moça, e imediatamente ficamos amigos. Na primeira semana, passamos considerável tempo juntos, rindo e brincando. Como dizem os britânicos: "Nós nos demos excepcionalmente bem". Para ser honesto, pensei que as coisas iam tão bem que seria uma relação duradoura. Inclusive, já tínhamos falado sobre como nos manter em contato assim que as semanas de treinamento findassem.

No sábado do primeiro fim de semana, depois das curtas sessões de treinamento na parte da manhã, ela e eu ficamos a tarde toda passeando pela cidade. Passamos seis horas juntos conversando e brincando um com o outro. Perto do fim do dia, pouco antes de nos despedirmos, fiz um comentário zombeteiro sobre ela por brincadeira. Imediatamente a expressão do seu rosto mudou, e ficou claro que eu dissera algo que não deveria ter dito. Disse-me adeus às pressas e foi embora a passos firmes.

Domingo não nos vimos, mas na manhã de segunda-feira estávamos novamente juntos nas reuniões. Durante a manhã toda ela comportou-se descaradamente indiferente comigo, fazendo questão que eu soubesse que não queria mais nada comigo. Foi somente na terça-feira que pude ficar um momento a sós com ela para me desculpar pelo que dissera no sábado. Lógico que eu também queria saber o que a ofendera. Tratando-me sempre com frieza, ela não estava interessada em explicar o que a aborrecera.

Nos dias seguintes, sempre que pude fiz questão de justificar-me e pedir-lhe desculpas, mas ela continuava sendo indiferente. O fato de ela não aceitar as minhas justificativas ou as minhas desculpas me deixou angustiado durante aqueles dias. Até que acabei desistindo. As pessoas notaram que algo estava errado, porque na primeira semana parecíamos inseparáveis, mas depois dificilmente estávamos juntos. A situação se tornou um tanto quanto embaraçosa para mim, e eu já estava ficando amargurado com seu comportamento irracional.

Inacreditavelmente, ao término das semanas de treinamento, no último dia, ela me abordou com um pedaço de papel. No papel constava o seu endereço, e ela me perguntou se eu iria lhe escrever. Fiquei boquiaberto. Peguei o pedaço de papel, amassei-o bem e lhe devolvi. "Não estou interessado", foi a última coisa que lhe disse.

Até hoje sinto vergonha por me comportar desse jeito. Claro que o seu espírito não perdoador me causou considerável dor, sobretudo por se tratar de um rapaz apaixonado por uma moça bonita. Se ao menos ela tivesse me perdoado pelo meu erro de conduta e nos dado outra chance para começar. Mas, como seguidor de Jesus Cristo, não me cabia ser malvado com ela, pouco importando o quanto me fizera sentir bem inicialmente. Esse fato já tem dezoito anos, e ainda sinto vergonha pelo meu comportamento, apesar de acreditar que ela não me tratou bem.

O QUE O PERDÃO NÃO SIGNIFICA

Sinto a necessidade de esclarecer certos pontos sobre esse tema. Começarei com um incidente que ocorreu nos Estados Unidos alguns anos atrás quando uma menina desapareceu e foi encontrada morta semanas depois, com o corpo severamente maltratado. Depois de empreenderem uma busca ostensiva, encontraram o criminoso. Durante o longo processo de julgamento, os pais da jovem perdoaram o homem pela maldade que cometera.

Como cristãos, acreditavam que era a coisa certa a fazer. Mesmo depois que o homem foi condenado e esperava o cumprimento da sentença, o casal falou em rede de televisão nacional dos Estados Unidos pedindo que não lhe fosse dada a pena de morte. Proclamaram a fé no Senhor Jesus, anunciaram o perdão ao criminoso e pediram que o Estado se abstivesse da punição mais severa.

Pensei que eles estavam loucos. Só mais tarde percebi que esse casal fora muito valente, servindo de exemplo como discípulos de Cristo. Não obstante, vou discordar de um aspecto do modo como eles compreendem o perdão. Na verdade, penso que devo tratar de três equívocos relativos a essa questão do perdão ilimitado.

1) *O perdão não tem nada a ver com as penas da lei e do Estado.* O Estado tem a obrigação de punir os transgressores da lei. Caso não cumprisse esse mandato, voltaríamos à anarquia. Dito isso, aplaudo esse casal por oferecer perdão *pessoal*. Contudo, o Estado é obrigado a lidar com o crime do melhor modo que pode. Devemos estar contentes em ter o Estado para punir os transgressores da lei, mesmo que pessoalmente os perdoemos.

2) *O perdão não nega a disciplina da igreja.* Já vi igrejas que acreditam que a igreja é lugar de graça e perdão, por isso os pecados cometidos por seus membros têm de permanecer impunes. Ironicamente, enquanto o crente é individualmente chamado para perdoar, a igreja como corpo de crentes é chamada para disciplinar os seus membros. Acho interessante que no Evangelho de Mateus a parábola do servo incompassivo conste diretamente depois da famosa passagem sobre a disciplina na igreja (Mt 18.15-17). Nesse texto, aprendemos a seqüência ascendente de eventos para lidar com o pecado; primeiro, em nível pessoal, depois, empregando testemunhas e, por fim, envolvendo a congregação inteira. Então, "se [o lado ofensivo] também não escutar a igreja, considera-o como um gentio e publicano".

O ensino de Jesus sobre o perdão dificilmente pode ser usado como declaração geral para tratar de todas as infrações no que tange a administrar os assuntos da igreja. Quantos líderes de igreja bem conhecidos foram pegos em flagrante má conduta, e em seguida defendem-se dizendo que a igreja não tem o direito de puni-los porque a igreja é lugar de graça? Mas encontramos Paulo punindo os crentes coríntios por não disciplinarem corretamente um irmão que confessava estar em imoralidade sexual (1 Co 5), e nas epístolas temos outros exemplos de disciplina dentro do corpo da igreja (por exemplo, 1 Tm 5.19,20; Tt 3.10,11).

3) *O perdão não significa que eu ajo como se nada tivesse acontecido.* E quanto ao ditado: "Perdoe e esqueça"? De forma interessante, essa declaração proverbial não é nova. Tertuliano, o pai da igreja, que viveu no século II, tinha algo a dizer sobre o assunto: "Pois a sua vontade [de Deus] é não que tu devas perdoar a ofensa, mas esquecê-la" (*Cinco Livros contra Márciom*). Quantas vezes ouvimos o ensino bíblico sobre o perdão ser caracterizado dessa maneira? Se temos de levar a sério esse mandamento de Jesus, não é apropriado que adotemos essa atitude de perdoar e esquecer?

Sim e não. O fato é que a relação que tive com a pessoa antes da infração não é a mesma depois. Nova informação entrou na relação, a tal ponto que conheço a pessoa de modo diferente do que anteriormente a conhecia. Uma relação fundamentada e construída em confiança inquestionável agora pode ser transigida, e seria tolice fingir que as coisas não mudaram.

Por exemplo, posso descobrir que certa pessoa abusou sexualmente de uma das minhas filhas. Minha filha e eu temos de perdoar essa pessoa, pouco importando o quanto nos seja difícil. Houve a revelação de nova informação sobre essa pessoa, e não posso agir como se não soubesse disso. Viver como se eu não tivesse essa nova informação, como se a pessoa existisse no estado anterior a essa nova informação, seria mentir para mim. Será que alguém afirmaria seriamente que tenho de "perdoar e esquecer" e permitir que a minha filha fique de novo sozinha com essa pessoa? Fazer isso seria arrematada loucura.

Alguém pode perguntar: "Mas se você tratar a pessoa de modo diferente do que tratava antes, não estará guardando rancor e, por conseguinte, não perdoando essa pessoa?" Eu faria distinção clara entre guardar rancor (manter um espírito não perdoador) e comportar-se diferentemente em face da nova informação sobre a pessoa em questão.

Se eu voltar ao meu exemplo inicial sobre a mulher que me caluniou, posso perdoá-la pela difamação, mas não posso ficar a sós com ela. Seria a maior insensatez, sobretudo levando em conta as acusações sexuais que ela fez. Portanto, se o meu comportamento para com a pessoa mudou, como posso dizer seriamente que a perdoei?

Farei uma citação do pastor puritano Thomas Watson (1620-1686) para nos fazer pensar sobre o assunto. Veja o que ele imaginava ser a meta ideal do perdão:

> *Quando é que perdoamos os outros? Quando lutamos contra todos os pensamentos de vingança; quando não fazemos nenhum mal aos nossos inimigos, mas lhes desejamos o bem, nos afligimos com as suas calamidades, oramos por eles, buscamos nos reconciliar com eles e nos mostramos prontos para ajudá-los em todas as ocasiões. Esse é o perdão que o evangelho ensina.*[6]

De fato, trata-se de tarefa incrível. Watson identifica os aspectos positivos e negativos do perdão. Negativamente, não planejamos fazer mal às pessoas que nos fizeram mal. Isso envolve nossas ações, palavras e pensamentos. Esse último quesito é obviamente o mais difícil de controlar; mas temos de lutar contra os pensamentos não perdoadores, como declara Watson. Não devemos buscar vingança ou recuperação de qualquer tipo. Se formos caluniados, não devemos caluniar em represália. Se alguém nos roubou, não devemos fazer planos para roubá-lo também.

Positivamente, temos de procurar ajudar os que nos fizeram mal. Tratamos grande parte desse assunto no capítulo anterior, mas vale a pena repetir. Não podemos dizer que somos discípulos de Cristo se tudo que fizermos for pagar o mal com o mal ou o insulto com o insulto. Entendemos o indivíduo que invade a sala de tribunal para dar um soco no rosto do pervertido que abusou sexualmente de sua filha. E além de entendermos, muitos de nós aprovamos tal comportamento emocional. Ao mesmo tempo, não podemos afirmar que tal indivíduo esteja agindo de modo cristão. Se quisermos ser seguidores de Jesus, temos de orar pelo criminoso, e não procurar fazer-lhe mal.

Se eu encontrasse aquela mulher difamadora ao lado da estrada precisando de ajuda, posso dizer honestamente que eu a ajudaria. Mas terminaria ali. Eu não ficaria para conversar ou de jeito nenhum puxaria conversa com uma mulher que me acusou falsamente de má conduta sexual, porque agir assim incentivaria mais difamação. Mas se eu não orar por ela, não posso dizer que sou crente.

> Perdoar é uma das principais evidências da graça.
> Thomas Watson (1620-1686), *A Oração Dominical*

A relação depois do perdão também depende da pessoa a quem você teve de perdoar e o tipo de relação que tem com ela. Se eu tiver de perdoar a minha esposa, devo procurar viver como se a ofensa jamais tivesse acontecido. Agir de outra maneira pode resultar em guardar rancor contra ela, causando sofrimento ao nosso casamento. Mas não dá para fingir que um molestador sexual de crianças não seja um molestador sexual de crianças, ou que seja aceitável partilhar os meus segredos mais íntimos com alguém que sei que é um fofoqueiro incurável.

OS MUITOS BENEFÍCIOS MARAVILHOSOS

Prometi a mim mesmo jamais dar as costas a alguém que procura o meu perdão, pouco importando a dor ou o mal que a pessoa tenha me causado. No caso específico da mulher difamadora:

- determinei não caluniar ou fofocar sobre ela;
- determinei falar somente coisas boas sobre ela, fosse mencionada em alguma conversa; e
- determinei perdoar-lhe, se ela me pedir perdão.

A respeito do assalto que contei no último capítulo, acabei tomando a seguinte resolução. Duas coisas podem acontecer: 1) ou os assaltantes se arrependerão, em cujo caso eu não terei nada mais contra eles, 2) ou não se arrependerão, e Deus os julgará. É lógico que Ele pode fazer um trabalho melhor e mais justo que eu. Por isso, deixei o assunto de lado.

Essa abordagem forma o cerne dos meus procedimentos com assuntos semelhantes. Ou o ofensor se arrependerá, quando então serei obrigado a perdoar, ou o ofensor permanecerá rebelde e impenitente, em cujo caso Deus tratará com ele. Considere estas palavras de sabedoria ditas por Crisóstomo (350-407) e registradas em *Os Sermões de Crisóstomo*:

> *O teu próximo te fez mal ou te feriu, e te envolveu em dificuldades mil? Neste caso, não instaures processo de vingança de tua parte para que o teu desejo não seja contra Deus! Entrega a questão a Deus, e Ele a resolverá muito melhor do que tu possas desejar. Para ti, Ele deu a incumbência de orar pelo ofensor; mas como lidar com ele, ordenou-te que deixasses isso com Ele.*[7]

Há quem conteste essa explicação do mandamento de perdoar. "Mas agir assim não nos abre à possibilidade de abuso extremo?" Claro que abre, mas esse sempre foi o caso para os seguidores de Cristo. É por isso que Paulo disse sem nenhum constrangimento: "... todo o dia: fomos reputados como ovelhas para o matadouro" (Rm 8.36). Com freqüência, a submissão à vontade de Deus traz consigo certos incômodos neste mundo, um mundo que menospreza a Deus e seu povo. Mas esta não serve de desculpa para não obedecermos ao nosso Deus.

Falando de ponto de vista prático, essa linha de ação também nos guarda da amargura atormentadora que extenua a nossa vitalidade espiritual e nos causa maior dano que fez o mal original. Vem uma paz sobrenatural quando submetemos a nossa vontade ao Pai, especialmente no que tange ao mandamento do perdão. Se permitirmos que a amargura se infeccione e vire em rancor não perdoador, acabaremos descobrindo ser cada vez mais difícil nos aproximar de Deus. Não seria esta a razão de Jesus ordenar no Sermão da Montanha (Mt 5.23,24) que não cheguemos ao altar caso tenhamos um assunto irreconciliado com o nosso irmão ou irmã em Cristo? Acho instrutivo que esse ensino de Jesus esteja em uma seção do sermão que lida com o ódio e o assassinato.

> *Aquele que por discórdia invejosa não teve paz com o seu irmão não pode ter Deus em paz consigo.*
> *Cipriano (200-258),* Sobre a Unidade da Igreja

Abrigar um espírito não perdoador também é supremamente tolo, dado o que Jesus diz na Oração Dominical: "Perdoa-nos as nossas dívidas, assim como nós perdoamos aos nossos devedores" (Mt 6.12). A ironia da Oração Dominical, oração que a maioria de nós faz muitas vezes por ano, quer em particular quer na igreja, é que, por assim dizer, estamos assinando o nosso próprio julgamento. A estipulação clara na oração é que recebemos o mesmo nível de perdão que damos aos outros.

> *Portanto, não devemos pedir a Deus o perdão de nossos pecados, a menos que perdoemos as ofensas de todos que nos fazem ou nos fizeram mal. Se retivermos ódio em nossa mente, se meditarmos vingança e inventarmos meios de ferir; não somente isso, mas se não voltarmos a um bom entendimento com os nossos inimigos, não fizermos todo tipo de empreendimento amigável e não nos esforçarmos para efetuar uma reconciliação com eles, estaremos por essa petição pedindo a Deus que não nos conceda o perdão. Porque lhe pedimos que nos faça como fazemos aos outros.*
> *João Calvino (1509-1564),* Institutas da Religião Cristã *3.20.45*

Talvez seja por isso que Jesus se expandiu nesse quesito da oração. Quantas vezes tratamos essa oração como fórmula descuidada que cantamos? Contudo, temos nela a auto-incriminação da pior espécie se estivermos habituados a abrigar um espírito não perdoador.

> *A oração do vingativo por perdão é escárnio, como a oração pelo pão diário feita por quem esteja cercado de trigo.*
> *P. T. Forsyth (1848-1921),* The Soul of Prayer *(A Alma da Oração)*

Abrigar um espírito não perdoador é um dos piores pecados que podemos cometer. Mais uma vez as palavras de Crisóstomo são prudentes:

> *Pois quando o homem comete fornicação ou adultério, ao mesmo tempo em que realiza a sua luxúria também completa o pecado; e se ele estiver disposto por vida vigilante a recuperar-se dessa queda, pode depois, manifestando grande penitência, obter alívio. Mas aquele que está ressentido trabalha todos os dias a mesma iniqüidade e nunca chega a um fim.*[8]

O que Crisóstomo identifica com razão é que a pessoa pecou contra mim, mas esse pecado está no passado. Porém, se eu abrigar um espírito não perdoador contra essa pessoa, peco todo dia que permitir que esse espírito inclemente exista.

Não sou perfeito, e maus pensamentos surgem ocasionalmente em minha mente contra os que me fizeram mal. É então que tenho de lidar com eles, confessá-los a Deus e pedir perdão. Abrigar tais pensamentos é permitir que eles se infeccionem, fornecendo posição segura para Satanás e, no final das contas, gerando mais pecado do que talvez foi cometido na infração original.

Uma das lições mais importantes que quero ensinar para os meus filhos é a arte do perdão, tanto em buscá-lo quanto em concedê-lo. Um princípio que forma a base de grande parte do ensino de Jesus, o que chamamos a "regra de ouro", é tratar os outros do modo que queremos ser tratados. Houve ocasiões em que fiz mal a outra pessoa, reconheci o meu erro, busquei perdão e reconciliação, e fui rejeitado. Pouco importando quantas vezes tentei expressar o meu arrependimento, ele foi recebido com um coração duro. Nada é mais doloroso do que saber que você fez mal a alguém e essa pessoa está pouco disposta a aceitar suas desculpas pelo erro cometido. Em outros poucos casos, tive bons amigos que resolveram não perdoar algum deslize de minha parte, e a nossa relação nunca mais foi a mesma. Mesmo em situações como essas devo ter cuidado, visto que a amargura pode surgir por conta disso. Se eu não estiver atento, posso acabar não perdoando alguém por não me perdoar.

MAS E SE EU NÃO ESTIVER COM VONTADE DE PERDOAR?

Fico imaginando qual seria minha atitude se aquela mulher que me caluniou me abordasse e pedisse perdão. Sei que parte de mim não confiaria nela, mas também sei que teria a obrigação de dizer-lhe que a perdôo, e a perdôo do meu coração. Agir de outra maneira não seria cristão.

Mas vou um pouco mais longe. Deveria haver parte de mim que quisesse e esperasse que ela me desse a oportunidade de agir assim. Deixe-me repetir. Eu deveria prezar a oportunidade e privilégio de perdoar-lhe. Situações como essa nos oferecem a chance maravilhosa de provar a nossa fé em Cristo.

O perdão é uma escolha que fazemos, e não necessariamente um sentimento que temos. Como ocorre com o nosso andar cristão, obediência pura e simples é a ordem do dia, mesmo quando as nossas emoções não estão em compasso com a nossa vontade.

> *Nunca diga: Não sinto amor; não sinto que possa perdoar esse homem. O sentimento não é a regra do seu dever, mas o mandamento, e a fé que Deus dá poder para obedecer ao mandamento. Em obediência ao Pai, com a decisão de fazer a sua vontade e com fé de que o Espírito Santo lhe dá poder, comece a dizer: Eu o amarei; eu o amo realmente. O sentimento seguirá à fé.*
>
> *Andrew Murray (1828-1917),* The New Life *(A Nova Vida)*

Já encontrei crentes que agem malvadamente com quem os feriu, usando o argumento que têm de agir assim em prol da integridade. Agir como se nada tivesse acontecido é, na opinião deles, o oposto de comportar-se honestamente. Por isso, eles se sentem obrigados a tratar a pessoa ofendida com desrespeito. Afinal de contas, se você não *tiver* vontade de ser agradável com alguém que lhe fez mal, não é desonesto agir como se você tivesse vontade?

Somos peritos exímios em achar justificativas para evitar um ensino claro de Jesus. Um bloco incrível do ensino de Jesus trata desse tópico, e o vemos praticado na sua vida de forma suprema e especificamente na sua morte vicária por nós. Esse mandamento nos parece impossível de obedecer, mas é no ato da obediência que encontramos paz e liberdade — a liberdade da amargura, do ódio e da raiva infeccionada que nos descarrila da comunhão com Deus.

Deus ordena que façamos o que por nossa força nos é impossível, a fim de levar-nos a humilhar-nos e confiar inteiramente nele. Só possuindo a pobreza de espírito é que esperamos atingir o nível de perdão que Cristo requer de nós. Sem isso, teremos a tendência a afastar as pessoas do Reino de Deus, em vez de aproximá-las.

> *Não há virtudes em que o seu exemplo será mais eficaz, pelo menos para minorar o preconceito dos homens, do que a humildade, a mansidão e a abnegação. Perdoe os insultos; e "não te deixes vencer do mal, mas vence o mal com o bem".*
>
> *Richard Baxter (1615-1691),* O Pastor Reformado

8

A ARTE DO AUTO-ÓDIO ESPIRITUAL

Se alguém vem a mim e não odeia seu próprio pai e mãe, mulher, filhos, irmãos, irmãs e até a própria vida, não pode ser meu discípulo.

JESUS CRISTO, LUCAS 14.26, BJ

Ninguém é mais rico que tal homem; ninguém é mais poderoso, mais livre do que aquele que sabe abandonar todas as coisas e pensar de si como o menor de todos.

TOMÁS DE KEMPIS (1380-1471),
IMITAÇÃO DE CRISTO

Quem está totalmente arrasado e esmagado pela consciência da sua calamidade, pobreza, nudez e desgraça, avançou muito mais no conhecimento de si mesmo.

João Calvino (1509-1564),
INSTITUTAS DA RELIGIÃO CRISTÃ 2.2.10

A mãe e o pai sentaram-se com expressões carregadas em frente do apresentador do programa de entrevistas. Contaram a dificuldade que estavam tendo com a filha adolescente que cada vez mais comportava-se com desrespeito e indiferença. A conversa abordou temas como drogas e alcoolismo, mas quando essas possibilidades se esgotaram, o rumo se voltou mais incisivamente ao pai e ao seu papel na família.

Entra a filha. Repleta das típicas marcas de rebelião — *piercings*, cabelo pintado e tatuagem —, ela sentou-se distante dos pais e cruzou os braços. Era a sua linguagem corporal para manifestar provocação e desprezo, em especial quando lançava ocasionalmente um olhar ao pai.

Não havia abuso sexual ou físico para explicar a hostilidade existente entre filha e pai. Tratava-se do fruto de uma relação tensa e a distância. O pai sempre quisera as coisas do seu modo, e quando não conseguia, ele ficava bravo e agressivo. A filha, cada vez mais impaciente com a falta de independência, lutou do único modo que sabia: com ódio.

Poucas coisas nos parecem mais antinaturais e dignas de pena do que ver um filho ou filha odiar o pai ou a mãe. Em nossos dias de programas de televisão que só trazem lixo, apresentando pessoas desestruturadas no palco e na tela para serem ridicularizadas pela audiência de estúdio e pelos espectadores de casa, ficamos assistindo a famílias com profundas cicatrizes emocionais. Quem não sente pena de um pai ou mãe que tem um filho ou filha que lhe lança termos insultuosos? De modo inverso, quem não sente o estômago embrulhar ao saber de histórias de pais que abusam dos filhos? É terrível ter de constatar que muitas crianças estão mais seguras do abuso nas ruas do que nas próprias casas.

Portanto, quando Jesus fala que temos de odiar nossa mãe e pai, surge-nos interiormente uma oposição natural. Dá de entender sofrer pelo evangelho ou abster-se dos prazeres pecaminosos, mas odiar a própria carne e sangue? Acho que agora Jesus foi longe demais.

Para quem vem de famílias saudáveis e cheias de amor, esse ensino é ainda mais difícil de processar. Tenho muito pelo que ser grato quando penso em meus pais e minha criação. Considerar o prospecto de odiá-los é anátema para mim, e presumo que muitos que me lêem sentem o mesmo. E quando se trata dos meus próprios filhos, poucas coisas são mais ofensivas do que me mandarem odiá-los.

Neste capítulo investigaremos o ensino complexo de ódio de família. Jesus cita vários tipos de amor nesse mandamento: amor de pais, amor de irmãos, amor de cônjuge, amor de filhos e amor de si mesmo. Tratarei desses tópicos amplamente falando sobre o amor familiar e o amor-próprio.

TENHO MESMO DE ODIAR A MINHA MÃE?

De fato, seria uma anomalia se Jesus literalmente esperasse que amássemos os nossos inimigos e odiássemos os nossos pais. Já vimos no capítulo 6 o que significa amar os nossos inimigos e como esse amor nos leva a ter uma comunhão mais íntima com Deus. Por que, então, deveríamos odiar aqueles que deveríamos amar e amar aqueles que mais naturalmente deveríamos odiar?

Jesus gostava de hipérboles. Já o vimos fazer uso desse recurso no capítulo 2, e o veremos novamente nessa declaração difícil. Depois de ouvir o ensino de Jesus, se você não ficou coçando a cabeça, desorientado, é porque não pensou suficientemente sobre o que Ele disse. Usando declarações chocantes e justapondo sabedoria comum com verdades que pareciam incongruentes, Jesus fazia os ouvintes pensar. O mesmo deve acontecer conosco hoje.

Note que no capítulo 6 dissemos que o amor familiar é o tipo mais fácil e mais básico de amor. É-nos natural amar aqueles com quem vivemos ou por quem fomos criados. Amar os nossos inimigos é difícil, senão impossível, mas amar a minha mãe — a menos que ela esteja me mandando comer verduras — é inato. É precisamente por essa razão que Jesus usa esse tipo de amor como teste de nosso compromisso como discípulos.

No capítulo 3, comentamos que até o desejo de enterrar o pai tem de ser colocado em segundo plano em relação ao nosso compromisso de ter a vida de discípulo. O nosso amor familiar tem de perder a importância em comparação ao nosso amor por Cristo.

Talvez um exemplo ajude a decifrar o significado desse ensino. Em nações dominadas pelo islamismo, a conversão ao cristianismo é uma opção dolorosa e às vezes mortal. O ostracismo extremo é comum da comunidade em geral e de membros familiares. Na maioria das vezes, a pessoa que se converte ao cristianismo é separada da família e considerada morta. Nações têm leis contra o evangelismo e o proselitismo, muitas com severas penas relacionadas. Portanto, os muçulmanos que ouvem o evangelho e querem entregar a vida a Cristo enfrentam um dilema.

Muitos de nós, em particular no Ocidente, enfrentamos certas adversidades em conseqüência de optarmos confiar em Cristo, mas raramente são tão intensas quanto no mundo muçulmano. Poucos no Ocidente terão de enfrentar a possibilidade da morte por escolher converter-se a Cristo.

Depois de toda essa conversa sobre compromisso radical a Cristo, você está esperando que eu censure os muçulmanos que se esquivam da idéia ou que "se retratam" da confissão de fé cristã quando duramente perseguidos. De fato, não sinto nada mais que pena por tais pessoas; estou feliz por eu nunca ter de enfrentar tais escolhas. Na maioria dos casos, as conversões muçulmanas significam uma ruptura completa com tudo próximo e querido. Eles não podem mais freqüentar as mesmas lojas ou sair com os mesmos amigos; muitos perdem o emprego e têm de mudar-se de lugares onde são bem conhecidos; a maioria nunca terá a perspectiva de casar-se ou ter uma existência que chegue perto de ser normal. Tudo porque seguiram a Jesus.

E mesmo assim é precisamente isso que Jesus previu que aconteceria. Ele sabia que segui-lo acarretaria o maior tumulto imaginável. Admitiu que crer nEle produziria hostilidade e discórdia, não só entre os discípulos e as pessoas do mundo, mas até dentro das famílias. Em uma passagem que combina muitos dos temas já abordados, Jesus diz:

> Não cuideis que vim trazer a paz à terra; não vim trazer paz, mas espada; porque eu vim pôr em dissensão o homem contra seu pai, e a filha contra sua mãe, e a nora contra sua sogra. E, assim, os inimigos do homem serão os seus familiares. Quem ama o pai ou a mãe mais do que a mim não é digno de mim; e quem ama o filho ou a filha mais do que a mim não é digno de mim. E quem não toma a sua cruz e não segue após mim não é digno de mim. Quem achar a sua vida perdê-la-á; e quem perder a sua vida por amor de mim achá-la-á. *(Mt 10.34-39)*

Houve o caso em que uma mãe muçulmana ficou secretamente fascinada com o cristianismo, mas foi delatada pelo filho adolescente. As autoridades a colocaram na cadeia até que ela se retratou. A minha suposição é que a prisão quase não foi tão traumática para ela quanto a traição do próprio filho.

Por mais que me condoa ver as dificuldades que os convertidos muçulmanos a Cristo enfrentam, sei que Jesus quer que eles perseverem apesar da oposição. Admito prontamente que faço essa declaração estando confortavelmente acomodado em meu casulo ocidental do cristianismo. Mesmo assim, Jesus exige compromisso radical.

Os cristãos ocidentais tendem a ter o problema exatamente oposto. Considerando que Satanás procura intimidar os convertidos muçulmanos a Cristo servindo-se de ameaças e medidas públicas, ele procura dissuadir os convertidos ocidentais secretamente embalando-nos para dormir com o creísmo fácil. Os convertidos árabes ficam com medo de dar o salto do compromisso total; os convertidos ocidentais são ludibriados para acreditar que seguir a Cristo é só prosperidade e facilidade.

CRUCIFICANDO O EU EGOTISTA

> *Você tem de saber que o amor-próprio lhe é mais prejudicial do que qualquer outra coisa no mundo.*
> *Tomás de Kempis (1380-1471),* Imitação de Cristo

O que acarreta odiar a si mesmo? No capítulo 2, comentamos que temos de eliminar o nosso amor pelos prazeres pecaminosos. Nesse sentido, nós nos odiamos negando-nos as coisas que tanto queremos. No capítulo 3, falamos acerca da dedicação absoluta a Cristo e da colocação do compromisso com todas as outras coisas, inclusive nós mesmos, abaixo disso. Neste capítulo, quero continuar tratando do tema abordado no capítulo 4 e o que significa crucificar o eu egotista.

Penso que é seguro afirmar que todas as tentações são irrelevantes em comparação à tentação do amor-próprio. Na realidade, pecados como orgulho, ganância e luxúria podem ser diretamente ligados ao amor-próprio ou à idolatria do ego. No livro *Catecismo Maior*, Martinho Lutero escreve: "Aquilo em que você fixa o coração e confia é, verdadeiramente, o seu Deus". Essa compreensão de idolatria é mais ampla que a visão típica de idolatria limitada a blocos de madeira ou metais preciosos. Praticamente qualquer coisa pode servir de ídolo ao homem pecador, até mesmo o ego.

O fato é que o amor-próprio sempre é pecado. Sei que tal declaração pode me colocar em grande dificuldade. Quantas vezes já ouvimos que temos de primeiro amar a nós mesmos para depois amar os outros, ou que para aceitar o amor dos outros, temos de primeiro nos amar?

E quanto ao "amarás o teu próximo como a ti mesmo"? Essa passagem não está dizendo que Deus espera que tenhamos amor-próprio? Esse argumento é usado muitas vezes, sobretudo por pessoas ligadas ao campo da psicologia e outras disciplinas comportamentais relacionadas. A linha de raciocínio é mais ou menos esta: Você não pode amar os outros antes de primeiro amar a si mesmo. Quem não se ama (ou seja, não está contente com quem é como indivíduo) não pode amar os outros. Portanto, primeiro você deve estar contente consigo para depois dar amor aos outros.

> *O clichê prevalecente nos dias de hoje é que para amar os outros a pessoa tem de primeiro aprender a amar a si mesma. Essa fórmula — ame a si mesmo, depois ame o próximo — é permissão para a satisfação constante e excessiva dos próprios desejos, porque a busca pelo amor-próprio é infindável. Quando você aprender a amar si mesmo, descobrirá que está matando tempo no mundo do ócio.*
>
> *Charles Krauthammer, citado na revista cristã* Christianity Today[1]

Superficialmente, há muito que valorizar nessa visão. Sabemos por experiência que as pessoas que se odeiam acham difícil expressar amor adequado pelos outros. Por outro lado, alguns vão longe demais e promovem um amor-próprio que, no final das contas, é prejudicial a todas as outras relações. A sociedade secular quer que acreditemos, por exemplo, que a mulher não pode ser verdadeiramente feliz na função de dona de casa, porque ela é forçada a dar de si mesma sem colocar as suas necessidades em primeiro lugar. Muitas pessoas que têm relacionamentos falam sobre "encontrar-se" antes de atenderem às necessidades dos outros, e assim por diante.

É comum essa atitude aparecer em programas de televisão ou em filmes que apresentam a esposa, depois de os filhos terem se casado e se mudado, falando ao marido que ela quer o divórcio. "Em todos esses anos eu servi os outros. Agora é a minha vez: tenho de sair e me encontrar". Implícito na cena está o fato de que a mulher só pode ser feliz depois de colocar-se em primeiro lugar.

Infelizmente, essa atitude introduziu-se de maneira sutil em muitas de nossas igrejas quando se trata de nossa relação com Deus. Chegamos a exigir que Deus nos abençoe, e, quando percebemos que Ele não abençoa (do modo que esperamos que faça), começamos a questionar sua lealdade e fidelidade. Em programas de televisão vistos por milhões de telespectadores do mundo inteiro, já vi pregadores exigindo um aumento ou promoção de Deus. "Senhor, todo o mundo que conheço está recebendo aumento. Agora é a *minha* vez." Normalmente tais mensagens são entregues a uma platéia de milhares de pessoas, todas acenando as mãos e vibrando ruidosamente enquanto o pregador ordena que insistam nas bênçãos de Deus. Claro que 99% das vezes diz respeito às bênçãos *materiais*.

Parece que nos amamos tanto que não temos tempo para realmente servir a Deus ou aos outros. Vou ser mais claro: o amor-próprio não torna possível o amor ao próximo. A verdade é que o amor-próprio mata o amor ao próximo. Fomos feitos para colocar os outros em primeiro lugar, e não a nós mesmos, a fim de que possamos servir os outros. Quando nos colocamos em primeiro lugar, perdemos a habilidade de servir os outros, mesmo que seja Deus.

O PECADO DA AUTOCONFIANÇA

Junto com o amor-próprio sempre vem a sua meia-irmã: a autoconfiança. Não admira que muitos líderes da igreja do passado falassem severamente sobre o amor-próprio. É o que Calvino denominou de a "confiança depravada na carne" e a "confiança carnal perniciosa". A fim de continuarmos investigando esse entendimento controverso do amor-próprio, precisamos responder a uma pergunta fundamental que, em grande parte, determinará a tendência geral de nossa relação com Deus: Deus está trabalhando com material que é basicamente bom ou basicamente ruim?

Como discuti no capítulo 1, não penso que você ter "auto-estima saudável" sempre signifique pensar positivamente sobre si mesmo. Na verdade, acredito que você pode pensar negativamente sobre si mesmo e, ainda assim, ter auto-estima saudável. Na minha definição, auto-estima saudável é manter opiniões certas e honestas sobre si mesmo. Portanto, a auto-estima saudável tem de envolver a conscientização da pobreza espiritual do indivíduo, algo que discorremos extensivamente no capítulo inicial deste livro.

O oposto da pobreza espiritual é a autoconfiança, que é a atitude arrogante que diz que de alguma maneira ganhamos o amor ou o favor de Deus, ou que em nós mesmos e por nós mesmos podemos agradar a Deus. É a visão que advoga que Deus nos deve algo ou que o céu é um lugar onde merecemos viver. É a crença que ensina que se nos esforçarmos bastante, atingiremos as exigências da justiça necessárias para vivermos a eternidade com o nosso Criador.

Antecipo-me à objeção de que estou misturando as coisas falando de ganhar a salvação e o assunto do amor-próprio. Na minha ótica, os dois temas estão estreitamente unidos. É somente com a conscientização de que não há *nada* em mim que seja bom e recomendável diante de Deus que posso me agarrar ao evangelho e ao que Cristo fez na cruz. É falsa a noção de que estou espiritualmente morto, mas, fora isso, sou um bom sujeito. Não há nada recomendável em mim se sou um pecador morto em meus pecados. É por isso que Paulo disse que os que não têm o Espírito de Deus vivendo neles "não podem agradar a Deus" e estão "reprovados para toda boa obra" (Rm 8.8; Tt 1.16). Como posso amar alguém que é assim, mesmo quando esse alguém com essa descrição sou eu?

Alguém pode fazer mais uma objeção: Por sermos crentes, agora somos amáveis e merecedores do amor de Deus. Discordo novamente. No momento que aceitamos a noção de que Deus nos ama porque somos inerentemente dignos de amor, mudamos do reino da graça para o reino do mérito. Em outras palavras, Deus *tem* de nos amar porque somos naturalmente amáveis. Portanto, a escolha de Deus ter uma relação conosco depende de algo digno em nós; em outras palavras, porque merecemos ter uma relação com Ele.

Tenho de protestar fortemente contra tal idéia. A relação de Deus para conosco é sempre e unicamente motivada pela graça. Nenhum de nós merece o seu favor e o seu amor ou tem o direito de passar a eternidade com Ele. Todos esses benefícios vêm exclusivamente pela graça de Deus, como evidenciado no sacrifício vicário do seu Filho na cruz. Não há quantidade de esforço de nossa parte que nos recomende a Deus. Por quê? Porque Ele é santo e nós sempre somos pecadores. Como observamos em nossa análise apresentada no último capítulo sobre a parábola dos trabalhadores na vinha, o procedimento de Deus para com a humanidade está baseado somente na justiça ou na misericórdia.

A autoconfiança espiritual e o amor-próprio não têm lugar no corpo de Cristo. Ou você admite que é pecador destituído de qualquer coisa digna ou meritória em você, ou proclama que tem a aptidão de fazer-se recomendável a Deus. A primeira opção — auto-ódio — traz libertação do pecado e vida; a segunda opção — amor-próprio — traz escravização ao pecado e morte.

> *Tenho mais medo do meu coração do que do papa e de todos os cardeais. Tenho dentro de mim o grande papa: o Eu.*
>
> *Martinho Lutero (1483-1546)*

LIÇÕES DA HISTÓRIA

João Calvino, reformador protestante, escreveu uma das obras literárias mais significativas da Reforma, as *Institutas da Religião Cristã*. Poucos documentos influenciaram o cristianismo nos últimos quatrocentos anos mais que este. Os historiadores observam que Martinho Lutero foi o mais importante dos reformadores da primeira geração, ao passo que Calvino foi o mais influente da segunda geração. As *Institutas* desempenharam um papel vital na expansão da Reforma para a maioria dos países europeus. Verificamos também que o domínio inicial luterano em vários países teve a tendência geral de, mais tarde, ser suplantada pela tradição reformada de Calvino.

As *Institutas* de Calvino estão divididas em quatro livros, sendo o primeiro intitulado de "O Conhecimento de Deus, o Criador". O que soaria um tanto quanto estranho para algumas pessoas é que a primeira seção deste livro trata do conhecimento de si mesmo: "Sem o conhecimento de si mesmo não há o conhecimento de Deus", escreve ele.

Superficialmente, mostra estar de acordo com o ponto de vista do mundo, mas se prestarmos mais atenção, veremos por que Calvino fez tal declaração. Ele escreveu: "Portanto, com base no sentimento de nossa ignorância, vaidade, pobreza, fraqueza e, além do mais, depravação e corrupção, reconhecemos que a verdadeira luz da sabedoria, virtude sadia, abundância completa de todo bem e a pureza da justiça estão unicamente no Senhor".[2] O mundo diz que a contemplação do eu eleva o eu a um nível superior; Calvino e a Bíblia dizem que a contemplação do eu nos dirige a Deus, porque ao contemplar a nós mesmos, vemos que somos pecadores necessitados de Deus.[3]

No livro *O Diálogo*, Catarina de Siena (1347-1380) fala da "corda do autodesdém". Que noção estranha para nós hoje, mas para Catarina, foi essa corda que a manteve ligada com Deus. Ela reconheceu que amar a si mesma automaticamente criava uma força que a movia para longe do amor de Deus. Bernardo de Claraval (1090-1153) viu algo semelhante, falando no livro *Sobre Amar a Deus* de um "quarto grau de amor", por meio do qual nem mesmo amamos a nós mesmos a não ser pelo amor de Deus. Tais idéias nos são estranhas, pois estamos mergulhados em uma cultura egocêntrica.

> *Eu sou pobre e necessitado; contudo, enquanto em gemidos ocultos eu me avilto e busco a tua misericórdia, até que o que esteja faltando em meu estado imperfeito seja renovado e aperfeiçoado, vou para essa paz que os olhos dos orgulhosos não conhecem.*
> *Agostinho (354-430),* Confissões

Não é segredo que o mundo diz que a primeira coisa que devemos fazer é conhecer-nos. Essa deve ser a contemplação primária de todo indivíduo, pois assim poderemos ser bem-sucedidos em todas as outras áreas da vida. Para muitos, a meta exclusiva de vida é o eu: amor-próprio, auto-estima, auto-ajuda, auto-realização. Carl Henry, famoso teólogo, disse que o seu mundo do século XX adotou "a ilusão de que a espécie humana é a coroa exclusiva do cosmo, a geradora do bem, o critério da verdade, a produtora e desenhista do destino".[4]

IDOLATRIA ILUMINISTA

De onde vem esse ideal do amor-próprio? Claro que os seres humanos pecadores sempre tiveram essa inclinação. Desde o jardim do Éden, quando Adão e Eva perceberam que desobedecendo a Deus e comendo o fruto eles poderiam obter algum benefício oculto, a humanidade caída inclinou-se constantemente à idolatria do eu. Porém, no mundo ocidental também somos influenciados pelas gerações e movimentos que vieram mais recentemente antes de nós.

Logo depois da Reforma veio a "Idade da Razão", também conhecida por Iluminismo. O Iluminismo, que a maioria dos cristãos pensou que fosse a pior coisa que surgiu na civilização ocidental (quer dizer, até que o pós-modernismo entrasse em cena), fez muito para promover o idealismo de autonomia. Exigia um movimento avesso à autoridade, sobretudo a autoridade religiosa, e uma "volta ao eu". Considere essa citação feita por um dos "pais" do Iluminismo, Emmanuel Kant (1724-1804):

> *Esforcemo-nos para dispersar as nuvens da ignorância, as névoas das trevas que impedem o Homem em sua jornada, [...] que frustram a sua marcha pela vida a passos firmes e constantes. Procuremos inspirar-lhe [...] respeito por sua própria razão — com um inextinguível amor da verdade [...] de forma que ele aprenda a conhecer-se [...] e não seja mais ludibriado pela imaginação que a autoridade desencaminhou [...] de forma que ele aprenda a fundamentar o seu padrão de conduta na sua própria natureza, nos seus próprios desejos, na vantagem real da sociedade [...] de forma que ele aprenda a buscar a sua verdadeira felicidade, promovendo a dos outros [...] em suma, de forma que ele se torne um ser virtuoso e racional que não pode deixar de tornar-se feliz.*[5]

Ironicamente, o Iluminismo também nos convoca a conhecer-nos, mas isso estava baseado na suposição de que os seres humanos são basicamente bons. É a mesma mentalidade de hoje, a qual denomino de "espírito olímpico".

O QUE AS NAÇÕES UNIDAS, A TORRE DE BABEL E AS OLIMPÍADAS TÊM EM COMUM

Os comerciais relacionados aos Jogos Olímpicos realizados em Sydney, em 2000, e em Atenas, em 2004, mostraram excelentes imagens de atletas em momentos de dor e de triunfo, esforçando-se para cruzar a linha de chegada em primeiro lugar ou tropeçando antes de cruzá-la. Homens saltando pelo ar, mulheres correndo a toda velocidade em direção à vitória; os anúncios publicitários os chamaram "gigantes". Por exemplo, vemos um velocista ter um tendão estirado e ainda conseguir cruzar a linha de chegada mancando, minutos depois de todos os outros velocistas a terem cruzado. Ou vemos nas Olimpíadas de Inverno um esquiador perder o controle enquanto descia a montanha e chocar-se com a cerca delimitadora da pista, um acidente terrível quando ele tomba de cabeça colina abaixo. Então surge uma legenda dizendo que dois dias depois ele ganhou duas medalhas de ouro.

Tais imagens nos fazem encher o peito de orgulho. Esses gigantes nos inspiram a maiores coisas. O comercial mostra homens e mulheres que tiram o máximo do corpo, aliás, tiram o máximo da própria humanidade. Então, depois de uma breve pausa onde nenhuma imagem é mostrada, aparece uma legenda de três palavras ao término do comercial: "Celebre a humanidade".

Esse é o espírito olímpico. Não há nada que não possamos fazer contanto que determinemos fazê-lo. Continue avançando energicamente em direção a coisas maiores e melhores. Por mais que as circunstâncias sejam difíceis, você também pode ser um gigante. Tire o máximo de si. Empenhe-se com vigor pelo prêmio. Esse é o espírito da humanidade.

Esse também é o espírito do humanismo que afirma que se os seres humanos derem-se as mãos e unirem-se, deixando de lado as diferenças e os problemas, conseguiremos fazer qualquer coisa. As culturas, línguas, cores de pele e orientações sexuais podem ser diferentes, mas todos somos seres humanos. Por meio da educação, fortalecimento das classes mais baixas, tomada dos que têm e entrega aos que não têm podemos eliminar a fome mundial, forjar a paz mundial, derrotar a pandemia da Aids e livrar o mundo da doença, da guerra, da poluição e da ameaça do holocausto nuclear. Pelo exercício tolerante dos direitos humanos que todos nós possuímos igualmente, não há nada que a humanidade não possa fazer. Conjuntamente, podemos ter sucesso em tornar este mundo um lugar onde cada geração depois da nossa diga que é um lugar afortunado, cheio de paz e felicidade.

É a mentalidade das Nações Unidas. Quando todas as nações do mundo trabalharem juntas, partilhando os recursos igualmente uns com os outros, libertando o mundo de estados nocivos que não participam dos ideais humanitários, o mundo será um lugar de prosperidade e paz.

Esse espírito humanista está impregnado não só em nível coletivo, mas também em nível individual. Acredite em você mesmo. Desenvolva a sua auto-estima. Tenha orgulho de quem você é. Cada um de nós pode alcançar o pináculo da auto-realização se tão-somente acreditarmos que podemos. Vasculhe no fundo do seu coração e lá encontrará um "deus". Não há nada que você não possa fazer.

Com esse espírito de humanismo vem um desdém por qualquer coisa que o prejudique. Se a igreja falar sobre pecado e a necessidade de arrependimento e perdão diante de um Deus santo, é fustigada por depreciar o homem. Se o cristão falar sobre a vida após a morte, é zombado por desvalorizar *esta* vida. Com esse espírito de humanismo vem implicitamente o sentimento de estar livre de Deus. Quando o homem pode fazer qualquer coisa, Deus não é mais necessário. Quem precisa se voltar para Deus quando tudo de que precisa vem do eu?

Essa mentalidade da Torre de Babel está encharcada em nossa sociedade. Se trabalharmos juntos, poderemos construir uma torre que chegue até aos céus, ou, melhor ainda, construir o céu na terra. Por que olhar para Deus ou para uma vida futura quando nesta vida nós mesmos podemos bancar deus?

No cerne de todos os três pontos de vista está o humanismo que coloca o homem no centro e ignora ou exclui Deus. "Celebre a humanidade." Uma meta nobre quando a humanidade é celebrada por ser criada à imagem e semelhança de Deus. Mas quando movemos da centralidade em Deus para a centralidade no homem e não nos importamos mais com Ele, já não estamos celebrando a humanidade, mas destruindo-a. Celebrar a humanidade sem celebrar a deidade não é celebração coisa nenhuma. Infelizmente, esse é o estado de nosso atual etos mundial e também de muitas de nossas igrejas. Se me permito garatujar uma pequena poesia, a minha caracterização dessa atitude seria a seguinte:

Oh, santa auto-realização.
Que eu me satisfaça com a minha habilidade,
Apóia-te na minha autoconfiança,
Sê consolada pelo meu valor próprio,
E sê glorificada pela minha justiça própria.

Ainda estamos vivendo em um mundo com ideais do Iluminismo. Lógico que o pós-modernismo veio para ficar, porém muitos dos ideais pós-modernos tiveram origem no pensamento iluminista. Noções de que a verdade é relativa e só pode ser verdadeira assim que for acessada por mim, ainda que tenha se desenvolvido em um pluralismo maduro nos tempos pós-modernos, derivaram dos fundamentos do Iluminismo. Infelizmente, o cristianismo não permaneceu imune ao açoite de rejeitar a verdade absoluta ou objetiva. Dallas Willard diz: "O segmento 'ocidental' da igreja hoje vive em uma bolha de ilusão histórica sobre o significado do discipulado e do evangelho. Somos dominados pelos valores essencialmente iluministas que regem a cultura americana: busca da felicidade, irrestrita liberdade de escolha, desdém à autoridade".[6] Assim, cada vez mais cristãos e até evangélicos estão pintando um mural religioso de muitos salvadores e mediadores, diminuindo a exclusividade de Cristo e sua obra. Todos esses elementos têm a sua base na confiança no eu.

Mas a idéia radical de Cristo de auto-ódio envolve confiança radical em Deus. Talvez seja essa a razão de tantos mandamentos de Jesus serem estranhos ao nosso modo de pensar. Somos ensinados a confiar em nós mesmos, sustentar a nós mesmos, cuidar de nós mesmos. A chamada de Jesus é para nos considerar nada, para nos esquecer, para sempre colocar outros antes de nós.

A AUTOCONFIANÇA AMERICANA

Há algo atraente no ideal de amor-próprio propalado pelo mundo. Vejo-me instintivamente lutando contra o ideal de Cristo neste particular. *Quero* me amar. Quem gosta de pensar humildemente de si mesmo? A nossa preferência é ter opiniões sublimes de nós mesmos, expressadas por outros ou por nossa reflexão interior.

Foi somente depois que me mudei dos Estados Unidos que comecei a entender a minha pátria. Durante os meus primeiros trinta anos, residi nos Estados Unidos, e com exceção de uma viagem ao Canadá e um cruzeiro ao Caribe, jamais pusera o pé fora do território americano. As estatísticas revelam que 99% dos americanos nunca tirará o passaporte. Por vezes, a nossa visão do mundo é inacreditavelmente míope. Amo o meu país, e tenho dificuldade em não me tornar patriótico, sobretudo em face de quem o odeia. Morar no estrangeiro me expôs ao caso de amor que muitos têm com a minha pátria, como também ao ódio que outros têm dela.

Os americanos são individualistas ferrenhos. Alguém duvida que os ícones americanos mais conhecidos no mundo sejam o símbolo vermelho da Coca-Cola, os arcos dourados do McDonalds ou a logomarca da Nike? Nós, americanos, gostamos do espírito empreendedor, da luta do indivíduo contra as forças da natureza e comércio. Somos os perfeitos individualistas, os americanos *contra mundum*. Somos grandes o bastante para fazer o que quisermos. Não damos ouvidos a quem quer que seja que limite a nossa autonomia, nem mesmo a organizações tão influentes como as Nações Unidas.

Talvez você conheça esta anedota. Como se chama a pessoa que sabe falar três línguas fluentemente? Trilíngüe. Como se chama a pessoa que sabe falar duas línguas fluentemente? Bilíngüe. Como se chama a pessoa que sabe falar só uma língua fluentemente? Americana. Não precisamos aprender a falar outros idiomas, e a maioria de nós americanos nem quer.

Sei que agora estou pisando em terra santa, mas considere os eventos de 11 de setembro. Antes desse dia, numerosos ataques terroristas haviam acontecido pelo mundo afora, muitos visando a americanos ou a interesses americanos. Lembro de dois ocorridos em terras africanas, porque na ocasião eu morava na África. Os ataques à embaixada americana no Quênia e na Tanzânia, em 1998, mataram centenas de pessoas. Houve também a explosão de um Hard Rock Café em Cape Town, África do Sul. Esse fato chegou bem perto de mim, porque eu havia comido lá dois dias antes. Logo depois disso, um grande shopping da região nobre de Cape Town mudou o tema da sua praça de alimentação. Tiraram o "Mississippi Junction", repleto de bandeirinhas americanas, para algo mais trivial e neutro.

Durante os trágicos acontecimentos de 11 de setembro, eu também estava morando na Namíbia. Enquanto assistia horrorizado aos aviões mergulharem no World Trade Center, comentei com meus amigos namibianos que o mundo nunca mais seria o mesmo. Pensaram que eu estava expressando a arrogância americana. "Ah sim! Quando acontece em outro lugar, vocês americanos não erguem um dedo para ajudar. Mas quando acontece com vocês, então o mundo inteiro está desabando." Tinham razão; e eu sabia disso. O terrorismo no exterior não chama a nossa atenção, mas em terras americanas? O mundo nunca mais seria o mesmo; e nós nos certificaríamos disso.

Essa aparente digressão ao etos americano não é absolutamente digressão. Embora os Estados Unidos sejam o país que mais contribui para as obras assistenciais, assunto sobre o qual escrevi em editoriais nos principais jornais ingleses da Namíbia, nós americanos somos egocêntricos e egoístas. Até reconhecermos esse estado, não haverá esperança de nos tornarmos, propriamente dito, discípulos de Jesus.

Todos nós somos indivíduos culturalmente condicionados. Essa verdade ficou mais clara para mim quando morei na África, onde a mentalidade do povo é inacreditavelmente diferente. Os americanos são orientados a projetos; os africanos são orientados a pessoas. Os americanos são dirigidos pelo tempo, os africanos, pelos acontecimentos. Os americanos são individualistas, os africanos, comunais.

Quando Jesus diz que precisamos odiar o nosso pai e mãe para sermos seus discípulos, isso ofende mais os africanos. Quando Ele diz que precisamos nos odiar, ofende mais os americanos. Não gosto que me mandem odiar a minha mãe nem o meu pai, mas fiz a escolha de ser missionário. Já tive de fazer a escolha difícil de mudar-me para o estrangeiro e separar-me de minha família. A minha intenção não é me exaltar usando esse exemplo. Mas gostaria de contar como é deixar a família para ir ao estrangeiro como missionário.

O meu avô, que de muitas formas foi o meu mentor espiritual, morreu dois meses depois que partimos para o nosso primeiro período de serviço missionário na Namíbia. Durante os últimos anos, ele lutou contra a leucemia, mas sempre manteve uma disposição alegre. Resignei-me com o fato de que, tendo viajado para o campo missionário, eu nunca mais o veria nesta terra. Mas isso não tornou mais fácil perder os seus últimos meses de vida ou o funeral.

Quando partimos para o campo missionário, tínhamos dois filhos pequenos. Mais três filhos nasceram na Namíbia. Portanto, durante o período de quatro anos, praticamente ninguém de nossas famílias viu as crianças. Com e-mails e câmeras digitais, o trabalho missionário quase não é tão solitário quanto era. Mas uma imagem na tela do computador dificilmente substitui pegar no colo um netinho. Quando penso nos sacrifícios feitos para ir ao campo missionário, o sacrifício que pedi que os meus outros membros familiares fizessem pesa mais que qualquer dificuldade que encontrei. Colocar a minha dedicação à minha família abaixo da minha dedicação ao campo missionário é, então, algo que escolhi fazer. Mas odiar a mim mesmo, bem, isso me afeta um pouco mais.

Há alguns anos, almocei com um bom amigo e lhe contei algo que eu nunca dissera a ninguém. Às vezes, eu tinha a sensação de estar perdendo tempo na Namíbia, vendo todos os meus sonhos se desfazerem. (Quantos que já tinham ouvido falar de Namíbia antes de ler este livro?) Enquanto escrevo este livro e este capítulo, espero que ele me dê fama para eu ganhar uma quantia bastante considerável de dinheiro. Nas palavras de Martinho Lutero, sou um "pecador fedido". Mesmo enquanto trabalho em um projeto que julgo que Deus pode usar para ajudar as pessoas, estou egoisticamente pensando em mim.

Em conversa particular com um pastor por quem tenho a maior admiração, ele confidenciou-me que às vezes, enquanto prega, sente-se insolente. No meio da mensagem, estando ele em pé diante de centenas de pessoas olhando para ele e ouvindo atentamente cada palavra que sai de sua boca, um pensamento se lhe ocorre: *Não é gostoso ter todas essas pessoas esperando cada palavra que você diz? Não é extremamente bom ter todos esses olhos concentrados em você e em mais ninguém?*

Está ouvindo os lábios ceceosos da Serpente? Ou será que sou eu que estou falando comigo mesmo? Um calafrio me percorre a espinha quando percebo que não sei dizer a diferença.

Aqui estou eu, em um canto do mundo quase que desconhecido pelas pessoas, trabalhando em um seminário pequeno com uma quantidade ínfima de estudantes. Será que os meus serviços não seriam mais úteis em um seminário bíblico ou universidade cristã, de volta aos Estados Unidos culturalmente dominantes, tornando-me conhecido e vendendo toneladas de livros? E será que não dá de justificar toda essa racionalização egoísta, dizendo que a minha produtividade seria bem maior em prol do Reino de Deus, caso eu estivesse em tal situação?

Quanto mais enfatizo essas coisas, mais me odeio por ter tamanhos pensamentos egoístas. E milagrosamente, mais semelhante a Cristo me torno. Quanto mais semelhante a Cristo acho que estou me tornando por meio desse auto-ódio, mais insolente fico, pensando que cheguei agora à verdadeira semelhança de Cristo. Será que esse ciclo vicioso nunca tem fim?

Muitas pessoas cogitavam que Martinho Lutero era louco. Toda essa conversa sobre pecado e auto-ódio fez com que muitos dos seus inimigos e até alguns dos seus amigos pensassem que ele estaria possuído por demônios. Jogar um tinteiro nos demônios que supostamente vagavam no canto do seu gabinete não ajudou a melhorar as coisas.[7]

Lutero levou os seus superiores à loucura nos primeiros anos em que esteve no convento. Enquanto a maioria dos monges passava minutos em confissões diárias, Lutero às vezes passava horas. Deparado com a perspectiva de um Deus santo que exigia perfeição, Lutero vasculhava a consciência, pensamentos e ações em busca de pecado. Crendo que o pecado não era apropriadamente coberto pela expiação de Cristo até que fosse confessado, ele voltava ao confessionário no mesmo dia para confessar outros agravos que recordara recentemente.

Lutero foi longe demais? O seu comportamento beirava a insanidade? Quando comparado com um Deus santo e vivendo em um sistema que ensinava que boas obras eram necessárias para ser justificado, não penso assim. Lutero estava levando as coisas à sua conclusão lógica. Só um ser perfeito pode ter comunhão eterna com outro ser perfeito. Ficando aquém dessa perfeição, Lutero se sentia acertadamente apavorado.

Hoje em dia, muitos são arrogantes em suas relações com Deus. Ou categorizam a maioria dos pecados como "venial" ou insignificante, ou reconfiguram a imagem que fazem de Deus tachando-o de fraco e sem personalidade. Dizem que Deus está unicamente interessado em que sejamos sinceros e façamos genuinamente o melhor que pudermos. Ele está mais que propenso a não fazer conta de infrações secundárias. Dadas tais atitudes, fico imaginando onde se classificaria comer um pedaço do fruto proibido. A minha suposição é que viria logo abaixo de "mentiras inofensivas" e a pirataria ocasional de programas de computador. Isso já seria o suficiente para banir os nossos primeiros pais do jardim do Éden e fazer com que pessoas com tais perspectivas jogassem a morte espiritual e física no montão de lixo da alegoria.

> *Todos aqueles que em todos os trabalhos ou sofrimentos, vida e morte, não confiam no favor, graça e benevolência de Deus, mas preferem buscar o favor divino em outras coisas ou em si mesmos, não guardam o [primeiro] mandamento, e estão praticando verdadeira idolatria, mesmo que fizessem as obras de todos os outros mandamentos, e tivessem todas as orações, jejum, obediência, paciência, castidade e inocência de todos os santos combinados.*
> *Martinho Lutero (1483-1546),* Tratado sobre as Boas Obras

"O temor do Senhor é o princípio da sabedoria" (Sl 111.10). Lutero não era louco. Na realidade, ele era um dos homens mais mentalmente sãos da sua geração. Os que não têm um medo saudável de Deus são os que deveriam ser considerados lunáticos. Da mesma forma, os que não têm um auto-ódio saudável não podem seguir a Deus verdadeiramente.

IMITANDO O COBRADOR DE IMPOSTOS

Talvez a declaração fundamental de Jesus concernente ao problema de confiar em si mesmo esteja na parábola do fariseu e do publicano (Lc 18.9-14). Lucas começa a parábola fornecendo a razão de Jesus a ter pronunciado: "E disse também esta parábola a uns que confiavam em si mesmos, crendo que eram justos, e desprezavam os outros" (Lc 18.9). Para nós que vivemos no século XXI é fácil não perceber o impacto ou mordacidade desse ensino.

Jesus justapõe dois homens na história, um fariseu e um publicano (cobrador de impostos). Aos olhos da maioria dos judeus daqueles dias, o fariseu era o epítome da santidade e justiça, ao passo que o cobrador de impostos era o exatamente oposto. Em geral, o cobrador de impostos era um compatriota judeu que trabalhava para o opressor, o Império Romano, e extorquia dinheiro do seu próprio povo. Na maioria das vezes, ele conseguia amealhar grande quantidade de riqueza pessoal coletando os impostos. Capitulando ao opressor, enquanto juntava ganho pessoal oprimindo o seu próprio povo, os cobradores de impostos eram muito odiados pelos judeus.

Não há dúvida de que foi por isso que Jesus escolheu essas duas personagens para compor a sua história. As pessoas esperariam que o fariseu se mostrasse justo na história, ao passo que o cobrador de impostos obteria desaprovação severa. Como é típico nos ensinos de Jesus, foi o oposto que aconteceu. O fariseu proclamou o seu mérito próprio diante de Deus. Aplaudindo atos pessoais de justiça, ele elogiou as doações e jejuns que fazia. De fato, notamos que o fariseu estava no Templo orando, mais uma atividade louvável por ele. Contudo, a verdadeira razão de ele estar ali era para exaltar-se.

Por outro lado, o cobrador de impostos exibiu a verdadeira humildade. Enquanto o fariseu se punha de pé para declarar a sua justiça própria, o cobrador de impostos nem mesmo levantava os olhos por estar muito envergonhado pelos pecados cometidos. Ele batia no peito, um sinal de humildade e auto-ódio. A sua alegação estava dividida em duas partes: ele depôs que era pecador e pediu misericórdia.

Grande parte de nosso ensino hoje em dia, tanto secular quanto sacro, informa-nos que esse ato de auto-ódio é ruim para a nossa auto-imagem e auto-estima. No entanto, só quando reconhecemos a extensão de nossa pecaminosidade aos olhos de um Deus santo é que começamos a experimentar a graça e misericórdia de Deus, das quais vêm regeneração e novo nascimento.

O impacto causado nas pessoas que no século I ouviam Jesus deve ter sido incrível. É errado aplaudirmos o fariseu pelas grandes coisas que ele fez? Ele não orava, jejuava e contribuía como deveria? Observe que a "alegação" do fariseu também estava dividida em duas partes: ele depôs as suas ações justas ao mesmo tempo em que condenava as dos outros.

Talvez a mordacidade dessa parábola fique mais evidente assim que enfatizarmos a atitude do fariseu. Uma das perguntas clássicas do evangelismo feito hoje em dia, popularizada pelo curso Explosão de Evangelismo é: "O que você diria se morresse hoje, e Deus lhe perguntasse por que deveria deixá-lo entrar no céu?" Já ouvi essa pergunta numerosas vezes e, em sua maioria, as pessoas fazem uma lista das coisas boas que fizeram e das coisas ruins que não fizeram. E fico impressionado com a semelhança da resposta com uma que o fariseu dá nessa parábola.

Podemos dizer que essa tendência chama-se "obediência comparativa". Muitos de nós nos sentimos bem quando nos comparamos com os outros. O fato é que sempre encontramos alguém que é mais pecador que nós. E ao nos sentir bem com os pecados que não cometemos, ignoramos os que cometemos. Muitos respondem a essa pergunta da Explosão de Evangelismo, dizendo: "Eu não matei, nem roubei, nem adulterei", afirmando por essas razões que eles teriam permissão para entrar no céu. Mas e quanto ao orgulho, ou ao costume de ceder às tentações, ou a outros pecados do coração? Eles também estão livres destes?

O fariseu olhou para as coisas boas que fizera e, junto com a obediência comparativa que o fez parecer melhor que o cobrador de impostos, declarou-se justificado diante de Deus. Não está, não, disse Jesus ao seu público do século I e igualmente a nós hoje. Lucas relata essa mesma atitude imediatamente após a parábola do mordomo infiel (Lc 16.1-8). Dirigindo-se aos fariseus, Jesus afirma: "Vós sois os que vos justificais a vós mesmos diante dos homens" (Lc 16.15). Em seguida, observa: "O que entre os homens é elevado perante Deus é abominação". Jesus odiava esse tipo de justificação própria e sentimento de superioridade moral.

Já viu alguém enfermo ou com uma doença terminal agir como se nada estivesse errado? A situação é digna de pena. A pessoa se recusa a tomar remédio, fingindo que o que sente não justifica ter de ir ao médico. O fariseu que orava no Templo fez a mesmíssima coisa. Ele agiu como se nada estivesse errado. É como ir ao médico e declarar-se completamente são, quando a verdade é que você tem uma doença que logo acabará com a sua vida. Quando você não reconhece a doença, também não reconhece que precisa de cura. O fariseu consultou o médico da alma e lhe diz que está perfeitamente são.

"Que bom que não sou como o fariseu." Quantas vezes você já disse isso ou ouviu alguém dizer? Mesmo depois de ler essa parábola, muitos de nós temos a tendência a fazer essa declaração e, fazendo-a, cometemos sem perceber o mesmo erro que o fariseu. Há tantos de nós que somos enganados pelo nosso próprio farisaísmo. Damos uma olhada ao redor e vemos os atos maus dos outros. Pelo fato de não fazermos essas coisas, nos consolamos e nos declaramos justos, o tempo todo ignorando os numerosos outros pecados que cometemos.

O problema é que estamos nos comparando com a pessoa errada. Em vez de nos comparar com outros pecadores, devemos nos comparar com o inocente Filho de Deus. Assim que fizermos essa comparação, pouco importando quem sejamos, perceberemos como estamos aquém das expectativas. É a experiência universal de pessoas verdadeiramente tementes a Deus que quanto mais perto andam com o Senhor, mais percebem que são pecadoras. Quanto mais perto colocamos um objeto debaixo de luz intensa, mais aparecem os defeitos desse objeto. O mesmo fato ocorre com os crentes. Quanto mais tempo ficamos expostos à luz intensa do Filho de Deus, mais as nossas fraquezas e pecaminosidade ficam aparentes, e mais prontamente reconhecemos que necessitamos de misericórdia e perdão de Deus. Muitos agem como o fariseu. Quanto mais tempo são cristãos, mais hipócritas se tornam e mais arrogantemente tratam os outros cristãos menos santos que eles.

A parábola termina com estas palavras: "Porque qualquer que a si mesmo se exalta será humilhado, e qualquer que a si mesmo se humilha será exaltado" (Lc 18.14). Hoje em dia, muitas pessoas andam na terra com a plena certeza de que a exaltação delas é certa, mas, em última análise, descobrirão que serão humilhadas.

> *Aquele que se humilha, seja ele quem for: se, em vez de jejuar duas vezes por semana, ele ficou bêbado duas vezes por semana; se, em vez de dar o dízimo de tudo que possui, ele reteve parte dos dízimos do ministro e parte dos impostos do rei; apesar de ele ser injusto, extorsionário, adúltero, e não somente isso, mas ainda que os pecados de toda a humanidade estejam centralizados e unidos a ele; mesmo assim, como que pela graça, semelhantemente ao publicano, ele puder humilhar-se, será exaltado.*
>
> *George Whitefield (1714-1770),* Os Sermões de George Whitefield

O ATO DE EQUILÍBRIO

Estou dizendo que não devemos nos importar com nada mais, ponto final? Estou dizendo que os cristãos devem abandonar todas as outras obrigações em prol da busca por Cristo?

A busca por Cristo vem junto com outras obrigações que também devem estar adequadamente equilibradas. Há muitos trabalhadores cristãos, especialmente pastores, cujo trabalho se tornou para eles um ídolo, algo como um "workaholismo ministerial". Pense no evangelista de sucesso cujos filhos não são crentes, ou leve em conta as muitas pessoas que cresceram menosprezando a fé cristã, porque o seu pai-pastor nunca tinha tempo para atender-lhes as necessidades. Jesus, então, está dizendo que temos de ignorar as nossas famílias para que possamos prosseguir no verdadeiro negócio de segui-lo? Isso quer dizer que, como ministro, sempre tenho de colocar a minha família em segundo plano? Em outras palavras, tenho de negligenciar as necessidades da minha esposa e filhos em prol da obra de Deus?

Alguns podem pensar que me coloquei em um pedestal para dar-lhes uma resposta direta e geral: "Todas as obrigações têm de ficar em posição secundária em relação à nossa obrigação de seguir a Jesus".

Entretanto, não acho que formular a resposta desse modo seja necessariamente o melhor.

Deus nos colocou no planeta Terra. Ele não exige que o nosso compromisso com Ele produza resultados em um vazio. Trata-se de um compromisso que entra no ambiente do mundo real. Os pastores que têm famílias têm a obrigação espiritual de cuidar de seus familiares, e essa obrigação é vista como parte das suas obrigações em seguir a Cristo. Os que estão no ministério desempenham as atividades relacionadas ao seu compromisso com a família em oposição ao seu compromisso com Cristo, mas essa é uma falsa dicotomia.

Quando minha esposa e eu decidimos ir para o campo missionário, levantou-se uma possível dificuldade em minha mente: a educação dos nossos filhos. Correta ou incorretamente, pensei que a educação na África não fosse tão boa quanto nos Estados Unidos. Minha esposa, que foi criada no campo missionário e desde os seis anos freqüentou um internato, não teve muita dificuldade com essa decisão.

Alguém diria que se a minha fé fosse grande, eu não teria me preocupado com essas coisas. Se Deus me chamou para ir à África (e discernir a "chamada" não é tão fácil quanto alguns petulantemente entendem que é), devo ter fé para saber que Ele proverá a educação dos meus filhos. No meu outro ombro estava um demoniozinho dizendo-me que eu deveria olhar para a realidade e para todas as crianças que foram criadas no campo missionário que depois menosprezaram os pais e Deus por conta disso. Não deveria eu me preocupar com a educação dos meus filhos?

Vejamos preocupações maiores. Mudando para a África, coloquei a minha família em maior risco de contrair tuberculose ou malária, os dois maiores assassinos no continente africano. E o que dizer sobre o crescente desassossego político ou a potencialidade de crimes violentos como estupro ou seqüestro?[8] Quantos missionários tiveram membros da família mortos por doenças raras sobre as quais eles nunca teriam se preocupado caso tivessem ficado em casa? Claro que se nos mudássemos da região nobre de Chicago para as áreas pobres da cidade, eu também não teria preocupações semelhantes relacionadas à segurança? Assim os argumentos giravam em círculos em minha mente.

A realidade é que os meus filhos estão recebendo uma educação melhor que recebi na pequena escola rural que freqüentei nos Estados Unidos. Sob esse aspecto, Deus tem suprido de forma admirável. Então a minha preocupação inicial era infundada? Claro que não. Deus nos deu obrigações terrenas que devem ser equilibradas com os nossos deveres espirituais. Na verdade, eu diria que as obrigações terrenas *são* deveres espirituais, visto que tudo que fazemos deve ser feito para a glória de Deus.

Diante dessas considerações, em que ponto um pastor determina quantos funerais, reuniões de oração e funções ministeriais estão afastando-o demais das responsabilidades com a família? Essa questão, creio, deve ser deixada ao foro pessoal e à consciência de cada um, com um olho atento para prevenir que o ministério para o Senhor prejudique as nossas responsabilidades em outras áreas. Temos de entender o mandamento de odiar a família no contexto de membros familiares que se opõem ao nosso compromisso com Cristo. Não devemos usar o nosso compromisso com Cristo como desculpa para descuidar dos membros familiares que Deus colocou sob os nossos cuidados.

O CAMINHO PARA O AUTO-ÓDIO

Daqui ao final do capítulo, proporei quatro áreas em que podemos evitar a idolatria do eu e inculcar um auto-ódio adequado.

Coloque Deus antes de Você

À primeira vista, parece uma verdade óbvia para os cristãos, mas muitos de nós a esquecem. Como escreveu A. W. Tozer: "A essência da idolatria é o entretenimento de pensamentos sobre Deus que são indignos dEle".[9] Possuímos opiniões muito baixas e medíocres sobre Deus. Nós o vemos como um Papai Noel cósmico ou como um amigão em quem cutucamos enquanto contamos uma piada tola. Para outros cristãos, Deus é um velhinho sentado no céu torcendo as mãos, enquanto espera que os seres humanos comprem o seu plano de salvação, pois Ele não sabe se vão querer comprar ou não.

Se não entendermos apropriadamente que existimos para o propósito exclusivo de dar glória a Deus e servi-lo, nunca atingiremos o nível de maturidade espiritual que Cristo quer nos seus discípulos. A nossa tendência é criar Deus à nossa imagem e depois afirmar que o estamos seguindo, quando tudo que estamos seguindo é uma falsa imagem. A pessoa subirá somente ao nível da imagem que faz de Deus. Se for uma imagem baixa, a vida dessa pessoa refletirá igualmente essa imagem baixa.

> Mas o nosso Deus está nos céus e faz tudo o que lhe apraz. Os ídolos deles são prata e ouro, obra das mãos dos homens. Têm boca, mas não falam; têm olhos, mas não vêem; têm ouvidos, mas não ouvem; nariz têm, mas não cheiram. Têm mãos, mas não apalpam; têm pés, mas não andam; nem som algum sai da sua garganta. Tornem-se semelhantes a eles os que os fazem e todos os que neles confiam. *(Sl 115.3-8)*

Cada vez que pecamos permitimos que a idolatria do eu prospere. Temos de submeter a nossa vontade todos os dias a Deus. A expectativa é a rendição total do eu. Se Jesus me pedir que eu venda tudo que possuo para dar aos pobres, tenho de fazer exatamente isso, caso queira ser seu discípulo. Se Ele me ordenar que eu me mude com a minha família para o estrangeiro, apesar das dificuldades, tenho de cumprir-lhe a ordem. Se me disser que pregue o evangelho em um ambiente hostil, no qual corro o risco de perder a vida, tenho de obedecer-lhe na íntegra. O ditado militar cabe bem neste ponto: "Nosso dever não é questionar o porquê. Nosso dever é fazer ou morrer". Paulo, citando Isaías, diz algo semelhante: "Somos considerados como ovelhas destinadas ao matadouro" (Rm 8.36, NVI).

Se você tentar explicar às pessoas do mundo essa obediência aparentemente estúpida, elas o considerarão o maior tolo. Isso mesmo. Jesus é o oposto do mundo e sua ordem. Ele espera que os discípulos se conformem à sua vontade e não à do cosmo. Como vimos no capítulo 5, temos de esperar, e não evitar sermos perseguidos. Se o mundo pensou que Jesus era tolo, pensará o mesmo de nós.

Michael Card, cantor cristão, reconhece esse fato. Na canção "God's Own Fool" (O Tolo de Deus), Card nos conclama a nos tornarmos tolos aos olhos do mundo da mesma maneira que Jesus fez:

Em nossa tolice pensamos que éramos sábios,
Ele bancou o tolo e abriu os nossos olhos.

Deus gosta de usar coisas tolas para envergonhar o mundo. Na verdade, Ele gosta de nos mandar fazer coisas aparentemente tolas para mostrar o seu poder e força.

Poucos de nós estamos acostumados com aprendizado e o que significa estar sob o discipulado de outro. Na década de 1980, um filme que popularizou essa noção foi *Karatê Kid — A Hora da Verdade*. Um rapaz procura a ajuda de um mestre de caratê para defender-se de uma gangue que o atormentava, mas as coisas não aconteceram como ele pensava que fosse. O tempo todo em que o aprendiz de caratê executa tarefas aparentemente servis sob as ordens do seu mentor, o Sr. Miagi, está aprendendo importantes movimentos de caratê.

Talvez a parte mais conhecida do filme seja a cena "encerar para dentro, encerar para fora". Miagi manda o rapaz encerar o carro do mestre no calor do meio-dia, usando movimentos circulares à direita para encerar e movimentos circulares à esquerda para lustrar. Em certo ponto, o rapaz perde a paciência e sai correndo bufando de raiva, pensando que Miagi está se aproveitando dele. Só depois ele entende que o tempo todo Miagi estivera treinando-o para a luta final e que os movimentos circulares de encerar e lustrar emulavam bloqueios de golpes de caratê.

No Antigo Testamento, Deus faz coisas semelhantes. Três exemplos se destacam. O Êxodo da escravidão egípcia é um estudo sobre a incapacidade dos israelitas e a provisão maravilhosa de Deus, começando com as dez pragas e chegando à divisão do mar Vermelho. Mesmo no deserto, Deus milagrosamente lhes forneceu água da pedra, maná e codornizes do céu; nunca permitiu que a roupa deles ficasse velha pelo uso durante quarenta anos. Os judeus não estavam em posição de reivindicar autoconfiança em face desses acontecimentos.

Semelhantemente, Deus preservou o rei Ezequias e Judá do avanço do exército de Senaqueribe, fazendo uma matança noturna de cento e oitenta e cinco mil homens do exército assírio (Is 37.36). Os israelitas, claramente em menor número e muito menos gabaritados que os assírios invasores, nunca teriam ganhado a batalha de modo natural.

No relato da vitória de Gideão sobre os midianitas (Jz 7.1-25), Deus deu muitas e importantes vantagens ao inimigo. Usando apenas trezentos homens armados com trombetas e jarros contendo tochas acesas, os judeus derrotaram o exército midianita inegavelmente superior. Deus deixou claro por que concedera tamanhas vantagens assim: "A fim de que Israel se não glorie contra mim, dizendo: A minha mão me livrou" (Jz 7.2).

Vez após vez Deus punha o seu povo escolhido em situações em que não podiam se salvar para mostrar o seu poder e força. Na verdade, sempre que os judeus ficavam orgulhosos e autoconfiantes, eram firmemente castigados por Deus, a maioria das vezes na forma de derrotas militares diante dos inimigos.

> *Não somente isso, mas até o mais santo dos homens, por mais que saiba muito bem que não permanece por força própria, senão pela graça de Deus, iria sentir-se muito seguro na sua própria fortaleza e constância, caso não tivesse ele sido levado a um conhecimento mais completo de si mesmo pela provação da cruz.*
> *João Calvino (1509-1564),* Sobre a Vida Cristã

Em cada exemplo, a razão de Deus mandar os israelitas fazerem coisas aparentemente tolas era para que eles nunca afirmassem que venceram por força própria. E Deus não está fazendo o mesmo conosco? Ele não nos põe em ministérios que parecem destinados ao fracasso, mas que milagrosamente têm sucesso? Não pede que entreguemos uma mensagem que parece tola a um mundo que perece? Contudo, Ele tira vida disso.

Deus detesta a autoconfiança que os seus filhos tenham, ao passo que elogiamos tal qualidade em nossos filhos terrenos. No momento que pensamos que somos autoconfiantes, tornamo-nos ramos que afirmam que não precisam mais da videira para o sustento e, sendo assim, só servem para ser queimados pelo fogo. Pessoas independentes não precisam solicitar o curso de discipulado de Jesus. O Senhor quer pessoas dependentes que estejam dispostas a conformar-se ao seu jugo, e que não pensem que podem coagir Jesus a fazer-lhes a vontade.

Deus é um Deus ciumento. Ele quer que não haja nada no caminho de nossa dedicação completa e firme a Ele. Não pensemos que a idolatria esteja limitada a peças feitas de madeira ou metais preciosos. Qualquer coisa que nos tire de nosso compromisso absoluto e centrado em Deus serve de ídolo.

Deus quer nos desprender de todas as coisas que impeçam a nossa relação com Ele. É muito perigoso cairmos nas mãos de um Deus inteiramente empenhado em nos fazer ficar cada vez mais íntimo com Ele. Estejamos preparados para perder tudo que nos seja querido. As coisas que julgamos de maior valor que a nossa comunhão com Deus serão purgadas por Ele: família, posses, emprego, dinheiro, qualquer coisa.

Deus não deixou de ter ciúmes. Quando firmamos o nosso compromisso com Ele, temos de esperar que o compromisso seja devidamente correspondido por Ele. Tenhamos sempre o cuidado de fazermos tudo com vistas à sua glória a fim de que as nossas obras não sejam queimadas como palha.

> *Para purificar-me mais da mistura que posso fazer dos seus dons com o meu amor-próprio, Ele me deu provações interiores que me foram muito pesadas.*
> *Madame Guyon (1647-1717),* Autobiografia de Madame Guyon

Coloque os outros antes de Você

Uma maneira importante de crucificar o eu egoísta é cultivar uma mentalidade centrada nos outros. O mandamento de Paulo: "Cada um considere os outros superiores a si mesmo" (Fp 2.3), não era que produzíssemos uma falsa humildade. Trata-se de uma humildade genuína, mostrada por nossa vontade em renunciar os nossos direitos por amor aos outros. O exemplo supremo de Paulo é Jesus Cristo, que não se agarrou mesquinhamente à sua igualdade com o Pai, mas humilhou-se e "aniquilou-se a si mesmo" (Fp 2.7) para que pudesse nos salvar.

Estamos tão acostumados com direitos pessoais e privilégios inalienáveis que perdemos de vista a natureza radical da humildade própria de Cristo. Esquecemos que os verdadeiros discípulos de Jesus puseram as necessidades dos outros em primeiro lugar, mesmo que se prejudicassem. Por exemplo, já vi cristãos ostentarem arrogantemente uma suposta liberdade que têm de beber bebidas alcoólicas tomando grande quantidade de cerveja na frente de crentes que eles sabem que ficarão ofendidos. Em Romanos 14, Paulo fala que tais atitudes são inaceitáveis para os cristãos.

Fiquei impressionado com essa atitude egoísta ao falar com uma pessoa cuja irmã é mãe solteira de uma criança de colo. A jovem mal tinha tempo para si, sempre com a criança no colo por onde quer que fosse. Certa noite, perguntei à sua irmã mais velha por que ela não cuidava da criança para que a irmã mais nova pudesse sair e ir a uma pizzaria com a mocidade da igreja. A resposta foi: "Eu trabalho o dia todo durante a semana. Este é o *meu* tempo, e não vou dá-lo a ninguém".

Quantas vezes abrigamos a mesma atitude maldosa. "É o meu direito de falar e ninguém vai me fazer calar, mesmo que fira os outros." "Quanto a esse comportamento, a minha consciência não me acusa. Se você está se sentindo mal é porque tem um problema." "Ninguém tem o direito de me dizer o que fazer. Vou processá-lo por obstrução ao meu direito." Quantas igrejas já se dividiram por conta de tais atitudes egoístas.

Na Namíbia, a mendicância é um problema constante. O fato é que se você ajudar os mendigos uma vez, nunca mais se livrará deles. Certo mendigo vem sempre à nossa casa pedir dinheiro. Tenho de admitir que às vezes detesto o fato de ele vir e fico desejando que nunca mais volte. É o meu dinheiro duramente ganho que ele está pedindo que lhe dê.

Então me dou conta de que se todo cristão tivesse a mesma atitude, eu nunca poderia ser missionário na África, visto que me beneficio unicamente das contribuições caridosas de crentes dispostos a dar o que é deles para que eu possa ter uma vida como missionário. Cada um desses crentes está pronto a crucificar o seu eu egoísta para prover-me a subsistência. Como posso ser mesquinho em me agarrar ao que já me foi dado livremente?

> *Como é difícil cumprir o dever de procurar o bem do próximo! A menos que você deixe de lado todo pensamento de si mesmo e, até certo ponto, deixa de ser você mesmo, nunca conseguirá fazer isso. Como exibir essas obras de caridade que Paulo descreve, a menos que você renuncie a si mesmo e dedique-se completamente aos outros?*
>
> *João Calvino (1509-1564),* Sobre a Vida Cristã

Veja a Igreja como um Lugar para Você Dar de si Mesmo

George Barna relatou que vê uma mudança importante na igreja e seu foco nos Estados Unidos. Em sua opinião, trata-se de uma "revolução", que é o título do livro que cataloga essa mega-mudança no pensamento cristão sobre o que constitui a igreja.[10] O que achei desconcertante nessa revelação não é que as pessoas estejam repensando meios melhores de servir a Deus; esse é o ângulo positivo de Barna na mudança. Mais exatamente, diz respeito ao fato de que os cristãos ainda encaram a igreja com a mentalidade "o que eu ganho com isso?"

"Pular de igreja" é prática comum para muitos crentes. Para alguns, essa prática é tão funesta quanto achar a igreja que tenha mais mulheres solteiras, que é a motivação exclusiva para eles a freqüentarem. Estou falando sobre algo muito mais inofensivo e, mesmo assim, igualmente prejudicial: a atitude de que só tem o eu como o fator exclusivo na escolha de um lugar de culto. "Como os louvores e cânticos me fazem sentir? Os pregadores me deixam motivado? As pessoas daqui me fazem sentir que sou aceito e amado?" Eu, eu, eu.

É lógico que um aspecto da igreja é o modo como afeta a minha vida, mas esse não pode ser o único fator a considerar. Milhares, se não milhões de cristãos (ousarei dizer a maioria dos crentes?) só vão à igreja para serem alimentados e pouco fazem para alimentar os outros. Toda semana, perambulam até o cocho, fartam-se a valer e só voltam quando sentem mais dores de fome. Se o menor detalhe sair errado ou acontecer algo de que não gostem, imediatamente se mudam para a próxima loja do *shopping center* eclesiástico. Nunca se tornam membros; nunca se envolvem em qualquer coisa para ajudar a igreja. Mas quando as coisas ficam ruins, são os primeiros a contestar.

A idolatria do eu tem produzido cristãos com uma visão anêmica da igreja. Gosto de dizer que eles são crentes *free lance*, ou seja, crentes que "se lançam livremente" de igreja em igreja. A igreja está em tudo que eles puderem tirar dela, não havendo a compreensão de que o corpo de crentes só amadurece quando todos nós trabalhamos ativamente para edificá-la. Muitos acreditam tolamente que podem ser cristãos melhores (algo que Barna reporta) se *não* forem participantes ativos em um corpo local de crentes.

Penso que o fato merece ser repetido. Há crentes que pensam que têm uma relação melhor e mais forte com Deus contanto que evitem uma interação contínua com o povo de Deus.[11] A mentalidade dessas pessoas é que o crente pode se alimentar pela internet ou pela televisão, não precisando ser membro de uma igreja local. Não admira que muitas igrejas hoje lutem para manter igrejas e ministérios relacionados, quando há multidões de crentes que não exercitam os dons espirituais nas suas respectivas congregações. O antigo ditado que diz que 10% de pessoas fazem 100% do trabalho cabe muito bem aqui. Não é de admirar que muitos pastores acabem ficando física e emocionalmente exauridos e abandonem o ministério. Quantas igrejas têm um Moisés como pastor sem pastores adjuntos ou presbíteros para ajudá-lo com o trabalho que não tem fim?

Barna opina que essa revolução pode ser o movimento mais influente a acontecer na igreja ao longo deste século, quer seja bom quer seja ruim. Se ele tiver razão, inclino-me a acreditar que o efeito seja ruim. Só pode ser prejudicial para a igreja e para os crentes individualmente, caso muitos cristãos fiquem em casa sendo "alimentados" e não participem de forma ativa no corpo local da igreja.

Consegue imaginar todos os dedos das mãos e dos pés dizerem que não acompanharão mais o seu corpo quando você for sair? Quantos de nossas igrejas hoje não têm olhos, ouvidos, mãos e pés? Quando Jesus proclama: "Mais bem-aventurada coisa é dar do que receber" (At 20.35), acreditamos mesmo nisso?

Permita-me propor que tomemos uma declaração proverbial cunhada por um dos ex-presidentes americanos e a apliquemos quando se tratar de participar da igreja: "Não pergunte o que a sua igreja pode fazer por você; pergunte o que você pode fazer por sua igreja". Identifique os dons espirituais ou talentos naturais que você tenha e encontre ativamente meios de usá-los em sua igreja local. Não vejamos que ela existe apenas para nos beneficiar. Temos de nos ver como crentes que existem para beneficiar a igreja. Estejamos certos de que, se não nos virmos dessa maneira altruísta, o cristianismo causará um impacto cada vez menor na sociedade e no mundo.

Cultive uma Vida de Oração Altruísta

Quando a minha filha mais velha era menina e orávamos juntos, as suas orações eram caracterizadas pelo seguinte: "Querido Jesus, me dê isso, me dê aquilo". Disse-lhe que ela também tinha de orar pelos outros, não ficando só pedindo coisas para si. Então, ela mudou: "Graças te dou, Senhor, por minha família. Me dê isso, me dê aquilo".

Muitas vezes, as nossas orações são egoístas, assinaladas por um bombardeio de pedidos, necessidades e desejos pessoais. Claro que temos de apresentar os nossos pedidos diante de Deus, mas se as nossas orações forem dominadas por pedidos por nós mesmos, com pequeno foco nos outros, temos uma vida de oração que não é adequada.

Na "oração sacerdotal" de Jesus registrada em João 17, acho instrutivo que Ele comece orando por si mesmo. Depois, Ele ora pelos discípulos e, por último, pelas pessoas que crerem na mensagem. Não quero fazer disso uma fórmula que temos de seguir, mas é interessante destacar que a maior parte da oração seja pelos outros, e não pelo próprio Jesus. Até na Oração Dominical não há elemento de oração por quem faz, somente por "nós", tendo em vista a comunidade inteira de discípulos. Claro que essa oração pode ser feita pelo indivíduo ("e não [me] induzas à tentação, mas livra-[me] do mal"), mas espero que você esteja entendendo aonde quero chegar. Precisamos evitar orações egoístas e egocêntricas, e ter uma vida de oração mais voltada aos outros.

Também acho instrutivo que a Oração Dominical comece com Deus e a sua glória: "Santificado seja o teu nome" (Mt 6.9). Como já comentamos, temos de pôr Deus antes do eu para que não tornemos o eu em ídolo. Existimos por uma e única razão: dar glória a Deus. Se não estamos dando-lhe glória, deixamos de existir pela razão que fomos criados. Deus não nos criou exclusivamente para nos dar o que queremos, nos empanturrar de coisas e nos mimar, mas para servi-lo. O salmista diz: "Não a nós, Senhor, não a nós, mas ao teu nome dá glória" (Sl 115.1). As nossas orações devem ser caracterizadas por esse zelo pela glorificação de Deus, e não pela nossa satisfação.

Quando oro, oriento minhas orações de acordo com uma sigla. Ressalto que não é o meu propósito criar uma fórmula que *deva* ser seguida, mas para mim serve de excelente diretriz para eu não cair no erro de orações egoístas ou sem equilíbrio. A sigla é ACGS, que significa adoração, confissão, gratidão e pedido. Não me lembro de onde aprendi essa sigla, mas não é algo que criei. Tenho certeza de que alguns leitores já a conhecem.

Usar essa sigla evita que eu faça orações que sempre sejam sobre mim e as minhas necessidades. Ajuda-me a me concentrar primeiro em Deus e em quem Ele é, uma característica de oração muito ignorada atualmente. A nossa tendência é encarar a oração como um tempo para apresentarmos a nossa lista de desejos cósmicos a Deus, enquanto esquecemos que a oração também é um tempo em que somos transformados. Não é que estamos dobrando a vontade de Deus para ajustar-se à nossa pela oração, mas o oposto é que tem de acontecer. A nossa vontade é dobrada para ajustar-se à dele.

Há muita oração hoje, sobretudo no movimento da prosperidade, que é um exercício de queda de braço. Adotamos uma visão imatura da oração que nos pinta torcendo o braço de Deus até que Ele ceda ante as nossas demandas. Tal imagem patética que fazemos de Deus nada mais é que a idolatria do eu. Tornamos limitada a nossa vontade e temporal o fator determinativo em nossa relação com o Senhor da glória infinito e eterno.

Usar a sigla ACGS também me ajuda a admitir que sou pecador. Não me chego a Deus com exigências, repreendendo-o quando Ele não responde do modo que predeterminei. Em vez disso, chego reconhecendo que sou um mendigo necessitado de misericórdia, graça e orientação. Quando faço minha confissão diante de Deus, admito minha penúria e pobreza espiritual. Sem tal atitude, quase não dá para esperar que Deus responda as nossas orações arrogantes. Temos de confessar que somos dependentes dEle. Só então os seus ouvidos estarão atentos às nossas súplicas e pedidos.

Além disso, usar a sigla ACGS previne que eu esqueça das grandes coisas que Deus fez por nós. Paulo escreveu: "Não estejais inquietos por coisa alguma; antes, as vossas petições sejam em tudo conhecidas diante de Deus, pela oração e súplicas, com ação de graças" (Fp 4.6). Há crentes que mantêm um diário de oração para acompanhar os pedidos feitos e as respostas de Deus. Parece-me uma boa idéia, porque temos a tendência a esquecer as promessas de Deus e como Ele as cumpre. Recordar todas as coisas que Ele fez por nós evita orações egoístas dedicadas unicamente aos nossos desejos pessoais e necessidades visíveis. Um coração grato também nos mantém longe de orações redundantes, como os pagãos faziam (Mt 6.7), pensando que se inundarmos Deus com um pedido específico, Ele tem de acabar vendo as coisas do nosso jeito.

Há ocasiões em que surge um problema especial, como uma doença repentina ou acidente, e nos chegamos a Deus somente com essa necessidade urgente em mente. Deus me livre que os meus leitores pensem que estou dizendo que temos de usar a fórmula proposta pela sigla ACGS para que Deus ouça as nossas orações. Há momentos em que nos chegamos a Deus com só este ou aquele pedido, porque se trata de uma necessidade urgente. Não há nada de errado com isso. No que diz respeito ao assunto, podemos nos chegar a Deus só fazendo confissão, ou só agradecendo ou adorando, e nem sempre precisamos fazer pedidos. O que me interessa é que as nossas orações habituais não sejam dominadas por considerações egocêntricas.

"DEUS MEU, DEUS MEU, POR QUE ME [*NÃO*] DESAMPARASTE?"

Esse é o meu clamor a Deus. Fico surpreso que Ele não tenha me abandonado apesar de tantas vezes decepcioná-lo em pensamento, palavra e ação. Se a minha salvação dependesse da minha vontade, com certeza eu estaria perdido. Apesar de todos os seus benefícios e de toda a sua bondade demonstrada para comigo, ainda sou ativamente rebelde contra ele. Sou um crente ingrato e obstinado. Detesto quem sou; ainda espero avidamente o dia em que serei liberto dessa luta comigo mesmo e serei aperfeiçoado à imagem do Filho de Deus.

Jesus diz que, caso seja necessário, temos de sacrificar as relações de família para segui-lo. Mas Ele também afirma que a recompensa por tal sacrifício é um aumento real em nossa família. "E todo aquele que tiver deixado casas, ou irmãos, ou irmãs, ou pai, ou mãe, ou mulher, ou filhos, ou terras, por amor do meu nome, receberá cem vezes tanto e herdará a vida eterna" (Mt 19.29). Freqüentemente, as relações espirituais entre crentes são mais fortes que laços de sangue.

Seguindo a Jesus, tornamo-nos membros de uma família que é mais forte e mais duradoura que as ligações de família temporais. O laço é eterno. Jesus identificou que a sua verdadeira família, mãe e irmãos, são aqueles que fazem a vontade do Pai (Mc 3.33-35). De modo semelhante, mesmo que a nossa fé em Jesus faça com que uma espada corte todos os nossos laços de família terrenos, uma família maior nos espera nos filhos de Deus.

> *Não somos conformados ao temor de Deus e não aprendemos os rudimentos da devoção, a menos que sejamos violentamente mortos pela espada do Espírito e reduzidos a zero.*
> *João Calvino (1509-1564),* Institutas da Religião Cristã[12]

9

A ARTE DO DISCERNIMENTO ESPIRITUAL

Não julgueis, para que não sejais julgados.

JESUS CRISTO, MATEUS 7.1

Se em meus elogios sou movido pelo bem do meu próximo, por que sou menos movido se outra pessoa for injustamente criticada do que eu ficaria se fosse comigo? Por que fico mais atormentado por repreensão lançada contra mim do que a lançada contra outra pessoa, com a mesma injustiça, antes de mim?

AGOSTINHO (354-430), *CONFISSÕES*

Na maioria das vezes não estamos cientes do quanto somos cegos de coração.

TOMÁS DE KEMPIS (1380-1471), *IMITAÇÃO DE CRISTO*

Fazia mais de trinta anos que ela estava na igreja, e ninguém era imune ao seu olhar crítico. Ela criticava o modo de vestir das pessoas; criticava o modo de andar das pessoas; criticava o modo de falar das pessoas. Se ela achasse que você estava muito gordo, ficaria sabendo disso. Se achasse que você estava muito magro, espalharia o boato de que talvez tivesse uma doença incurável. Ela se queixava do sermão do pastor quando era muito longo, e reclamava quando achava que era muito curto. Se fosse muito longo, era porque o pastor foi eloqüente demais. Se fosse muito curto, era porque ele não se preparara adequadamente para apascentar as ovelhas. Ela criticava até o modo de vestir da esposa do pastor. Era a pessoa mais crítica que a maioria dos membros e congregados da igreja já conhecera.

Neste capítulo, veremos que Jesus tem palavras fortes para quem tem espírito de crítica, que sempre está procurando os deslizes dos outros e que não perde tempo em mostrar as imperfeições e erros que as pessoas cometem.

Também descobriremos que poucas passagens bíblicas foram mais impropriamente usadas e mais erroneamente aplicadas do que esta. Essa passagem é citada com freqüência, sobretudo por incrédulos, para cristãos que falam contra certas atividades, aparentemente quebrando este mandamento. Mas o fato medonho é que muitos cristãos interpretam mal o texto e caem em grave erro, pondo de lado todas as determinações racionais sobre comportamento questionável, comportando-se questionavelmente e, por conseguinte, caindo em pecado.

Já vi não-cristãos criticarem os crentes por estes julgarem a homossexualidade, o aborto ou numerosas outras atividades pecadoras porque, como Jesus claramente ordenou, *nunca* devemos julgar qualquer pessoa ou qualquer coisa. Já me disseram: "Jesus proíbe você de julgar", em reação à minha determinação de que esta ou aquela atividade ou prática era errada ou pecaminosa.

Tentaremos determinar a diferença entre julgamento bom e julgamento ruim, e verificar se os cristãos devem ou não julgar as pessoas. Descobriremos que os cristãos não devem ter uma atitude crítica ou julgadora para com os outros, mas *temos* de ser pessoas discernentes incumbidas do dever de julgar entre o certo e o errado.

Este capítulo não será fácil, visto que há uma linha tênue entre ser crítico ou julgador e ser discernente ou perspicaz, entre condenar o pecado na vida dos outros e tolerá-lo sutilmente. Antes de averiguarmos como devemos entender esse mandamento de Jesus, é útil examinarmos os dois extremos assumidos com relação a essa diretiva.

PULANDO ENTRE OS PÓLOS

Há dois problemas iguais e ao mesmo tempo opostos no que diz respeito aos cristãos e o assunto do julgamento. Rotulo esses pólos de legalismo ou fundamentalismo farisaico e relativismo ou liberalismo pós-moderno. Usando a terminologia política, é tão simples quanto a extrema direita *versus* a extrema esquerda. Biblicamente, ocorre um desequilíbrio quando não estamos adequadamente "falando a verdade com espírito de amor" (Ef 4.15, NTLH). Comecemos com o problema do legalismo.

Julgador Coletivo

Ultimamente, o cristianismo tem passado por tempos difíceis, e parte disso é culpa nossa. Lógico que o mundo está nos observando, mas a ação é feita de forma seletiva. Considere as caricaturas de cristãos mostradas nas representações pictóricas de Hollywood. Dá para contar nos dedos de uma mão a quantidade de filmes que descreveram de modo correto os evangélicos nos últimos dez anos. Quase sempre nos apresentam como fanáticos que berram e odeiam padres.

Mas parte disso é culpa nossa. Quantas brigas e controvérsias temos de cogitar entre crentes antes de percebermos que o mundo registra tais incidências de maneira seletiva? É fato triste da história da igreja que os cristãos simplesmente não se dão bem. Milhares de igrejas têm se dividido porque os crentes não conseguem trabalhar junto. E depois esperamos que o mundo se encante com a mensagem de salvação em Jesus Cristo.

Fazer fofoca dos outros membros é fato desenfreado em nossas igrejas. Caluniar os crentes, falar deles pelas costas e dizer coisas vergonhosas e mentirosas sobre eles a outras pessoas é prática muito comum. O ciúme e a inveja alimentam rivalidades amargas; o desejo por fama e poder leva muitos de nossos líderes a dividir igrejas para que possam fazer as coisas do seu jeito sem ter de responder a quem quer que seja. É triste dizer, mas conheço duas igrejas nos Estados Unidos que se dividiram por motivos fúteis: uma por causa de qual cor pintar o templo; a outra por causa de em que lado da igreja deveria ficar o órgão.

Grande parte dos últimos quatrocentos anos da história do cristianismo foi caracterizada por cristãos que matam outros cristãos ou por uma igreja que persegue os membros de outra igreja. E onde está o corpo de Cristo? E nós ainda esperamos que as pessoas venham a querer participar de nossa igreja quando nós mesmos, que já estamos nela, não nos damos bem.

Em João 13.34,35, Jesus falou aos discípulos: "Um novo mandamento vos dou: Que vos ameis uns aos outros; como eu vos amei a vós, que também vós uns aos outros vos ameis. Nisto todos conhecerão que sois meus discípulos, se vos amardes uns aos outros". Infelizmente, quando o mundo olha para muitas igrejas, fica com a sensação de que os cristãos são pessoas briguentas e repulsivas, que nem ao menos conseguem se dar bem uns com os outros. As nossas igrejas estão cheias de membros que não gostam uns dos outros, já que, em vez de vivermos com uma atitude de humildade, lutamos uns com os outros. As nossas igrejas nunca serão fortes na fé, visto que, em vez de brigarmos em prol do evangelho, brigamos entre nós mesmos.

Antes de ir ao campo missionário, trabalhei como engenheiro de vendas para uma metalúrgica. Minha responsabilidade abrangia muitos estados do meio-oeste americano, tendo a oportunidade de conhecer uma variedade de pessoas interessantes. Durante uma visita de vendas em uma fábrica em Wisconsin, tive uma conversa saudável sobre religião com um engenheiro. Ambos éramos de formação batista, mas nossas semelhanças não iam muito longe. Na ocasião, eu era membro de uma grande igreja evangélica não-denominacional na região nobre de Chicago.

Em nossa conversa, compartilhamos detalhes de nossas respectivas igrejas. A minha tinha uma freqüência aproximada de duas mil pessoas a cada domingo; a dele, em torno de quarenta. Para mim, não era problema a igreja dele ser pequena, visto que fui criado em uma igreja batista com mais ou menos o dobro desse tamanho. Mas não foi fácil ele acreditar que a minha igreja era uma verdadeira igreja que seguia a Jesus Cristo. Ainda me lembro dos argumentos que usou: "Como pode ser uma verdadeira igreja com toda essa gente? É bem provável que nem todos sejam crentes". E apresentou o ponto crucial do seu raciocínio: "Quando foi a última vez que vocês publicamente disciplinaram um deles?"

Respondi-lhe que não me lembrava, e com essa resposta perdi toda a credibilidade aos seus olhos. Para ele, uma igreja verdadeira sempre deve estar ocupada disciplinando os seus membros, e imediatamente percebi por que a igreja dele era tão pequena.

Contudo, tenho de fazer uma pergunta dura sobre a minha própria igreja: Será que éramos tão grandes porque facilitávamos as coisas para as pessoas freqüentarem e tornarem-se membros da igreja sem expor-lhes os pecados? Com toda a honestidade, a minha resposta tinha de ser *não*. A Palavra de Deus era pregada semanalmente no púlpito. Não havia meio-termo quando se tratava do evangelho e seus requerimentos. A minha igreja tinha (e ainda tem) um programa missionário rígido e um envolvimento saudável com a comunidade local. Não, não éramos grandes porque diluíramos a mensagem evangelizadora para encher os bancos da igreja de pessoas.

Então por que esse colega de vendas pensou que fosse? Suponho que é porque ele sofria de uma dose saudável da verdade sem o equilíbrio adequado entre amor e graça. Não o culpo, e se dependesse de mim, preferiria uma igreja pesada na verdade e leve no amor a uma pesada no amor e desprovida da verdade. Claro que ambas as opções têm os seus problemas, e sei muito bem que me abro à discussão dizendo que um erro pode não ser tão ruim quanto o outro. Contudo, o amor sem a verdade não o levará a parte alguma, mas a verdade sem o amor ainda tem algum fôlego.

Seja como for, o meu amigo batista era de uma igreja que Hollywood mais gosta de atormentar e com boa razão. A má impressão que o cristianismo recebe é porque não temos o equilíbrio próprio. Também somos muito julgadores. Um crente no funeral de um homossexual segurando um cartaz com os dizeres "Deus odeia os homossexuais" contrabalança cem atos de bondade feitos por dezenas de outros crentes. Assim preconiza a regra geral, por mais infeliz que seja. Um ato severo neutraliza muitos atos compassivos. Quantas vezes você pode dizer a alguém: "Eu te amo", e arruinar a relação por causa de uma declaração descuidada?

Uma Religião de Tolerância

Por outro lado, onde estipulamos o limite, visto que muitos cristãos confundem tolerância com unidade? As críticas, sempre que infundadas, são postas aos pés de "megaigrejas receptivas a quem busca a verdade"? No empenho de tornar o evangelho mais atraente e interessante em nossos tempos modernos, muitos não o diluem? Será que não há um ponto de equilíbrio entre igrejas de trinta mil membros e igrejas de trinta membros? Em outras palavras, onde está o equilíbrio adequado entre igrejas que diluem o evangelho e igrejas que são tacanhas e julgadoras?

Paulo fala de seguir a verdade em amor, e vejo isso como o ideal a ser alcançado. Muitas igrejas hoje, em nome de defender a verdade, tornam-se tão hostis e inamistosas que chegam a ser desagradáveis. Por outro lado, em nome do amor, não temos muitas igrejas que perderam a salinidade da fé, porque optaram trocar o cloreto de sódio por um evangelho enriquecido com glicose? Onde estabelecemos a linha divisória entre o amor e a verdade, a tolerância e o discernimento?

Falar a verdade em amor não é fácil. Muitos cristãos hoje, vendo como é difícil defender a verdade, optam por excluir grande parte dela da pasta ministerial cristã. O que sem perceber eles estão fazendo é conformar-se, não com o conceito de amor que Cristo advoga, mas com o conceito que o mundo propõe. Essa interpretação iguala amor e tolerância.

Por outro lado, muitos crentes optam por berrar a verdade pelo megafone da severidade. A verdade por natureza é intolerante; esse fator torna a questão ainda mais desgastante. Quando Jesus diz que Ele é o caminho, a verdade, e a vida, e que ninguém vai ao Pai senão por Ele, está sendo tremendamente intolerante. Em um mundo que é extraordinariamente sensível a mensagens "o meu jeito é o único jeito", não há montante de amor que alivie a ferroada da intolerância encontrada na proclamação audaciosa de Jesus. Se quisermos um evangelho tolerante, não o acharemos na mensagem de Jesus Cristo. Não obstante, há cristãos que estão fazendo todo o possível para tornar a mensagem ainda mais difícil de aceitar.

Podemos nos apegar tão mesquinhamente às tradições humanas que criamos, a ponto de considerá-las a vontade de Deus. Muito semelhante aos fariseus, formulamos regras e regulamentos supérfluos e os elevamos ao nível da lei de Deus. Quantas igrejas julgam a veracidade da fé dos outros, baseando-se no fato de eles jogarem ou não futebol, ou usarem calças jeans na igreja, ou beberem uma taça de vinho no jantar? Há crentes que se incomodam quando as pessoas na igreja erguem as mãos ao cantarem os hinos, ao passo que em outras igrejas, se você não louvar assim, os crentes pensarão que a sua fé carece de fervor.

> *Cristo disse à adúltera: "Nem eu também te condeno; vai-te e não peques mais" (Jo 8.11). Ao assassino, ele disse: "Em verdade te digo que hoje estarás comigo no Paraíso" (Lc 23.43). Mas aos escribas e fariseus que se indispuseram com a justiça do evangelho, Jesus disse: "Ai de vós" (Mt 23.13ss.).*
> *Martinho Lutero (1483-1546),* Conversa Informal à Mesa

Um dos meus alunos de seminário na Namíbia relatou um incidente ocorrido em sua igreja, um que até no nome tem a palavra *evangélico*. A igreja recebera um pregador convidado que entregou uma mensagem biblicamente sólida com uma apresentação clara do evangelho. Assim que terminou de pregar, um dos pastores da igreja se levantou e publicamente criticou o pregador convidado por não estar usando paletó enquanto pregava. Ocorre que na Namíbia, em virtude do calor, é raro um pastor usar paletó. Entretanto, essa igreja considerava esse uso como sinal de verdadeira espiritualidade. Não faço idéia de como o pregador convidado se sentiu, mas tenho certeza de que esse pastor, por estar usando paletó, sentia-se justificado aos olhos de Deus.

Enquanto estou confortavelmente sentado, criticando o pastor por seu comportamento julgador, tenho de me perguntar se já agi de forma semelhante. Infelizmente, a resposta é sim.

JULGADOR INDIVIDUAL

Grande parte do meu trabalho atual é fazer julgamento. Por exemplo, leciono dois cursos sobre pregação. Avalio os sermões de cada aluno, desde questões gerais pertinentes ao esboço e conteúdo a fatores triviais, como movimento de mãos e contato visual. Em certos casos, critico como os alunos se vestem ou a freqüência com que se servem do copo de água. O meu trabalho visa a torná-los pregadores melhores, por isso a minha análise se destina a produzir resultados positivos nos seus futuros ministérios.

O lado negativo dessa função é que não passo *um* sermão sequer, seja no seminário ou em uma igreja na manhã de domingo, sem pensar nele com senso crítico. Às vezes, chego a não desfrutar do culto de adoração, porque não consigo desligar a minha apreciação crítica para apenas ficar ouvindo.

Para complicar a situação, também leciono cursos de teologia sistemática. Nesses cursos, preciso analisar criticamente as opções e pontos de vista, sem deixar de identificar argumentos ilógicos e conclusões falhas. Quase nenhuma declaração teológica passa por mim sem que a minha mente faça malabarismos para produzir o melhor produto doutrinário.

Isso é julgamento severo ou discernimento necessário? Às vezes, a linha é tênue. Lógico que precisamos de pessoas em nossas igrejas que sejam capacitadas e estejam dispostas a fazer julgamentos difíceis. Tais pessoas, porém, raramente são os membros mais populares da igreja. O mais comum é o crente sentir-se ofendido quando a sua teologia é corrigida, pouco importando a suavidade da correção.

Por mais que me esforce em ser gentil e afável em meus comentários, às vezes as minhas palavras ofendem alguém. Raramente separamos nossas opiniões de nossa pessoa. Se alguém comenta que o nosso ponto de vista é defeituoso, transferimos tal conclusão à nossa pessoa.

Quantas vezes repeli alguém com a verdade? Quando eu trabalhava no mundo secular, sempre procurava falar do evangelho de modo não-ofensivo com quem eu entrava em contato. Certa feita, nosso escritório ficou sem secretária, e a empresa contratou uma secretária por período experimental. Era uma mulher de quarenta e poucos anos, falante e amigável.

Certo dia, estávamos a sós em meu escritório. Não querendo perder a oportunidade, resolvi tocar no assunto da religião enquanto falávamos sobre um filme de James Bond que ela vira recentemente. Disse-lhe que o meu filme preferido era *Viva e Deixe Morrer*, um que ela já vira muitas vezes.

Naquele filme, uma mulher chamada Solitaire lê cartas de tarô. Logo veio à tona que a secretária tinha em elevada conta a adivinhação, comentando que a cartomante que ela consultava acertava "85% das vezes". Perguntei-lhe de onde ela achava que vinha a habilidade da cartomante para adivinhar. A secretária respondeu: "Deus dá dons para todas as pessoas". Diante disso, perguntei: "Se o dom é de Deus, por que ela não acerta 100% das vezes?"

Imediatamente o comportamento dela mudou. Olhando para mim com uma carranca, ela vociferou: "Ora, Deus não é perfeito. Ele fez você, não fez?" E saiu intempestivamente do meu escritório.

Fiquei estupefato. O que pensei que fosse uma conversa amena em um instante ficou hostil. Infelizmente, essa mudança brusca de temperamento não se revelou somente a mim, mas a outras pessoas do escritório. Essa secretária ficou conosco por poucos dias. Nunca mais pude tratar do assunto novamente, mas não sei como teria sido, caso houvesse a oportunidade.

Será que fui muito severo em meu julgamento? Tenho certeza de que se lhe perguntassem, a secretária responderia que sim. Era óbvio que havia alguma coisa séria em seu interior que a fez reagir antagonicamente a uma pergunta singela. Até hoje me sinto culpado pela situação.

Enquanto escrevo este livro, fico imaginando se o meu tom é de julgamento severo. É? A abordagem que dou ao livro causa ânimo ou desânimo em quem lê? Será que sou um desses crentes julgadores que se colocam num pedestal para olhar com desprezo os pecadores com quem eles preferem não se misturar? Espero que não. Não é essa a minha intenção.

OLHANDO A DIREÇÃO ERRADA

Às vezes, tenho a impressão de que Jesus é injusto. Primeiro, Ele me faz abandonar as coisas de que mais gosto. Depois, exige que eu revogue os meus direitos e privilégios. Ele quer obediência absoluta e inquestionável, e não permite que eu revide contra os que querem me prejudicar ou me destruir. Pelo contrário, Ele ordena que eu os ame.

O último vestígio de desforra que me restaria é a habilidade de julgar as pessoas. Não é o passatempo predileto de muitos cristãos encarar com desprezo as pessoas e condená-las pelas doutrinas, hábitos pessoais ou afiliações políticas que preconizam? Esta era a atitude freqüente dos israelitas do Antigo Testamento. Amós foi enviado a Israel, às tribos do norte, para entregar a mensagem do julgamento de Deus. O profeta começou com seis nações circunvizinhas de Israel e depois passou para Judá, o Reino do Sul. Tenho certeza de que com cada predição de julgamento os israelitas exultaram e se alegraram com a condenação dos seus vizinhos hostis.

Mas Amós tinha uma oitava profecia, que foi dirigida ao próprio Israel. O choque deve ter sido incrível. Normalmente os enunciados de julgamento relativos às nações ao redor de Israel eram mensagens de salvação para os judeus. Entretanto, dessa vez até o povo escolhido de Deus recebeu uma profecia de julgamento.

Considere este exemplo dos dias de hoje. Suponha que apareça alguém em sua igreja dizendo que é profeta de Deus. Ele prega uma mensagem de Deus falando sobre os pecados das pessoas dos bares e botequins, das mulheres que ficam pelos cantos escuros da cidade e dos que desperdiçam dinheiro jogando em cassinos e casas de jogos. Dá para imaginar que com cada mensagem profética, as pessoas na igreja diriam: "Sim, Deus, é verdade. Esses pecadores merecem ser condenados".

Então, o profeta passa a falar sobre as igrejas da sua cidade. Com cada mensagem profética, as pessoas se alegram aos gritos e berros. "Isso mesmo, Deus. Essas pessoas afirmam te conhecer, mas ensinam heresia. Que o teu julgamento caia sobre elas."

Entretanto, o último enunciado do profeta é dirigido à sua igreja. Um silêncio ensurdecedor inunda a congregação. "Ele está falando conosco?"

Gostamos de ouvir mensagens de julgamento quando são dirigidas aos outros, em particular se são pessoas que nos fazem oposição. Mas quando o julgamento fala diretamente conosco, não queremos saber.

É contra essa atitude que Jesus nos adverte na sua clássica declaração sobre a trave e o argueiro, sobre a qual comentaremos sucintamente.

> *Dificilmente há uma pessoa que não se sinta encantada com o desejo de investigar as faltas das outras pessoas.*
> *João Calvino (1509-1564),* Harmonia dos Evangelhos

Muitos cristãos sofrem de um terrível sentimento de superioridade. Não vemos problema em julgar os outros, porque não temos medo de que o julgamento caia sobre nós. Mas assim que entendermos e aceitarmos que o julgamento *começa* conosco, pensaremos duas vezes antes de condenar desenfreadamente os outros. Se nos dignamos a julgar os outros, temos de exercer a máxima precaução.

Nutrir uma atitude julgadora nega a oportunidade que temos de condenar corretamente o comportamento certo. Quando gritamos heresia a toda pequenina coisa, perdemos a habilidade de rotular heresia de heresia. Trata-se da síndrome do alarme falso. Perdemos a credibilidade quando desperdiçarmos tempo queixando-nos de coisas não essenciais como penteados e padrões de vestiário. "Porque já é tempo que comece o julgamento pela casa de Deus; e, se primeiro começa por nós, qual será o fim daqueles que são desobedientes ao evangelho de Deus?" (1 Pe 4.17)

CRISTIANISMO CULTURALMENTE CONDICIONADO

Estou ciente de todos os argumentos que preconizam a contextualização do evangelho. Se o evangelho não fizer sentido no contexto de determinado tipo de pessoas, elas não o aceitarão como verdade. Temos de ser sensíveis ao contexto cultural, no empenho de oferecer o evangelho de modo culturalmente compreensível.

Em princípio, não vejo nada de errado com o argumento. O problema é quando *mudamos* o evangelho para ajustar-se à cultura. Sou um crente ferrenho na noção de que o evangelho julga cada cultura e não o contrário. Com cada cultura, seja americana, namibiana, esquimó ou banta, o evangelho expõe e julga os valores e normas que radicalmente devem ser alterados para que a pessoa aceite as Boas Novas.

Infelizmente, olhamos para as coisas de modo inverso. Não se trata de algo novo, visto que cada geração tem sua cota de pessoas que diluem ou alteram o evangelho para que fique mais saboroso à cultura e seus valores.

Alguém notou que na geração anterior, o versículo bíblico mais citado era João 3.16. Hoje, é "não julgueis". Não sei como se procedeu para verificar a autenticidade de tal afirmação, mas superficialmente é acreditável. Por que esse versículo se tornou tão popular hoje em dia? Nesta seção, desejo examinar o lado oposto do pólo, o que denominei de relativismo pós-moderno.

Grande parte do cristianismo moderno é notoriamente cautelosa. A cultura nos precondiciona tanto a *não* julgar os outros que, muitas vezes, acabamos não falando quando deveríamos. Ninguém gosta de ser malquisto. Uma maneira fácil de conseguir isso neste mundo é sermos rotulados de intolerantes. Muitos crentes assumem uma reação instintiva, determinando nunca julgar qualquer pessoa ou qualquer coisa. Desta forma, não temos de suportar o ímpeto do ataque condenatório do mundo, tachando-nos de preconceituosos e intolerantes.

A pressão para a tolerância e diálogo é tão grande hoje em dia que, inacreditavelmente, em nome da tolerância religiosa, temos teólogos e estudiosos cristãos que pregam um cristianismo não centrado em Cristo. Tenho certeza de que outros achariam a noção de um cristianismo não centrado em Cristo tão estranha quanto eu. A situação é semelhante a um estudioso muçulmano apregoar que o islamismo não seja mais baseado nos ensinamentos de Maomé, ou um teólogo budista promover um budismo não centrado nos ensinos de Buda. Ou usando termos mais corriqueiros, é igual a exigir que as geladeiras não sejam fabricadas segundo a ciência da refrigeração, ou propor que cortadores de grama não tenham como característica essencial a tarefa de cortar grama.

Com freqüência cada vez maior, muitos evangélicos estão pondo em dúvida a inerrância da Palavra de Deus. Estão ensinando que Deus é limitado no conhecimento dos acontecimentos futuros, tem uma natureza mutável e pode cometer erros. Outros advogam o abandono da noção de que Jesus Cristo expiou os nossos pecados como nosso substituto. Não posso deixar de imaginar se essas mudanças radicais da teologia evangélica não foram provocadas pela pressão que a cultura cria em um evangelho que parece ser intolerante e severo.

A refutação comum é que sempre devemos estar questionando a nossa fé e procurando meios de corrigir os erros. Mas tenho de repetir a pergunta: Essa propensão em questionar os modos do passado é um produto das normas culturais atuais e especificamente do pós-modernismo? Os tempos de hoje não são nada novo. O modernismo era de fazer perguntas, pouco importando quão difíceis fossem. A busca pela verdade foi a marca inconfundível do Iluminismo, e essa característica entrou com força total no século XX.

Agora nos postamos no pós-modernismo. A busca pela verdade ainda existe, e as perguntas sendo feitas ainda são as mesmas perguntas básicas. A diferença está nas respostas. Nos pontos em que o modernismo tinha um senso rígido da verdade objetiva e considerava aceitáveis somente certas respostas, o pós-modernismo difere em que todas as respostas são toleradas, pouco importando o quanto sejam contraditórias ou convolutas.

Não há nada de errado em fazer perguntas difíceis; elas só precisam ser boas perguntas. O distintivo pós-moderno de coragem é uma natureza inquisitiva para investigar figuras e estruturas de autoridade e procurar meios de derrubá-las. Martinho Lutero fez algo semelhante, e aplaudimos os seus esforços. Mas fazer perguntas por fazer perguntas é um desperdício de tempo. Essa afirmação é particularmente verdadeira quando diz respeito às doutrinas cardeais do cristianismo, as quais nos têm servido por dois mil anos. Perguntas como: "Estamos sendo muito julgadores hoje?" são boas de fazer, mas outras como: "Não deveríamos questionar a noção da Trindade?" são desnecessárias e perigosas.

Há cristãos que reproduzem mantras pós-modernos: "O cristianismo tem de ser relacional, e não proposicional". Entendem que ser proposicional é ser frio e fanático, ao passo que ser relacional é ser receptivo e aceitador de tudo. Acoplado a isso está o pensamento confuso que permite diferenças de opinião, em oposição ao pensamento rígido que se afigura muito dogmático. Em suma, é a ênfase exagerada no amor à custa da verdade.

Esqueçamos por um momento que a declaração: "O cristianismo tem de ser relacional e, não proposicional" é em si uma declaração proposicional. O verdadeiro problema é que está criando uma falsa dicotomia entre o amor e a verdade.

Já citei João 13.35: "Nisto todos conhecerão que sois meus discípulos, se vos amardes uns aos outros", e usei o versículo em um dos meus argumentos acima. Mas permita-me frisar que acho que muitos cristãos também abusaram dessa passagem bíblica. Muitos a rotulam de *a* apologética do cristianismo, aparentemente com a exclusão de todas as demais. E estaria correto, caso fosse a única declaração que Jesus fez, ou se, além dos Evangelhos, não tivéssemos outros vinte e três livros do Novo Testamento. Juntam a essa declaração a diretiva "não julgueis" para dar a entender que a fé cristã só diz respeito ao amor e nunca ao julgamento. Parece que esses cristãos acreditam que, porque "Deus é amor", o contrário também deve ser verdade, ou seja, "amor é Deus". Ainda que a meta dessas pessoas seja nobre, a fé cristã não pode ser reduzida a algo tão simplista.

A propensão histórica do cristianismo tem se inclinado para o lado do julgamento, e não para o lado da tolerância e amor. Essa tendência precisa de corretivo, mas não de modo a ficar tão fortemente inclinada para o outro lado.

Por que essa marca do cristianismo pós-moderno ficou tão popular? Alguns diriam que é porque fala com a atual geração e, por conta disso, deveria ser acolhida. Não estou convencido. Temos de corrigir, e não apaziguar, a geração que adota o relativismo e "a verdade é o que é verdade para mim". Dizer aos berros que esta geração vai para o inferno não é a solução, embora seja pertinente haver certa discussão relativa ao inferno, caso levemos Jesus a sério. Contudo, não há como não ver paralelos entre o tempo de hoje e o tempo dos juízes de Israel, quando "cada um fazia o que parecia reto aos seus olhos" (Jz 21.25).

Estou mais inclinado a acreditar que o cristianismo pós-moderno é mais atraente para a geração atual por causa do que esta geração *não gosta*, e não pelo que acha atraente. A sociedade hodierna é escusatória, empapada no pluralismo e relativismo. "Não julgueis" é uma frase maravilhosa em tal sociedade. Já ouvi quem a rotulasse de "o grande mantra americano da abertura de novas idéias", a frase favorita daqueles que igualam amor com tolerância.

Também é produto do caso de amor da cultura hodierna com a auto-estima positiva. A melhor maneira de danificar a auto-estima de alguém é julgar negativamente as crenças ou o comportamento dessa pessoa.

> *Já faz bastante tempo que julgar tem tido baixa reputação na cultura americana. É igual a ser punitivo, ou ser insensível, ou ter "fobias" e "ismos". É a marca de maneiras obsoletas de pensar, sentir e querer. Sem dúvida, é melhor ser conhecido por alguém "aberto a novas idéias", uma característica considerada típica de pessoas sensíveis e apoiadoras.*
> *Por que está julgando [...] em um nadir entre nós? Certamente grande parte da explicação está no triunfo da ideologia de vitimização acoplada na mania de auto-estima.*[1]

Então, onde está o equilíbrio adequado entre esses dois pólos? Um lado acusa o outro de ser legalista e sem amor, ao passo que o outro é acusado de ser liberal e sem opinião própria. Jesus quer que andemos no limite estreito entre discernimento e condenação, entre santidade e hipocrisia. Os legalistas não são relacionais, preocupando-se muito com a verdade e não suficientemente com o amor, enquanto os que promovem um cristianismo relacional o fazem às custas de uma sólida posição pela verdade. Tentar achar o equilíbrio adequado pode ser complicado. Depois de vermos dois exemplos históricos, examinaremos com mais rigor o contexto do mandamento de Jesus: "Não julgueis, para que não sejais julgados".

LIÇÕES DA HISTÓRIA

Poucos fatos da história do cristianismo são tão negros quanto as desgraças que aconteceram no século XI quando a cristandade se dividiu em dois. Os historiadores denominam esse acontecimento de o grande cisma da igreja. Pelo fato de os cristãos não concordarem entre si, a igreja se dividiu em uma metade ocidental, que se tornou a Igreja Católica Apostólica Romana, e uma metade oriental, que se tornou a Igreja Católica Apostólica Ortodoxa. A divisão permanece até hoje, embora nos últimos anos tenha havido certa reconciliação entre ambos os lados.

Essa reconciliação recente não conseguiu corrigir o dano causado durante muitos séculos pela hostilidade entre a igreja católica e a igreja ortodoxa. Por exemplo, considere esta descrição da situação que o grande historiador da igreja americana, Philip Schaff, fez há quase um século:

> *Hoje, não há duas igrejas no mundo que sejam semelhantes e, ao mesmo tempo, tão opostas uma à outra como a igreja oriental ou grega e a igreja ocidental ou romana. [...] A mesma afinidade gera ciúme e desinteligência. [...] Elas são igualmente exclusivistas. [...] Uma tem orgulho do seu credo, a outra do seu domínio. [...] No ponto em que as duas igrejas se encontram em maior proximidade, os lugares tradicionais do nascimento e sepultura de nosso Salvador, em Belém e em Jerusalém, elas se odeiam amargamente. Soldados maometanos têm de manter os monges ignorantes e fanáticos dessas igrejas longe de conflitos violentos.*[2]

O ódio entre esses dois grupos cristãos estava a tal nível que foi necessário que não-cristãos, no caso os muçulmanos, afastassem as duas partes e mantivessem a paz. Fico imaginando como o evangelho ficou atraente para as pessoas do Oriente Médio.

Não pretendo minimizar as diferenças entre o Leste e o Oeste quando, em 1054, eles acharam que era impossível coexistir. Havia importantes questões teológicas e doutrinárias que forçaram a discordância. Ao longo dos séculos anteriores ao cisma, os dois lados já vinham se apartando em virtude da diferença idiomática e da divergência cultural. Mas ficamos imaginando se um pouco menos de orgulho e julgamento e um pouco mais de amor e tolerância não teriam evitado o cisma.

Dois homens intratáveis e arrogantes, o bispo de Roma e o bispo de Constantinopla, desentenderam-se, gerando um confronto que acabou dividindo com violência a igreja "única, santa, universal e apostólica". Schaff caracterizou o conflito como "rivalidade político-eclesiástica". Só nos resta lamentar quando líderes de igreja estão mais interessados em construir o próprio estado feudal e esfera de influência do que em promover o crescimento e vitalidade espiritual dos membros sob seus cuidados.

A fúria entre os dois lados estava em tal patamar que uma das cruzadas do Ocidente, que visava normalmente à Terra Santa e aos ocupantes muçulmanos, foi direcionada contra a igreja ortodoxa em Constantinopla em 1204. Semelhante ação certamente debilitou esse reino cristão em seu posto firme contra o ataque violento e cada vez maior dos turcos.

No tempo do cisma, o papa Leão IX entrou em conflito com o bispo de Constantinopla, Miguel Cerulário. Entre alguns dos pontos mais meticulosos da contenção estava que o lado ocidental usava pães asmos na Eucaristia, jejuava no sábado durante a quaresma e não cantava o aleluia durante o jejum. No que lhe dizia respeito, o lado ocidental estava infeliz porque o lado oriental não batizava crianças antes do oitavo dia e permitia o casamento para os padres. Outro fator que não devemos desprezar é a luta sobre quem controlaria a maior parte da propriedade eclesiástica. No fim, o cristianismo foi envergonhado por uma divisão que deveria ter sido evitada e que certamente contribuiu nos séculos seguintes para a deterioração da influência da igreja ortodoxa na Ásia Menor.

OUTRO ATO DE EQUILÍBRIO

Quantas vezes você já reclamou que um versículo bíblico foi "tirado do contexto"? Infelizmente, essa prática é extremamente comum hoje em dia. Se as três regras fundamentais do ramo imobiliário são "local, local, local", então as três regras fundamentais da interpretação bíblica deveriam ser "contexto, contexto, contexto". A razão de "não julgueis" estar sendo usado de maneira errada é porque ignoramos o contexto.

Jesus dá três razões para não julgarmos, e é só no contexto dessas razões que temos de entender esse mandamento corretamente.

1) *Não julgue, porque você será julgado com a mesma medida que tiver usado para medir os outros.* Muitas vezes, esperamos que coisas ruins aconteçam aos nossos inimigos. Jesus adverte que se nos concentrarmos no mal que acontece aos outros, o mesmo nível de mal nos sobrevirá.

Esse ensino é similar ao ensino dado por Jesus acerca do perdão: "Perdoa-nos as nossas dívidas, assim como nós perdoamos aos nossos devedores" (Mt 6.12). Em outras palavras, Deus só nos perdoa contanto que perdoemos às pessoas. Semelhantemente, Ele nos julga com a mesma medida com que julgamos os outros.

Se formos hipercríticos das pessoas, será dessa forma que Deus nos julgará. Se ficarmos procurando falha nas pequeninas coisas, será assim que Deus nos tratará. Se tivermos o hábito de passar um pente fino na vida dos outros, esteja avisado. Jesus diz que o modo com que tratamos os outros será usado como ponto de referência para o modo com que seremos tratados.

Só a pessoa mais metida a santa se considerará digna de resistir a tal escrutínio. Sei que se cada pequena imperfeição e pecado em minha vida fosse exposto e tratado com a condenação que merece, eu não suportaria. Sendo assim, é melhor eu tratar de ser misericordioso com os outros.

Infelizmente, muitos crentes pensam que podem resistir a tal escrutínio. Tudo que posso dizer-lhes é: tomem cuidado. Tenha em mente que, em última análise, não será uma avaliação entre você e o próximo. Será uma comparação entre você e o perfeito Filho de Deus. Se o conhecimento dessa verdade não faz com que expulsemos todo orgulho e hipocrisia de nosso coração, que Deus tenha piedade de nós.

Embora quase não achemos falhas nas pessoas de quem gostamos, esse assunto diz respeito especificamente a quem consideramos nossos inimigos. Pode ser que esperemos que coisas ruins aconteçam com quem seja contra nós. Em alguns casos, já ouvi cristãos dizerem que esperam que fulano sofra um acidente de carro ou tenha uma doença ruim, ou desejarem que uma maldição se abata sobre a família de tal pessoa. Como crentes, deveríamos saber que toda vez que fazemos tais julgamentos horríveis, Jesus está nos dizendo que essa mesma medida com que julgarmos os outros será usada em nós.

A nossa esperança deveria ser que os nossos inimigos mudem de atitude para conosco a fim de que nos favoreçam e deixem de nos fazer oposição. Nem de longe a nossa esperança deveria ser que eles se dêem mal. Como crentes, temos de ser pessoas que sempre buscam a reconciliação e esperam a resolução positiva, não os que anseiam por julgamento. Os que querem julgamento serão julgados.

> *Embora Cristo dê, primeiramente, como regra pela qual devemos julgar os outros, Ele mostra claramente nas palavras que imediatamente vêm a seguir que também quer que seja uma regra pela qual nos julguemos a nós mesmos.*
> *Jonathan Edwards (1703-1758),* Um Tratado Relativo aos Afetos Religiosos

2) *Não julgue, porque você tem os mesmos problemas ou problemas piores.* "E por que reparas tu no argueiro que está no olho do teu irmão e não vês a trave que está no teu olho?" (Mt 7.3)

Jesus usa um exemplo que lhe teria sido bem conhecido. Como filho de carpinteiro que antes de iniciar os anos de ministério seguia os passos do pai, estava familiarizado com ferramentas, objetos de carpintaria, trabalhos em madeira e as serragens (argueiro) e vigas de madeira (trave). A imagem é uma pessoa com um pedaço de madeira junto ao olho do tamanho que servia para fazer o madeiramento de um telhado. E essa pessoa está tentando tirar um grão de serragem do olho do irmão. Claro que o grão de serragem é infinitésimo e praticamente impossível de ver.

O exemplo está claro. É fácil mostrarmos as falhas dos outros e difícil as reconhecermos em nós, mesmo quando são do mesmo tipo de falha. É o que Paulo diz aos seus irmãos judeus:

> *Portanto, és inescusável quando julgas, ó homem, quem quer que sejas, porque te condenas a ti mesmo naquilo em que julgas a outro; pois tu, que julgas, fazes o mesmo. E bem sabemos que o juízo*

de Deus é segundo a verdade sobre os que tais coisas fazem. E tu, ó homem, que julgas os que fazem tais coisas, cuidas que, fazendo-as tu, escaparás ao juízo de Deus? (Rm 2.1-3.)

Paulo diz que foi essa atitude dos judeus que fez os gentios odiarem a Deus. Jesus está ordenando que os discípulos não se comportem do mesmo modo. Antes de tirar o argueiro do olho de nosso irmão, talvez tenhamos de primeiro julgar com bom senso a nós mesmos e as nossas falhas e erros.

Alguém pode contrapor que, por sermos *todos* hipócritas, nunca devemos condenar qualquer pecado na vida dos outros. Compareci a uma conferência missionária em que o palestrante destacou esse ponto. Ele disse que os cristãos não são protetores e guardiões da moralidade social, que não temos a obrigação de ser a polícia espiritual do mundo e que não devemos legislar a moralidade. Como justificativa das suas declarações, ele citou 1 Coríntios 5.12,13a: "Que tenho eu em julgar também os que estão de fora? Não julgais vós os que estão dentro? Mas Deus julga os que estão de fora". Na esperança de criar uma atmosfera de amor e tolerância, ele eliminara toda autoridade ou direito de os cristãos julgarem os pecados do mundo e procurarem corrigi-los.

Além do mais, se os cristãos *não são* a polícia espiritual do mundo, então quem é? Temos de deixar que os ateus determinem a moralidade e a ética de nossas sociedades? E quanto ao Estado? Temos de deixá-lo ao gosto dos políticos e burocratas? E se alguns deles forem cristãos?

Jesus nunca ordenou que não julgássemos no sentido de exercer o bem e o discernimento adequado. Fosse esse o caso, não haveria esperança de nos livrar dos hábitos pecaminosos. O que Jesus quer eliminar dos discípulos é o julgamento *hipócrita*. Quantos pastores criticam os seus congregados tachando-os de gananciosos e mesquinhos por não contribuírem mais para a igreja, ao mesmo tempo em que esses mesmos pastores lançam mão dos recursos financeiros da igreja? É esse tipo de julgamento que Jesus quer que erradiquemos.

Queremos que os outros sejam perfeitos, e nem por isso emendamos as nossas falhas. Desejamos que os outros sejam severamente

> *corrigidos, mas não queremos ser repreendidos. A grande liberdade dos outros nos desagrada, contudo não queremos que nada nos seja negado. Restringimos os outros por leis, e não toleramos constrangimento que nos coíba. Por conseguinte, vê-se claramente que é raro tratarmos os outros como tratamos a nós mesmos. Repreendemos os outros por pequenos enganos, e não fazemos caso dos enganos maiores que cometemos. Bem depressa sentimos e remoemos o que sofremos dos outros, mas não damos a mínima ao quanto os outros sofrem de nós. Quem pesasse na íntegra e com justiça as próprias ações não encontraria causa para julgar os outros com rigor.*
>
> *Tomás de Kempis (1380-1471),* Imitação de Cristo

3) *Não julgue, porque esta é função de Deus.* Em todas essas declarações feitas por Jesus está implícito que Deus é o único justo juiz. A sua atividade está inferida no primeiro mandamento do versículo de abertura. Se julgarmos os outros, seremos tratados da mesma maneira. Por quem? Por Deus.

Deus, e somente Ele, pode fazer julgamentos perfeitos, porque só Deus conhece todos os fatos. Como saber se no futuro alguém se arrependerá do mal cometido contra nós, buscará o nosso perdão e desejará se reconciliar conosco? Não sabemos, mas Deus sabe. Não temos todas as informações necessárias para fazer um julgamento final.

Ouvi falar de um cidadão que morava em uma casa caindo aos pedaços. Se automaticamente julgarmos o dono tachando-o de preguiçoso, estaremos violando esse mandamento. Pode ser que mais tarde fiquemos sabendo que ele não tem dinheiro para consertar a casa ou que é fisicamente incapaz de fazê-lo. É por isso que o tema constante no Antigo e no Novo Testamento acerca do julgamento é que deixemos as coisas com Deus. Como veremos, lógico que somos chamados para ser discernentes, mas não nos cabe ser julgadores e hipercríticos. Os crentes caracterizados por um espírito crítico não estão agradando a Deus e, por conta disso, serão julgados e disciplinados pelo Senhor.

"Mas tu, por que julgas teu irmão? Ou tu, também, por que desprezas teu irmão? Pois todos havemos de comparecer ante o tribunal de Cristo" (Rm 14.10). Os cristãos não pensam duas vezes em julgar os outros, ao mesmo tempo em que se esquecem que não é função deles condená-los.

COMO OS CRISTÃOS DEVEM JULGAR?

Acabamos de examinar os modos nos quais não devemos entender esse mandamento. Então, como devemos entendê-lo? Os cristãos jamais têm permissão para julgar? A passagem bíblica que estudamos certamente o permite, como ocorre no restante do Novo Testamento. João escreve: "Amados, não creiais em todo espírito, mas provai se os espíritos são de Deus, porque já muitos falsos profetas se têm levantado no mundo" (1 Jo 4.1). É impossível provar os espíritos sem julgar entre um e outro. Da mesma forma, Paulo diz em 1 Tessalonicenses 5.21 que os cristãos têm de examinar tudo. Claro que essa ação também implica julgar.

O verbo grego regularmente traduzido por *julgar* significa literalmente dividir ou peneirar, muito semelhante a peneirar farinha para remover as impurezas. O que a imagem está mostrando é uma pessoa que faz certas determinações, retirando o ruim e retendo o bem. O verbo *julgar* tem conotação positiva ou negativa, e essa é a chave para entendermos por que às vezes os cristãos recebem a ordem de não julgar e, outras vezes, recebem o dever de exercer julgamento, sendo que ambos os mandamentos utilizam a mesma palavra grega. O ponto é que a palavra em foco não tem só a conotação de condenação, pois tem também a conotação de discernimento.

Há também a questão da disciplina na igreja, tópico que tratamos no capítulo anterior. No Evangelho de Mateus, Jesus nos dá orientações sobre como lidar com um irmão que pecou (veja Mt 18). Em 1 Coríntios 5, ficamos sabendo que os crentes da igreja em Corinto não julgaram um irmão da congregação que vivia em franco pecado; por conseguinte, Paulo os condenou por isso. Está claro que na área disciplinar da igreja, precisamos julgar os outros.

Considerar esse mandamento como proibição geral contra todas as formas de julgamento é arrancá-lo do seu contexto, tornando sua conclusão inteiramente contrária à moralidade cristã. Esse sentido não passou despercebido por João Crisóstomo (350-407), grande pastor ortodoxo:

> *E além do mais, tivéssemos de obter isso, tudo estaria da mesma forma perdido, seja nas igrejas, nos estados ou nas casas. Pois a não ser que o senhor julgue o criado, a dona de casa a empregada, o pai o filho e o amigo a outro amigo, haverá um aumento de toda maldade.*[3]

Os cristãos deveriam ser as pessoas de maior discernimento que há no mundo. Ainda no Sermão da Montanha, Jesus fala aos que o seguiam que eles têm de julgar as pessoas com base no fruto que elas dão; eles devem julgar se o indivíduo é falso profeta, e até determinar se são "cães" ou "porcos". É óbvio que tudo isso envolve alguma forma de julgamento. Hoje em dia, precisamos com urgência desse tipo de julgamento, particularmente em um mundo cristão pós-moderno dominado pelo pentecostalismo.

O pós-modernismo e o pentecostalismo fomentam o relativismo extremo. A nossa antena espiritual deve subir toda vez que um pregador declara que tem uma "palavra do Senhor", ou que é suficientemente ousado para afirmar que recebeu uma visitação especial de Deus. Se sinais milagrosos e maravilhas inusitadas acompanharem tais revelações especiais, falar contra esses pregadores se torna um risco maior. Quem pode discutir com um cego que agora vê, ou com uma pessoa previamente confinada a uma cadeira de rodas que agora anda?

Você crê que todo milagre hoje é um milagre genuíno de Deus? Se você respondeu que sim, gostaria de lhe vender um terreno que possuo na lua. Se você respondeu que não, então tem de concordar que precisamos de discernimento para delinear entre o falso e o verdadeiro. Como veremos no próximo capítulo, muitos que não têm uma relação com Jesus farão milagres no nome dEle.

As advertências freqüentes no Novo Testamento contra falsos profetas, mestres, apóstolos e cristos devem criar em nós o desejo de ter discernimento espiritual. Em vez de acabar com toda a autoridade de os crentes julgarem, devemos ver o julgamento como um dom necessário do Espírito de Deus que visa a dirigir o corpo à maior maturidade espiritual.

Voltando ao exemplo do argueiro e da trave mencionado em Mateus 7.5, Jesus permite que julguemos corretamente, mas só depois que nos examinarmos: "Hipócrita, tira primeiro a trave do teu olho e, então, cuidarás em tirar o argueiro do olho do teu irmão". Tirar um grão de serragem (argueiro) do olho de alguém implica trabalho cuidadoso. O olho é uma das partes mais sensíveis do corpo. Se o seu olho estiver encoberto por um pedaço grande de madeira, como você poderá ajudar a tirar um cisco do olho do irmão? Não dá, sem que você machuque seriamente o irmão.

Repare que Jesus não está dando um mandamento que negue todas as formas de julgamento. O fato é que, em vez de proibir, o exemplo do argueiro e da trave *permite* que julguemos os outros: "Então, cuidarás em tirar..." (Mt 7.5). Mas proíbe terminantemente o tipo de julgamento que sempre vê falhas nos outros, ao mesmo tempo que ignora as próprias falhas. Jesus não está dizendo que os cristãos não podem falar contra o pecado. A preocupação de Jesus é que não sejamos hipercríticos ou hipócritas. O seu desejo é que os seus seguidores sejam pessoas de discernimento, que saibam peneirar entre as opções e distinguir o bem do mal.[4]

Nesses mandamentos, Jesus está tão interessado na atitude do coração quanto está nas ações. Não muitos de nós estamos em posição de exercer julgamento em quem nos prejudica, mas todos nós *estamos* em posição de abrigar sentimentos ruins e desejos doentios para com essas pessoas. A passagem bíblica que estudamos manda que não guardemos rancor ou desejemos o mal aos outros.

A NECESSIDADE DE DISCERNIMENTO ESPIRITUAL

Devemos evitar os dois pólos errantes. Quando sistematicamente peneiramos as pessoas com nossas palavras e ações, não estamos agradando a Deus. Quando sistematicamente examinamos os outros com um olho crítico ou condenatório, não estamos sendo os discípulos que Jesus quer que sejamos.

Todavia, não devemos cometer o erro oposto, isto é, pôr de lado todo julgamento. Infelizmente, essa passagem tem sido com abuso por tantas pessoas por tanto tempo que muitos pensam que a interpretação errônea e a aplicação inadequada estão corretas. Vivemos em dias em que é muito grande a necessidade de discernimento espiritual. Muitos crentes temem que o exercício do discernimento seja uma violação automática do mandamento de não julgar os outros. Isso deixa muitos cristãos e igrejas à deriva em um mar de heresia e falso ensino, medrosos de falar contra algo que lhes faça parecer intolerantes.

Os cristãos têm o dever de julgar entre o certo e o errado. Como podemos esperar que sejamos santos se não julgarmos entre o bem e o mal? Os cristãos devem ser pessoas de discernimento, capazes de julgar entre uma árvore boa e uma árvore ruim, um profeta verdadeiro e um profeta falso, um cão e um porco.

Por fim, devemos ser *autocríticos*. Em vez de sempre nos preocupar com os pecados dos outros, preocupemo-nos com as nossas falhas. Um remédio forte para combater a doença do espírito crítico é ser autocrítico. Uma forma autocrítica de julgamento é algo que tratarei no próximo capítulo.

> *"O quê?", você diz. "Se alguém cometer fornicação, não posso dizer que fornicação é uma coisa ruim, nem corrigi-lo de jeito nenhum por ele estar agindo levianamente?" Não, corrija-o, mas não como inimigo, nem como adversário que merece uma sentença, mas como médico que prescreve o remédio.*
>
> *João Crisóstomo (350-407),* Sermões

10

A ARTE DA AUTO-AVALIAÇÃO ESPIRITUAL

Nem todo o que me diz: Senhor, Senhor! entrará no Reino dos céus.

JESUS CRISTO, MATEUS 7.21A

Ó decomposição atordoante, ó indisposição enigmática, ó condição miserável do homem!

JOHN DONNE (1572-1631),
DEVOÇÕES SOBRE OCASIÕES EMERGENTES

Volte sua atenção para si mesmo e tenha cuidado para não julgar as ações alheias. Quem julga os outros trabalha em vão, quase sempre comete erros e facilmente peca, enquanto que quem se examina e se avalia sempre trabalha com proveito.

TOMÁS DE KEMPIS (1380-1471),
IMITAÇÃO DE CRISTO

Grande parte do que dissemos até aqui se apóia na franqueza pela qual nos avaliamos. Se a nossa tendência é, por exemplo, minimizar os nossos desejos pecaminosos, pode ser que não creiamos que precisamos retirar um apêndice. Há crentes que se consideram verdadeiramente dedicados a Cristo, porque comparecem à igreja de maneira regular e entregam o dízimo do cominho e dos temperos, mas não têm o menor compromisso cristão em outras áreas da vida. Quem se considera espiritualmente bem precisa dar atenção ao antigo provérbio: "Quem pensa que é humilde é porque não é".

O meu tio me contou o testemunho que uma mulher deu na igreja durante um oculto de domingo à noite: "Quero agradecer ao Senhor, porque já faz sete anos que não peco". Este era um produto de determinada teologia que essa igreja apregoava, mas a declaração não deixa de ser chocante. Foi essa uma das razões por que meu tio e sua família deixaram a igreja.

Se usarmos óculos com lentes cor-de-rosa e olharmos para nós mesmos, concluiremos que tudo em nós é obviamente rosa. Claro que quanto menos terrível determinarmos que a nossa situação é, menos drástica será a solução. Por exemplo, se eu acreditar que estou em uma vala de meio metro de profundidade, não levarei a sério a oferta de uma escada. Mas se eu perceber que estou a três metros abaixo do chão, minha reação diante de tal ajuda será de um alívio sem conta.

Os pecadores têm a tendência obscena de mentir para si mesmos, e Satanás não perde tempo em se aproveitar disso. É uma das táticas que o coisa-ruim ensina ao seu aprendiz no clássico de C. S. Lewis, *Cartas de um Diabo a seu Aprendiz*. O Diabo, o demônio mestre, manda que o aprendiz trabalhe com a tendência humana à autoilusão, explicando que a melhor maneira de tentar os seres humanos é trabalhar com a predisposição inata que eles têm de se considerarem em elevada conta.

Chegamos a décima coisa no ensino de Jesus que eu desejaria que Ele nunca tivesse proferido. Esse é o aspecto mais difícil de todos os dez: a capacidade de nos julgar corretamente. Como pecadores, raramente fazemos um bom trabalho em nos julgar, embora gostemos de julgar os outros, como vimos no último capítulo. Mas se formos verdadeiros discípulos de Cristo, temos de nos julgar. Precisamos reconhecer e tratar todo defeito e imperfeição de nossa vida. Caso contrário, corremos o risco de cometer a tolice de crer que somos seguidores genuínos de Jesus.

Este capítulo será ligeiramente diferente dos outros. Não tem a subdivisão "Lições da História". Como esse ensino de Jesus lida com eventos futuros e especialmente com os fins dos tempos, não dá para produzir exemplos históricos a fim de apoiá-lo. Esse ensino também não aborda diretamente o tópico do modo como devemos viver hoje. Não obstante, o modo como vivemos hoje determina o nosso destino no julgamento futuro. Por isso, podemos tirar conclusões práticas sobre esse ensino, embora não no volume que fizemos nos capítulos prévios.

Farei duas abordagens amplas. Primeiro, quero investigar o quadro de Jesus como Juiz para entendermos como ele pode rejeitar as pessoas no fim dos tempos. Depois, examinarei como, levando em conta esse conhecimento de Cristo e sua pessoa, devemos nos avaliar.

JESUS ME ASSUSTA

Temos a tendência a afastar-nos das passagens bíblicas, especialmente as proferidas pelo Salvador, que falam sobre ira e julgamento. Não é de estranhar que todo volume do Novo Testamento vendido nas livrarias tenha também o livro de Salmos. Por que os cristãos gostam tanto dos Salmos mais que qualquer outra porção do Antigo Testamento? Os Salmos nos reconfortam, nos animam e nos sustentam quando estamos triste. Ninguém fica animado lendo a destruição total de Jericó ou Ai. Você compraria um Novo Testamento que pontuasse no texto a descrição da destruição de Sodoma e Gomorra e outras passagens de julgamento favoritas do Antigo Testamento? Dificilmente. Eu com certeza não compraria tal volume.

Não gostamos de julgamento, exceto talvez quando cai sobre os nossos inimigos. E quando sai da boca de nosso Senhor e Salvador, o amoroso Filho de Deus, achamos particularmente problemático. Mas evitando os ensinos irascíveis de Jesus, os crentes não estão se pondo em risco de incluir-se na classe dos que dirão "Senhor, Senhor!"?

> *Entender a pregação e a pessoa de Jesus depende totalmente de entender o conceito dEle de julgamento. Se não há julgamento de Deus como Jesus testemunha, então Jesus e a sua pregação só podem ter uma significação histórica em constante declínio.*[1]

Para entendermos corretamente esse ensino do "Senhor, Senhor!", temos de aceitar a imagem de Jesus como Juiz severo. Quantas vezes a imagem de Jesus como Juiz é ensinado em nossas igrejas hoje? Preferimos muito mais o Jesus "manso e humilde de coração", a imagem do "Quão bondoso amigo é Cristo!" Gostamos do Cordeiro de Deus que sacrifica a vida, mas não do Leão de Judá que julga as nossas ações. Quando pensamos nEle como o grande Pastor, a imagem mental que fazemos é Ele apascentando as ovelhas, e não separando as ovelhas dos bodes para julgar.

O retrato medieval comum de Jesus era o Juiz vindo com os anjos para punir e justiçar os seres humanos pecadores. Essa imagem é aterradora para a maioria das consciências sensíveis de hoje. Em reação a tais representações de Jesus, tendemos a enfatizar a sua bondade, misericórdia e perdão, como se existisse uma dicotomia entre o pastor que apascenta as ovelhas e o pastor que separa as ovelhas dos bodes; entre o agricultor que planta trigo e o agricultor que, para plantar, destrói as ervas daninhas; ou dentro do pescador que entre os peixes escolhe os bons, guardando-os, e necessariamente descarta os que ele acha inaceitáveis.

Mas não precisa haver dicotomia, nem manobra de um retrato contra o outro. Afinal de contas, é o que bons pastores, agricultores e pescadores fazem; eles discernem entre o bom e o ruim do produto com que trabalham e fazem julgamentos de separação. O que precisa ser ensinado em nossas igrejas não é o retrato medieval de Jesus como Juiz justo e irado com a exclusão do bom Pastor que ama e cuida do rebanho, nem é o quadro moderno de Jesus como Mestre submisso e humilde que nunca faria mal a uma mosca com a exclusão do Filho do Homem que virá nas nuvens e julgará as nações. Precisamos dos *dois* retratos, porque ambos estão apresentados na Bíblia, particularmente no ensino de Jesus sobre si mesmo. Se não fizermos o retrato de Jesus como o Pastor amoroso e atencioso e como o Juiz dos injustos, estaremos fracassando em ensinar nossas congregações corretamente. Temos feito um grande desserviço ao ensino de Jesus a quem chamamos Mestre e Senhor.

> *Um poetastro realista que viveu prolongando ao máximo parábolas e* koans *japoneses, um esteta literário que brincou com desconstrucionismo do século I ou um Jesus insípido que disse para as pessoas olharem para os lírios do campo — um Jesus assim não ameaçaria ninguém.*[2]

Há conseqüências reais e eternas do pecado. Essa é a lição que Jesus está nos ensinando. As conseqüências são tão drásticas e dramáticas que seria melhor você decepar uma mão ou cegar um olho se, com isso, conseguir escapar de tais conseqüências. Jesus não é um pregador insípido cheio de mensagens que nos fazem sentir bem. Ele não era um profeta do "poder do pensamento positivo" ou um filósofo da auto-realização. A sua mensagem era dura e severa. Como o meteorologista que anuncia a vinda iminente de um furacão ou monção, Jesus se levanta diante de nós para informar antecipadamente sobre o desastre que sobrevirá aos que o seguem sem terem se arrependido dos pecados que cometem.

Se não gostamos do meteorologista porque ele sempre faz previsões de mau tempo, podemos desligar a televisão ou mudar para outro canal que tenha um meteorologista que preveja meteorologicamente dias quentes e ensolarados. Mas quando as tempestades chegam, valorizaremos mais o homem do tempo que nos conta a verdade para que assim nos preparemos para a calamidade iminente.

TEMOS DE ACEITAR TUDO DE JESUS OU NADA DELE

Logo em seguida ao seu ensino sobre este assunto, Jesus fala do construtor prudente e do construtor insensato. Conhecemos bem a parábola. O construtor prudente construiu a casa sobre a rocha, ao passo que o construtor insensato construiu a casa sobre a areia. O homem sábio gastou tempo para cavar fundo, atravessando areia e terra até chegar à rocha firme sobre a qual alicerçar a fundação da casa. O homem falto de juízo estava com muita preguiça para fazer isso.

Jesus usa esse exemplo para caracterizar dois tipos de pessoas. O construtor prudente edifica-se em todos os ensinamentos de Jesus e não só em uma porção seleta que achou aceitável, descartando o resto. O construtor insensato prefere ignorar ou extirpar porções dos ensinamentos de Jesus que acha indesejáveis. Fazendo assim, ele se coloca em grande risco pessoal. Chegará o dia em que a tempestade o atingirá com tanta força que ele não conseguirá se recuperar. Não é exatamente o que acontecerá às pessoas do grupo "Senhor, Senhor!"?

Parte do problema com essas pessoas é que decidiram seguir só *parte* do ensino de Jesus. No caso específico exemplificado por Cristo, elas pensam erroneamente que segui-lo está sintetizado em feitos miraculosos como exorcismos, profecias e execução de milagres. Elas se concentram nos aspectos impressionantes e perdem o relacionamento. Entendido deste modo, isso não caracteriza uma grande porção do cristianismo global de hoje?

Alguns anos atrás, a rede de televisão americana Trinity Broadcasting Network (TBN) passou a transmitir para a Namíbia. O canal fica no ar dia e noite, e os namibianos podem assistir aos pregadores da TBN vinte e quatro horas por dia. A programação da TBN é, em sua maioria, boa, mas uma coisa ou outra é inadequada e pode levar a erro.

Precisamos entender o contexto da Namíbia para entendermos como a TBN é tão influente. Há somente uma estação de televisão na Namíbia. Para ter outras opções, é necessário pagar por canais via satélite. Os namibianos, em maioria, não têm condições de bancar o custo para assistir a esses canais, por isso ficam somente dois canais: um administrado pelo governo namibiano e o outro, a TBN. Por não haver muita coisa boa para ver no canal do governo, eles assistem mais à TBN.

Os namibianos assistem tanto à TBN que muitas igrejas passam por certa dificuldade em seus cultos de adoração. Se não há sinais e maravilhas nos cultos de adoração, hoje muitos namibianos acreditam que tal igreja não é genuína. A menos que a igreja tenha curas milagrosas, freqüentes palavras da sabedoria ou do conhecimento ou as pessoas "caiam no Espírito", ela é considerada menos espiritual.

Não é questão de ser uma igreja enfadonha que não tenha o alarido espalhafatoso que muitas igrejas mostradas na TBN têm. É questão de você ser julgado espiritualmente pobre caso não tenha a empolgação de curas e línguas estranhas ou a enxurrada constante de "aleluias" e "améns". No mínimo, o pregador tem de dançar e distrair as pessoas, ou elas irão para outra igreja.

Acho impressionante que as três ações que Jesus menciona no ensino "Senhor, Senhor!" sejam vistas de modo semelhante. A premissa é que igrejas com milagres e profecia são igrejas mais espirituais, e que as que não têm essas características são inferiores. Paulo lidou com essa idéia em Corinto do século I, e estamos experimentando o mesmo problema vinte séculos depois. Julgamos os outros com base nos dons espirituais que eles têm, valorizando certos dons acima de outros. Quais dons são considerados mais importantes e espiritualmente significativos? Os dons que *nós* possuímos.

Também acho informativo que na esfera de ação do Sermão da Montanha não haja a indicação de que os genuínos seguidores de Jesus tenham de fazer proezas miraculosas. Na realidade, a única menção de tais feitos está no negativo, isto é, os que se enganam crendo que, por realizarem essas proezas, devem ser discípulos de Cristo. Ser discípulo de Jesus Cristo implica perdoar os inimigos, possuir um espírito de pobreza, não julgar crítica ou hipocritamente as pessoas e todos os outros fatores que já examinamos nos capítulos anteriores.

Temos a tendência a extirpar as porções do ensino de Jesus que achamos ofensiva, muito embaraçosa ou abaixo de nós. No momento que fazemos isso, arriscamos sermos incluídos no grupo "Senhor, Senhor!" Só quando aceitamos todos os ensinos de Jesus é que podemos ser considerados verdadeiramente seus discípulos.

Coloquemos as palavras de Jesus "Senhor, Senhor!" no contexto amplo do Sermão da Montanha.

> Nem todo o que me diz: Senhor, Senhor! entrará no Reino dos céus, mas aquele que faz a vontade de meu Pai, que está nos céus. Muitos me dirão naquele Dia: Senhor, Senhor, não profetizamos nós em teu nome? E, em teu nome, não expulsamos demônios? E, em teu nome, não fizemos muitas maravilhas? E, então, lhes direi abertamente: Nunca vos conheci; apartai-vos de mim, vós que praticais a iniqüidade. *(Mt 7.21-23)*

Poucas declarações da boca de nosso Salvador rivalizam com esta em termos de puro terror. O impacto dessa proclamação não se acha tanto no fato de que o julgamento existe, mas sobre quem será julgado. Se Jesus tivesse dito: "Naquele dia, muitos ateus, pervertidos e pessoas que cometem práticas horríveis...", não ficaríamos surpresos. Mas essas pessoas se dirigem a Ele chamando-o "Senhor". Elas não só *o* conhecem, mas afirmam que o conhecem bem. Isso não está indicado apenas pelo título de tratamento que usam para falar com Ele, mas também pelo modo como vivem. A vida dessas pessoas era marcada por sinais miraculosos efetuados supostamente em nome do Senhor.

O cristianismo superficial é marcado pela necessidade constante de uma dificuldade espiritual, como se os convertidos não pudessem existir a menos que as suas convicções sejam repetidamente reafirmadas, principalmente por acontecimentos relativos à experiência. Promessas velhas e mofadas encontradas em um livro escrito há dois mil anos não bastam. Precisamos viver por vista e não por fé. Por que temos de acreditar em coisas ditas há muito tempo para pessoas de uma cultura e época diferente das nossas? Queremos que Deus fale conosco hoje, agora.

Esse é o estado de grande parte da cristandade hodierna. Às vezes, os sinais milagrosos e maravilhas são considerados mais importantes que uma relação verdadeira com Cristo. É exatamente este o problema com os condenados por Jesus nesse sermão. Eles acreditavam que, por exibirem ou fazerem maravilhas extraordinárias, *tinham* de ter uma relação com Jesus. Mas as coisas não são bem assim.

Em Atos 19, temos uma narrativa um tanto quanto relacionada com essas palavras de Jesus. Os "sete filhos de Ceva" tentaram invocar o nome de Jesus para expulsar espíritos malignos. Lucas registra que esses moradores efésios passaram por maus bocados com essa tentativa: "Respondendo, porém, o espírito maligno, disse: Conheço a Jesus e bem sei quem é Paulo; mas vós, quem sois? E, saltando neles o homem que tinha o espírito maligno e assenhoreando-se de dois, pôde mais do que eles; de tal maneira que, nus e feridos, fugiram daquela casa" (At 19.15,16).

Embora Lucas não diga, supomos que os filhos de Ceva não eram cristãos. Lucas refere-se a eles como judeus, e da conclusão dessa curta história, fica claro que o que tentaram fazer não deu certo, porque eles pensavam que, evocando o nome de Jesus, sem ter uma relação com Ele, poderiam controlar os espíritos maus. É interessante observar que, assim que esse incidente aconteceu, Lucas registra que muitos moradores de Éfeso ficaram com muito medo e renunciaram a feitiçaria que praticavam.

Essa é uma história preocupante, mas não se iguala às palavras agourentas que Jesus disse relativas a um assunto semelhante. Com respeito aos filhos do judeu Ceva, eles viram o que Paulo fazia em nome de Jesus, supuseram que Paulo invocava esse nome como uma fórmula mágica e acharam que poderiam agregá-la às suas práticas de feitiçaria. Mas com respeito ao sermão de advertência de Jesus, aqueles que Ele rejeita procuram por todos os meios serem cristãos, seguidores de Cristo. Em outras palavras, o tempo todo eles acreditavam que mantinham uma relação certa com Jesus, mas eram praticantes da iniqüidade e estavam perdidos. Também estavam invocando o nome de Jesus como se fosse uma fórmula mágica, sem terem uma relação com Ele.

> *Ele ordena que essas pessoas saiam da sua presença, pois roubaram, sob falso direito, a posse injusta e temporária da casa dele.*
> *João Calvino (1509-1564),* Harmonia dos Evangelhos

A NECESSIDADE DE AUTO-AVALIAÇÃO HONESTA

Esse auto-engano é amedrontador, mas é algo que temos de enfrentar. Os fariseus também se enganaram. O tempo todo eles acreditavam que eram a quinta-essência da santidade e a epítome da religiosidade; mas eram víboras hipócritas, e não sabiam disso. Embora pareça haver uma corrente latente nos Evangelhos que propõe que os fariseus e líderes religiosos enganavam de forma resoluta e deliberada, o quadro global indica o fato de que eles se consideravam inocentes de todo mal. Na narrativa joanina do cego curado por Jesus, João aproveitou a oportunidade para registrar as palavras de Jesus que falam de uma cegueira espiritual que espelhava a física:

> E disse-lhe Jesus: Eu vim a este mundo para juízo, a fim de que os que não vêem vejam e os que vêem sejam cegos. Aqueles dos fariseus que estavam com ele, ouvindo isso, disseram-lhe: Também nós somos cegos? Disse-lhes Jesus: Se fôsseis cegos,

> não teríeis pecado; mas como agora dizeis: Vemos, por isso, o vosso pecado permanece. *(Jo 9.39-41)*

Imediatamente a seguir, no capítulo seguinte, João registra as declarações de Jesus relacionadas ao "bom Pastor", nas quais Jesus compara os líderes religiosos a ladrões, salteadores, mercenários e lobos.

Fica claro que essas narrativas pintam um quadro em que os líderes religiosos eram intencionalmente enganosos, crendo o tempo todo (ou pelo menos afirmando) que eram inocentes. Jesus dá a entender que, caso eles não tivessem sabido que eram culpados de pecado, não seriam culpados. O fato é que os fariseus não eram cegos. Eles tinham as Escrituras, mas preferiam as leis que eles mesmos faziam. Considerados intrinsecamente, estavam sujeitos a julgamento. Eles estavam se enganando, porém de forma mais sutil.

Uma coisa é alguém nascer cego. Ninguém o condenaria por ser cego. Outra coisa é a pessoa com olhos bons andar com eles fechados. Ele é cego no sentido de não ver, mas o seu problema de cegueira é de fabricação própria.

> *Se desejarmos ter comunhão com o Filho de Deus, então faz parte da nossa sabedoria conhecer a nós mesmos.*
> *John Owen (1616-1683), pastor e teólogo puritano,* Comunhão com Deus

Muitos cristãos de nossos dias estão semelhantemente se enganando. A Bíblia existe e está à mão para eles lerem e obedecerem, mas optam por seguir os seus próprios inventos artificiosos. Viver por fé é difícil; por isso, preferem viver por vista. Buscam constantemente sinais e maravilhas, e a mensagem do evangelho precisa de reconfirmação regular para eles. Eles dizem: "Senhor, Senhor!", mas são incrédulos.

Arrisco-me em dizer que só a pessoa mais metida a santa não acharia essa passagem alarmante. Quem está satisfeito em sua redoma e não têm dúvida sobre o seu destino eterno terá pouca dificuldade com essa declaração de Jesus. Bem que eu queria me contar entre esse grupo feliz, mas o meu andar cristão é ocasionalmente assolado por dúvidas e preocupações. Sei que alguns pensarão que não entendo o evangelho ou o fato de que a Bíblia ensina "uma vez salvo, sempre salvo", mas essa seria uma conclusão muito simplista. Entendo bem como as doutrinas da eleição e perseverança se juntam no que chamamos "certeza de salvação" ou "segurança eterna". Sei que Deus nunca falha no que promete, mas o meu problema não é com Deus. O meu problema é comigo.

Não estou dizendo que luto com dúvidas *constantes* sobre o meu destino eterno. Fosse assim, então as preocupações acima sobre teologia de má qualidade teriam justificação. Nada disso. Estou dizendo que, de vez em quando, em momentos particulares, quando contemplo quem sou como pecador, um medinho se insinua. "Como pode Deus salvar uma pessoa como eu?" Sei que pecador miserável eu sou, e toda vez que me comparo com Cristo, acho-me em falta. Penso que se eu tivesse estado no jardim do Éden, teria pelado a árvore do fruto proibido. Em última análise, fico imaginando se não estou me enganando em crer que irei para o céu.

Algum dos meus leitores também tem receios semelhantes? Posso ter a ousadia de declarar que se você ocasionalmente não tiver tais sentimentos de dúvida, talvez deva se preocupar? Sei que soa estranho que os que se preocupam não deveriam se preocupar, mas que os que não se preocupam são que o deveriam.

Essa passagem da Palavra de Deus está no topo de minha lista dos textos mais sinistros da Bíblia. Narrativas como o dilúvio ou a queima e destruição de Sodoma e Gomorra não me assustam tanto. A razão é simples. As pessoas dos dias de Noé ou as que viviam em Sodoma não pensavam que tinham uma relação salvífica com o único e verdadeiro Deus. Mas eu penso.

Acredito que, quando morrer, terei uma vida eterna com o meu Criador, porque tenho uma relação com Jesus Cristo. Portanto, quando Jesus diz que haverá pessoas que morrem pensando que tinham uma relação com Ele, mas que na realidade estão eternamente perdidas, presto extrema atenção.

Deduzo que se o oposto fosse verdadeiro, que lendo essa passagem eu não sentisse medo seja do que fosse, tal atitude seria causa de preocupação. Afinal de contas, Jesus está dizendo essas coisas para nos avisar. Para todas essas pessoas que brincam de igreja ou têm uma vida repleta de rituais religiosos, ou que até fazem feitos milagrosos, mas não têm uma relação viva e vibrante com o Filho de Deus, Jesus diz essas coisas como aviso. Não se engane. Não pense que a sua vida, mesmo que seja caracterizada por fatos comumente atribuídos ao poder de Deus, tem verdadeiro valor se não estiver intimamente ligada a todos os ensinos do Mestre. Não nos esforcemos para ser religiosos. Esforcemo-nos para ser semelhantes a Cristo.

> *A religião que não nos custa nada e consiste em nada mais que ouvir sermões, no fim das contas, sempre se comprovará ser inútil.*
> *J. C. Ryle (1816-1900), ministro anglicano,* Comentário do Evangelho Segundo Mateus

Os indivíduos na multidão "Senhor, Senhor!" têm todos os sinais externos de religiosidade, mas não têm uma relação pessoal com Jesus. São como os fariseus, túmulos caiados que por fora parecem limpos, mas por dentro contêm ossos de mortos, ou como os israelitas da época do profeta Amós que levavam os dízimos e as ofertas ao Templo, mas com o intuito exclusivo de vangloriarem-se (Am 4.4,5). Essa era a denúncia das tribos do norte, Israel, pouco antes de elas serem exterminadas pelo exército assírio, fato anteriormente profetizado por Amós: "E assim eles adoravam a Deus, o Senhor, mas também adoravam os seus ídolos" (2 Rs 17.41a, NTLH). Que acusação horrível. Podemos passar por todas as manobras religiosas certas, fazer todas as declarações teologicamente corretas, afirmar que estamos no Senhor e, mesmo assim, estar eternamente perdidos. Isso não lhe dá um calafrio na espinha?

Os cristãos "Senhor, Senhor!" querem o cristianismo que impressiona, mas pouco inclinados estão em empenharem-se nas etapas básicas de ser discípulos de Cristo. Querem os ternos italianos e os automóveis luxuosos, e encaram com desdém os crentes que não possuem tais ornamentos que vêm junto com seguir a Jesus. Caem no chão pelo Espírito de Deus, mas se negam a amar os inimigos ou sofrer pela causa de Cristo.

> *O benefício dos sofrimentos de Cristo depende quase totalmente de a pessoa chegar a um verdadeiro conhecimento de si mesma e ficar aterrorizada e morta diante de si. E quando ela não chega a esse ponto, os sofrimentos de Cristo tornam-se de nenhum verdadeiro benefício para ela.*[3]

MILAGRES REAIS NÃO SIGNIFICAM NECESSARIAMENTE ATOS REAIS DE DEUS

Neste sermão de advertência de Jesus há em ação outro tipo de engano, o qual é mais insidioso. Esses indivíduos fazem mesmo os milagres que alegam fazer. Não há nada nessa passagem de Mateus 7 que nos faça pensar o contrário. A alegação era válida, indicando as suas verdadeiras experiências de vida. Eles não eram tolos para levantar-se diante de Cristo e afirmar ter feito coisas que não tinham feito. Esses praticantes da iniqüidade tinham verdadeiramente feito milagres, tinham verdadeiramente expulsado demônios, tinham verdadeiramente profetizado.

Nesse quesito, restam-nos poucas opções. Se esses feitos milagrosos realmente aconteceram, a capacidade para realizá-los só pode ter vindo de uma de duas fontes: Deus ou Satanás. Levando em conta que, em última análise, essas obras são consideradas obras inúteis, concluímos que não vieram de Deus. Essas obras feitas no nome de Jesus vieram do Diabo.

Não nos surpreendamos. Jesus diz que Satanás é o pai da mentira (Jo 8.44). A sua habilidade para enganar é incrível. Do jardim do Éden à tentação do Filho do Homem no deserto, Satanás é perito em torcer as palavras de Deus para adequá-las aos seus propósitos. Ele é falsificador e enganador: "E não é maravilha, porque o próprio Satanás se transfigura em anjo de luz" (2 Co 11.14). Como A. Scott Moreau escreve:

> *Satanás tem a sua própria trindade: o dragão, a besta e o falso profeta (Ap 16.13). Tem a sua própria igreja: a "sinagoga de Satanás" (Ap 2.9). Tem os seus próprios servos, os quais "finjam que são servos da justiça" (2 Co 11.14,15, NVI). Formulou o seu próprio sistema teológico: "doutrinas de demônios" (1 Tm 4.1). Estabeleceu*

o seu próprio sistema de sacrifício: "os gentios [...] sacrificam aos demônios" (1 Co 10.20). Tem o seu próprio culto de ceia: o "cálice dos demônios" e a "mesa dos demônios" (1 Co 10.21). Cada um dos seus ministros proclama um evangelho próprio: "um evangelho diferente do que recebemos" (Gl 1.7,8, BJ). Ele tem o seu próprio trono (Ap 13.2) e os seus próprios adoradores (Ap 13.4).[4]

Na advertência "Senhor, Senhor!", vemos que Satanás está disposto a ter perda temporária para obter um ganho maior de longo prazo. Ele concorda em curar temporariamente ou expulsar um dos seus demônios-servos para enganar as pessoas, levando-as crer que estão verdadeiramente fazendo a obra de Cristo.

Isso me faz lembrar de um caso narrado por um estudante namibiano durante um curso que lecionei sobre as religiões tradicionais africanas. O estudante contou a história de um curandeiro que, depois de ter se entregado a Cristo, revelou fatos do seu passado. Quando alguém o procurava para ser curado de, digamos, uma dor de cabeça, ele tirava a dor da cabeça e a colocava no estômago do consulente. Tempos mais tarde, quando a dor se manifestava no estômago, a pessoa se lembrava de ter sido curada da dor de cabeça e voltava para que o curandeiro lhe curasse o estômago também. O curandeiro tirava a dor do estômago e a colocava no pé, e assim por diante. Desse modo, o curandeiro enganava as pessoas fazendo-as crer que ele as curava de verdade. O curandeiro dava alívio temporário para manter as pessoas escravas a ele permanentemente.

As pessoas referidas na advertência de Jesus levavam a vida pensando que estavam fazendo a obra do Senhor. Só mais tarde descobririam que haviam praticado a iniqüidade e, por conseguinte, tinham de ser expulsas da presença de Jesus. "Nunca vos conheci" (Mt 7.23) significa ausência de relação entre Jesus e as pessoas em questão.

Uma declaração relacionada de Jesus fala de conseqüência semelhante: "Portanto, qualquer que me confessar diante dos homens, eu o confessarei diante de meu Pai, que está nos céus. Mas qualquer que me negar diante dos homens, eu o negarei também diante de meu Pai, que está nos céus" (Mt 10.32,33). Lendo essas palavras de Jesus, a nossa reação inicial é de surpresa e desconforto. Será que essas palavras foram realmente ditas por alguém que imaginamos estar de braços abertos, pronto para aceitar cada um de nós? Como pode Jesus negar que conhece pessoas e negar diante do Pai que está nos céus?

A mensagem do Filho do Homem não era de união de toda a humanidade em uma aldeia global. Pelo contrário, ela dividiria as pessoas, até os membros da mesma família, como vimos no capítulo 8. A mensagem de Cristo traz consigo determinação crucial e a necessidade de tomar uma decisão. Trata-se de uma mensagem ou um ou outro. Tentar ignorá-la é optar pela condenação. Cada pessoa não só tem de tomar tal decisão, mas cada indivíduo já tomou uma decisão.

Não há neutralidade na mensagem de Jesus. Cada ser humano chega a uma bifurcação onde Jesus está apontando o caminho da vida. O julgamento sobrevém em quem escolhe o caminho errado e também em quem procura ficar parado para não ter de escolher. O veredicto da aceitação ou rejeição é dado ou não com a pessoa de Jesus Cristo e o que fazemos com essa pessoa. Aquele que tem uma relação estreita com o Pai recebe o direito de julgar ou para recomendar ou para contrapor os viajantes.

O julgamento de Deus baseia-se em sua pessoa. O céu e o inferno estão pendentes. O destino final de cada indivíduo será determinado por reconhecer ou rejeitar a pessoa de Jesus. Isso é mais que muitos cristãos estão dispostos a admitir quando se trata de Jesus. Muitos o vêem apenas como um filósofo sábio ou um operador de milagres, e nem de longe querem reconhecer que em Cristo está incorporada toda a verdade.

Para aceitá-lo pessoalmente temos de aceitar o seu ensino; para aceitar o seu ensino temos de aceitá-lo pessoalmente. Não dá para fazer um à exclusão do outro; nem dá para ignorar um e considerar o outro válido. Jesus não diz: "Qualquer que confessar o meu ensino", mas: "Qualquer que *me* confessar". A aceitação das afirmações pessoais que Ele faz sobre si mesmo acha-se no cerne da recomendação que faz ao Pai acerca de cada indivíduo.

Muitos cristãos procuram o caminho fácil do discipulado. Para eles, a vida cristã está em torno de maravilhas ostentosas e sinais vistosos.

O trabalho pesado e maçante de todos os dias é indigno deles. É para essas pessoas que Jesus diz: "Nunca vos conheci" (Mt 7.23).

> *Ele se satisfaz em ouvir e aprovar, mas não faz mais que isso. Ele, talvez, alimente a ilusão de que tudo está certo com a sua alma, porque tem sentimentos, convicções e desejos de tipo espiritual. Nestes, ele descansa. Ele nunca realmente se aparta do pecado e põe de lado o espírito do mundo; nunca realmente se agarra a Cristo; nunca realmente toma a cruz. É ouvinte de verdade, e nada mais.*
> *J. C. Ryle (1816-1900), ministro anglicano,* Comentário do Evangelho Segundo Mateus

O LUGAR CERTO DAS OBRAS

Se na qualidade de pecador sou perito em enganar-me, como saber com certeza que sou um dos verdadeiros discípulos de Cristo? Será que não há uma medida externa para eu consultar a fim de me prevenir de estar entre o povo "Senhor, Senhor!"? Se não dá para apelar às obras milagrosas como fruto de fé genuína, a que me apego?

Acredito que há um sentido no ensino de Jesus que, se não aderirmos estritamente ao seu ensino, temos a grande possibilidade de estar enganando a nós mesmos. Em outras palavras, se não obedecemos aos mandamentos de Jesus que tratamos nos primeiros nove capítulos deste livro, a advertência para não nos enganar encontrada neste capítulo torna-se uma opção viável. Uma medida é perguntar a nós mesmos: Vemos frutos positivos em nossa vida?

Essa pergunta nos coloca em debate teológico como vemos habitualmente entre os evangélicos. Onde se encaixam as obras? Os evangélicos tendem a subestimar as boas obras tendo em vista a firme convicção relativa à justificação pela fé. Por sabermos que a salvação não depende do que fizermos, muitos de nós nos afastamos assustados da idéia de que boas obras são sinal ou medida de fé genuína.

Há dois pontos de vista antagônicos no evangelicalismo predominante de hoje, os quais giram em torno dos papéis de Jesus como Salvador e Senhor. Uma vertente afirma que a fé simples é tudo que basta para ser salvo, enfatizando a Jesus como Salvador. A outra afirma que as boas obras desempenham parte do processo de salvação, o que é chamado salvação de senhorio.

Para a maioria dos cristãos, é surpreendente que existam tais argumentos. Para nós, é claro como o sol que Jesus é Senhor e Salvador, então por que a discordância? Em outras palavras, a questão envolve o papel crucial que as obras desempenham na salvação. Vou ser claro. Não advogo um processo de salvação que implique a cooperação entre Deus e eu, que é a mentalidade "Deus ajuda os que se ajudam". Em tal sistema, a salvação é pela fé, mas não pela fé somente. As obras desempenham um papel providencial no processo. À medida que fico mais justo, Deus faz a sua parte e eu faço a minha. Para os mais teologicamente instruídos, é um sistema semipelagiano no qual a salvação é um esforço cooperativo entre o homem e Deus.

Os evangélicos, entretanto, professam a justificação pela fé somente. Não cremos que a salvação seja uma recompensa por boas obras que fazemos, como é a noção exposta acima. Cremos que a salvação é inteiramente pela graça, por meio da fé (Ef 2.8,9).

Essa visão bíblica causa problemas dentro dos círculos evangélicos. Por estarmos dizendo que as obras não são necessárias para a salvação, há alguns entre nós que sutilmente passam para a posição de que as obras não são mais necessárias, ponto final. Permita-me explicar a diferença fazendo uma comparação entre duas declarações: uma proferida por um importante concílio do catolicismo romano e a outra proferida por um importante reformador protestante:

- Concílio de Trento: "A justificação é pela fé, mas não pela fé somente".
- João Calvino: "A justificação é pela fé, mas não por uma fé que é única".

Em teologia, infelizmente, a semântica reina, e estamos diante de um caso. Há uma diferença sutil entre o significado das duas declarações, mas a diferença é de grande magnitude no que diz respeito à nossa compreensão de salvação.

Como sabemos se alguém é salvo? Poderíamos dizer que a simples confissão de fé em Jesus basta, e não estaríamos errados. O ladrão da cruz não teve chance de fazer boas obras ou de ser batizado; todavia, Jesus lhe disse que ele estaria no Paraíso. Mas e quanto à pessoa que confessa ter fé em Jesus, mas como prova mostra poucos frutos por um longo período de tempo?

O meu finado avô era um evangelista itinerante que pregou o evangelho durante muitas décadas por todos os Estados Unidos. Ele era um evangelista positivo que, ao término de cada mensagem, sempre fazia a chamada ao altar. Se cinqüenta pessoas levantassem a mão ou fossem à frente para aceitar a Jesus, o meu avô acreditava que cinqüenta pessoas foram salvas naquele dia. Muitas vezes me perguntei se era verdadeira fé espiritual ou simples ingenuidade. Mas o meu avô não era nada ingênuo; contudo, e quanto às falsas confissões de fé? Será que ele não levava em conta essa categoria de pessoas?

Penso que temos de levar em conta. Gostaria de fazer um levantamento para ver quantas dessas cinqüenta pessoas cinco anos depois ainda estão andando com Cristo. A propósito, esse não seria um trabalho vão. Certas estatísticas na África demonstram que vinte a cinqüenta mil africanos se tornam cristãos por dia. Quantos desistem pouco tempo depois disso? Quantos são os tipos de terra que as preocupações diárias ou os desejos materiais os sufocam? Essa situação é um dos motivos por que estou lecionando em um seminário na África. A necessidade de discipulado sólido nas igrejas é surpreendente, com tantas pessoas inundando as igrejas e tão poucos líderes biblicamente treinados para ajudá-las a crescer na área espiritual.

Em nossos dois primeiros anos na Namíbia, moramos na pequena cidade de Grootfontein. Junto com outros missionários, falamos do evangelho a muitas pessoas daquela região. Por vários meses, uma jovem de pouco mais de vinte anos mostrou-se bastante interessada pelo evangelho até que, com a orientação de um colega missionário, ela entregou a vida para Jesus. Duas semanas depois, envolveu-se na cidade com uma seita liderada por um autodenominado profeta que afirmava que as pessoas tinham de segui-lo para serem salvas. Apesar de nossos insistentes pedidos, a jovem declarou que jamais abandonaria o grupo.

Supondo por ora que ela jamais deixará essa seita, podemos dizer que quando se entregou a Jesus foi salva? Muitos evangelistas afirmam que podemos saber hoje, agora, que quando morrermos, iremos para o céu. Os televangelistas fazem os telespectadores repetirem uma oração curta e, depois, garantem que eles estão salvos. Claro que a promessa é dada sem a mínima indicação quanto ao que o espectador fará na vida a partir dessa oração. Daqui a cinco anos, se o indivíduo que fez essa oração estiver blasfemando de Deus e amaldiçoando a Jesus, será que levaremos a sério a hipótese de que a breve confissão de fé dita na frente da televisão bastou para a salvação?

> *Todos os verdadeiros cristãos dizem: "Senhor, Senhor!" Mas nem todos que dizem "Senhor, Senhor!" são verdadeiros cristãos!"*[5]

Sempre que surge a discussão da importância das obras, especialmente no que tange a comprovar a veracidade da fé, alguns evangélicos temem que estamos pisando em solo herético. O ponto preocupante, dizem, é que se afirmarmos que as boas obras *têm* de ser um produto da fé genuína, estaremos descuidadamente tornando as boas obras necessárias para a salvação. Alguns desses cristãos vão tão longe quanto a concluir que o ato de arrependimento é desnecessário, porque constitui boa obra.

Discordo terminantemente. A pessoa que é verdadeiramente nova criatura e está sendo transformada à imagem do Filho de Deus, terá de dar frutos positivos de tal transformação. Isso não quer dizer que o fruto é um pré-requisito para a conversão, mas é um dos seus subprodutos necessários.

Jesus sempre usa frutos como figura da produtividade do crente. Por exemplo, Jesus emprega a figura da terra produtiva para falar de crentes genuínos. Usa outros tipos de terra, que não sejam produtivos, para representar os que se desviam ou aqueles cuja fé é sufocada e fica improdutiva. Considere a figura das varas (ramos) estéreis que são cortadas e queimadas, ou as árvores que são arrancadas pela raiz e destruídas porque não são produtivas. Jesus usa tais figuras como prova e sinal da confissão de fé. Não entendo por que objetar as boas obras como meio de mensurar a vitalidade da crença que a pessoa tenha.

Mas os evangélicos constantemente fazem tais objeções, sendo esta a causa de haver muitos que falem contra o "creísmo fácil". Há cristãos que afirmam que não há necessidade de haver boas obras para que a pessoa seja genuinamente salva. No ensino de Jesus está devidamente claro que a árvore que não produz bons frutos não é árvore boa.

Considere a parábola dos dois filhos (Mt 21.28-32). Jesus diz que o filho que será elogiado não é o filho que diz que fará o trabalho que o pai manda, mas não faz, mas o filho que faz o trabalho que o pai manda, embora inicialmente tivesse se recusado a fazê-lo. Confissões de fé não apoiadas por ações verdadeiras são inúteis.

O creísmo simples é interessante para fazer convertidos, mas não é este o âmago da Grande Comissão. A nossa chamada é para fazer discípulos e não para convertê-los. Por definição, os discípulos seguem os mandamentos do seu senhor e são formados por um processo que implica a passagem do tempo.

Isso não é o mesmo que dizer que a salvação é por obras. O que estou dizendo é que se voluntariamente optarmos por ignorar algum trecho do ensino de Jesus, é sinal de que não somos verdadeiramente suas ovelhas. Os verdadeiros discípulos de Jesus obedecem a todos os seus ensinos. Ignorar deliberadamente porções desses ensinos é indicação de que a fé não é genuína. Quem pode afirmar que segue um "senhor" sem fazer das ordens desse senhor o seu desejo? Dizer que alguém é o nosso "senhor" e determinar não lhe obedecer sempre não passa de brincar de jogo de palavras, algo para enganar as pessoas que nos cercam, mas não engana a Cristo.

Jesus usa a figura dos frutos para nos prevenir dos falsos profetas e também dos *falsos crentes*: "Nem todo o que me diz: Senhor, Senhor! entrará no Reino dos céus, mas aquele que faz a vontade de meu Pai, que está nos céus" (Mt 7.21). Há evangélicos que chegam a definir "a vontade de meu Pai" como a simples fé em Jesus, e considerando que certamente a inclui, não pode ser limitado somente a isso.

Fiz essa divagação doutrinária porque a passagem do Sermão da Montanha apresenta algumas pessoas que pensam que são salvas, mas não são. Essa não é especulação teológica com a qual os professores de seminário se atarefam. Trata-se de um fato, uma situação da vida real a qual Jesus nos chama a atenção. Levando em conta essa revelação, quero ter certeza de que não sou uma dessas pessoas.

DE QUEM É A PERSPECTIVA?

Quando Paulo dá a seguinte ordem aos crentes filipenses: "Operai a vossa salvação com temor e tremor" (Fp 2.12b), penso que está tratando diretamente desse assunto. A Bíblia de Estudo NVI faz um comentário criterioso sobre essa passagem:

> *Concretizem-na ao máximo. Não uma referência à tentativa de merecer a salvação mediante as obras, mas à manifestação da salvação já existente mediante o crescimento e o aperfeiçoamento espiritual. A salvação não é mera dádiva recebida uma vez por todas; manifesta-se num processo contínuo, no qual o crente dinamicamente se envolve [...] — o processo da perseverança, do crescimento espiritual e da maturação.*[6]

Parte do problema é que turvamos a diferença entre a perspectiva de Deus e a do homem. Da perspectiva de Deus, a fé genuína sempre é fé salvadora. Deus não se engana com confissões de fé falsas ou exibições externas de ginásticas religiosas. Ele sabe perfeitamente quem tem fé genuína e quem não tem.

Da perspectiva do homem, até o conhecimento de nós mesmos é menos que perfeito. Temos o potencial de nos enganar e de enganar os outros. Levando em conta essa verdade, até a confissão de fé "Eu me entreguei a Jesus Cristo" pode estar errada. É isso que as pessoas "Senhor, Senhor!" fazem. Elas se enganam pensando que têm fé genuína em Jesus, quando na verdade não têm.

A salvação nunca é pelas obras. O pecador imperfeito nunca pode fazer o que a lei exige; nem pode aprimorar a obra expiatória do perfeito Filho de Deus. Os pecadores só são justificados pela fé no que Cristo já fez por eles. Só então podemos verdadeiramente dizer que a salvação é pela graça, e não por atos meritórios de justiça. Da perspectiva do homem, como podemos ter certeza de que temos a salvação quando até uma confissão de fé pode ser enganosa? Repetindo, da perspectiva de Deus a certeza de salvação está tudo muito bem, mas da perspectiva do pecador que se engana, o que ela significa para mim?

Penso que temos dado às pessoas uma falsa esperança de salvação. Dizemo-lhes que repetindo certas palavras elas podem ter a certeza de salvação. Mas é injusto, tendo em vista o fato de que há pessoas que, além de repetir certas palavras, fazem sinais e maravilhas para acompanhá-las e, mesmo assim, não são salvas. Desviar-se da fé é uma possibilidade real na Bíblia, e a realidade de a pessoa enganar-se também está presente. A pessoa pode ser salva no momento exato em que faz a "oração do pecador" e se entrega genuinamente a Cristo. Mas naquele momento só Deus sabe verdadeiramente se tal confissão de fé é verdadeira ou falsa. O pecador, infelizmente, não sabe. Só o tempo dirá.

No restante deste capítulo, realçarei vários meios pelos quais pecadores como eu podem ter a certeza de que não estão se enganando em pensar que são verdadeiros discípulos de Cristo. Se posteriormente quisermos continuar usando frases como "uma vez salvo, sempre salvo", sou inteiramente a favor. Mas só depois de entendermos tudo o que isso significa.

ENGANO DE DISCERNIMENTO

Antes de examinarmos essas provas gerais, entenda que não estou propondo que passemos a avaliar as pessoas e os seus frutos. Há a ocasião certa para isso, especialmente quando se trata de falsos profetas (por exemplo, Mt 7.16). Nos quesitos propostos a seguir para a avaliação da fé, estou preocupado *comigo*, e não com quem quer que seja. É por isso que o título deste capítulo é "A Arte da *Auto*-Avaliação Espiritual". Será que estou me enganando achando que sou um crente genuíno? Se você começar com essa pergunta e usar esses indicadores como modo para avaliar os outros, não entendeu o objetivo deste capítulo.

1) *Eu já me entreguei a Jesus Cristo?* Sei que parece ridiculamente óbvio, mas temos de aceitar a Jesus. Ocasionalmente, encontro um cristão que diz nunca ter feito uma confissão de fé, porque é crente desde sempre. Tendo sido criado em lar cristão, com pais e irmãos crentes, ele está na igreja desde que era bebê. Até onde ele se lembre, o cristianismo faz parte natural da sua vida.

Que experiência magnífica. Ainda que regularmente admiremos os testemunhos de pessoas que saíram da imundícia do mundo e vieram para a pureza da fé em Cristo, gosto de saber de pessoas que desde a infância têm sido mantidas impolutas dessas coisas. Que testemunho maravilhoso.

Não obstante, cada um de nós tem de receber a Jesus Cristo. Por mais maravilhoso que seja conhecer a Jesus desde sempre, temos de tomar a decisão consciente de crer nEle, afastar-nos de nós mesmos e do mundo e segui-lo.

Essa não é questão de somenos importância. Há multidões de pessoas que vão à igreja a vida toda, mas não conhecem a Jesus como Salvador e Senhor pessoal. No fim dos tempos, pode ser que não venham a dizer que fizeram milagres ou expulsaram demônios, mas, talvez, muitos dirão algo semelhante a: "Mas eu era batizado, ia à igreja muitas vezes por semana e dava o dízimo regularmente".

Tem de haver um consentimento ao evangelho, aceitando as Boas Novas e tornando-as nossas. Ninguém nasce na família de Deus. Cada um de nós tem de entrar nela espiritualmente pela fé (Jo 1.12,13).

Tal confissão de fé implica verdadeira pobreza de espírito. Se dissermos que temos fé em Cristo e com isso não afirmarmos que somos mais que nada, não entendemos a fé genuína e estamos nos enganando.

> *Pois se alguém ler esta vida com atenção, verá, da parte de Deus, nada mais que bondade, misericórdia e amor; da minha parte, nada mais que fraqueza, pecado e infidelidade. Não tenho nada em que gloriar-me, a não ser nas minhas fraquezas e na minha indignidade, visto que, naquela união-casamento perpétua que tu fizeste comigo, eu não trouxe comigo nada mais que fraqueza, pecado e miséria.*
> *Madame Guyon (1647-1717),* Autobiografia de Madame Guyon

2) *Como é a minha doutrina?* Paulo escreveu ao jovem Timóteo: "Tem cuidado de ti mesmo e da doutrina; persevera nestas coisas; porque, fazendo isto, te salvarás, tanto a ti mesmo como aos que te ouvem" (1 Tm 4.16).

Quantas vezes você já ouviu alguém dizer: "Amo a Jesus. Não tem importância em que eu creia, contanto que seja uma pessoa do bem". A história do cristianismo, sobretudo nos últimos trezentos anos, tem sido turbada com pensamentos de que a doutrina não é importante e que tudo que interessa é como a pessoa leva a vida. Essa é claramente uma falsa dicotomia entre crença e prática, o que tecnicamente se chama de ortodoxia e ortopraxia.

Aquilo em que cremos afeta profundamente o modo como vivemos, e, inversamente, como vivemos é determinado pelo que cremos. Paulo diz a Timóteo para cuidar muito bem de si *e* da doutrina. Um não é mais importante do que o outro. Ambos são igualmente vitais para o andar do cristão.[7]

Muitos crentes são vergonhosamente ignorantes quando se trata de teologia e doutrina cristã. Eles acreditaram na mentira de que doutrinas são reservadas para acadêmicos e intelectuais, mas as coisas não são bem assim. Por ter tratado desse assunto no capítulo 3, na subdivisão sobre a dedicação à mente, nada mais acrescentarei aqui.

3) *Há indícios de que a minha vida está mudando para melhor, alguma manifestação de que ocorreu genuína regeneração?* Já falamos sobre a parte que as obras desempenham na vida do crente, mas quero ressaltar que a minha preocupação neste capítulo é como avaliar a mim, e não os outros, de forma que eu não me engane pensando que sou discípulo de Jesus quando na verdade não sou. Procurar frutos em minha vida é um modo de discernir isso.

Embora seja difícil determinar quais sejam esses "frutos" ou "boas obras", é evidente que quem acha que estes devam estar restritos ao âmbito do milagroso ou sobrenatural está enganado. Em 1 Coríntios 13, Paulo argumenta que falar a língua dos anjos, possuir uma fé que remova montanhas e dar a vida em martírio equivale a nada se essas ações não foram motivadas pelo amor. Os israelitas do Antigo Testamento junto com os fariseus dos dias de Jesus estavam sistematicamente condenados por crer que rituais e ritos religiosos eram só o que bastava para agradar a Deus. Entretanto, Deus considera inúteis os sacrifícios sem justiça e os dízimos sem misericórdia.

Falando da religião inútil, Tiago diz: "A religião pura e imaculada para com Deus, o Pai, é esta: visitar os órfãos e as viúvas nas suas tribulações e guardar-se da corrupção do mundo" (Tg 1.27). Ele também diz que quem é somente ouvinte da Palavra, mas não cumpridor, é semelhante às pessoas que se olham ao espelho e, logo em seguida, se esquecem de como era a sua aparência (Tg 1.22-25). Falar palavras vazias, mesmo que sejam as palavras "Eu creio em Jesus Cristo", sem ter frutos reais de fé genuína, pode enganar as pessoas, mas não engana a Deus. Na realidade, essas palavras podem nos enganar, e este é precisamente o problema.

Há a possibilidade de alguém ter fé salvadora e não produzir boas obras? Embora eu não saiba se tal situação hipotética possa ocorrer, tenho de dar o meu voto contra tal idéia. A fé salvadora *sempre* produz boas obras, a menos que o convertido morra logo em seguida, como aconteceu com o ladrão na cruz. Se com a passagem de tempo não houver evidência de frutos, então não estaria errado questionar a validade da confissão original de fé.

Obras são como a fumaça que sai do cano de escape dos automóveis. Quando vemos a fumaça, sabemos que o motor do carro está funcionando. Não é a fumaça que faz o motor funcionar. A fumaça é sinal de que o motor está funcionando. Do mesmo modo, a fé desacompanhada de obras é fé morta. Mas que tipo de obras? As pessoas "Senhor, Senhor!" não têm obras e obras milagrosas?

Jesus sempre incentiva os seus discípulos a serem diferentes das pessoas do mundo. Os descrentes amam as pessoas que os amam; os discípulos de Jesus têm de amar as pessoas que os odeiam. Do ponto de vista do mundo, a perseguição não é algo a ser desejado, mas os discípulos de Jesus têm de alegrar-se quando forem perseguidos. Coisas que são tipicamente consideradas gratificantes da perspectiva religiosa são vistas por Jesus como impedimentos para uma relação genuína com Ele.

Sacrifícios, dízimos e ofertas eram importantes para Deus, mas só se fossem acompanhados por obras mais profundas de misericórdia, humildade e justiça (Mq 6.8). Jesus criticou os fariseus por fazerem ostentação externa de religiosidade, ao mesmo tempo em que ignoravam secretamente as questões mais importantes da lei (Mt 23.23). As questões mais importantes envolvem os fatores que separam os discípulos de Cristo de todas as outras pessoas religiosas, como amar os inimigos, tomar a cruz, suportar com alegria a perseguição por amor a Cristo e assim por diante.

> *São os frutos maduros que vêm depois, e não as belas cores e o cheiro das flores, pelos quais temos de julgar.*
> *Jonathan Edwards (1703-1758),* Um Tratado Relativo aos Afetos Religiosos

Imediatamente após Efésios 2.8,9, que para muitos evangélicos é a mais completa declaração sobre a salvação, Paulo diz: "Porque somos feitura sua, criados em Cristo Jesus para as boas obras, as quais Deus preparou para que andássemos nelas" (Ef 2.10). Se foi para as boas obras que fomos criados, então é lógico que as boas obras também seguirão a fé salvadora. É para as boas obras que existimos como crentes. Observe que as boas obras vêm depois da salvação. As boas obras são um subproduto da fé salvadora, e não um pré-requisito. A idéia básica é que as boas obras são o teste determinante da fé genuína.

4) *Vejo crescimento em longo prazo em minha vida cristã?* Analiso esse quesito do ponto de vista negativo e positivo. Positivamente, como você está nos aspectos pertinentes ao andar cristão que visam fazer você crescer em comunhão mais profunda com Deus? A sua vida é uma terra improdutiva espiritual com falta de oração e estudo da Palavra de Deus? Você é um freqüentador ocasional da igreja não tendo um envolvimento em um corpo local de crentes? Ou a sua vida é caracterizada positivamente pelo oposto desses elementos, mostrando um andar que cresce em vida e vitalidade?

Negativamente, há algum pecado em sua vida que você não confessou ou se recusa a confessar? Tem havido a tendência constante a cometer tal pecado? Você permitiu que esse pecado se tornasse parte integrante da sua vida a tal ponto que você já não sente o Espírito de

Deus condená-lo por isso? Consciência cauterizada pode ser sinal de advertência de falsa confissão de fé (1 Tm 4.2).

Permita-me explicar brevemente dois termos teológicos importantes, *justificação* e *santificação*. Justificação é o termo usado para descrever a nossa posição certa diante de Deus. É algo que acontece uma vez na vida, no momento da conversão, quando professamos a fé genuína e salvadora na obra expiatória de Jesus a nosso favor. Não há nada que possamos fazer para ganhá-la ou aperfeiçoá-la.

Santificação descreve o processo que os crentes passam depois que são justificados. Eles tornam-se cada vez mais segundo a imagem e semelhança de Cristo. Nas argumentações acima, estamos em essência fazendo a pergunta: "A minha santificação pode ser usada como medida para saber se estou ou não genuinamente justificado?" Em outras palavras, a minha confissão de fé é real ou falsa, e posso olhar para minha maneira de viver como fator determinante para a minha confissão de fé? A resposta para ambas as perguntas é sim.

Se a pessoa está justificada, também será santificada. Claro que não há santificação sem justificação, mas não cometamos o erro de pensar que podemos ter justificação genuína sem indícios de santificação.[8]

Se a pessoa se torna crente aos vinte anos de idade, aos cinqüenta ela deve poder olhar para trás e ver crescimento no seu andar com Cristo. Lógico que nesse processo haverá altos e baixos, mas a tendência geral tem de ser *altos*. Conforme a pessoa fica mais ciente do ensino de Cristo, deve ter uma maior disposição em aceitá-lo. Caso contrário, talvez a sua fé não seja genuína.

A Bíblia é clara em dizer que haverá pessoas que repetem as palavras, mas não são salvas. Por conta disso, na melhor das hipóteses, seria ingênuo, e na pior, enganoso dizer às pessoas que tudo que elas precisam fazer é repetir as palavras para serem salvas. Permanecer na fé é sinal de discípulos genuínos, e só podemos saber que estamos permanecendo na fé se realmente estivermos permanecendo nela. "Porque nos tornamos participantes de Cristo, se retivermos firmemente o princípio da nossa confiança até ao fim" (Hb 3.14).

Quando as pessoas me perguntam quando me tornei crente, respondo-lhes que aos oito anos de idade professei fé em Jesus Cristo.

Nesse dia, creio que passei da potestade das trevas e de Satanás para o Reino da luz de Deus encontrado no seu Filho.

Mas naquele dia entendi tudo que estava acontecendo quando pus a minha confiança em Jesus? Poderia eu ter explicado totalmente o que significava estar morto em pecados ou Jesus ter voltado dos mortos para nunca mais morrer? Não, não poderia. Mas a minha confiança de criança em Jesus era tudo que precisava para que a minha justificação fosse completa.

E quanto à minha vida depois disso? Afirmo que tenho demonstrado sinais de genuína conversão e fé, e continuo fazendo assim. Tenho dúvidas ocasionalmente? Tenho, como já disse. Quando contemplo o meu estado pecaminoso, dúvidas se insinuam em meu ser. Contudo, sei em quem tenho crido, e sei que Ele pode me livrar apesar de quem sou.

Hoje, trinta e três anos depois da conversão, será que estou mais justificado do que então? Indiscutivelmente, não. O mesmo sangue perfeito e expiatório de Jesus me cobre agora como me cobriu então. Jamais conseguirei acrescentar algo ou aprimorá-lo. Mas hoje estou mais santificado do que estava com a idade de oito anos? Estou. E esse processo está em andamento.

Se não houvesse sinal de frutos espirituais em minha vida desde o tempo em que professei a fé em Jesus, me seria cabível questionar essa confissão original.

5) *Seja sincero com você mesmo.* O último e talvez mais importante quesito é que precisamos admitir a possibilidade de estarmos enganados. Poucas coisas são mais difíceis do que sermos honestos em avaliar a nós mesmos. Na maioria das vezes, mentimos para nós mesmos porque queremos imaginar que somos melhores do que somos. Queremos crer que estamos no caminho da salvação e que mostramos todos os sinais de um crente genuinamente nascido de novo.

Por ignorância ou arrogância, muitos cristãos não admitem a possibilidade de estarem enganados, o que os torna alvos mais fáceis de Satanás. Jesus reconhece a realidade de estarmos enganados. Portanto, devemos imitá-lo. Como sempre, Jesus está contando algo terrível sobre nós, não para nos desanimar, mas para nos livrar.

"Enganoso é o coração, mais do que todas as coisas" (Jr 17.9a). Sendo assim, seríamos tolos em aceitar que a declaração de algumas palavras nos proporcione a garantia infalível de nossa salvação. Se com a passagem do tempo não houver frutos para acompanhar essas palavras, temos toda razão em duvidar da autenticidade de nossa conversão.

Somos salvos pela graça? Com certeza, totalmente. Não podemos nos salvar, e as boas obras não contribuem em nada para a salvação. Porém mesmo que as boas obras não sejam um pré-requisito para a salvação, elas são um dos seus subprodutos necessários. Ao nos avaliarmos honestamente, se não encontrarmos boas obras e frutos advindos da fé genuína, temos razão em estar muito preocupados com o nosso destino futuro.

> *Não há nada mais agradável que possamos oferecer a Deus do que dizer: Recebe-nos, Senhor, nós te damos toda a nossa vontade.*
>
> *Alfonso de Liguori (1696-1787),*
> Uniformidade com a Vontade de Deus

11

A ARTE DA RENDIÇÃO ESPIRITUAL

Vinde a mim, todos os que estais cansados e oprimidos, e eu vos aliviarei. Tomai sobre vós o meu jugo, e aprendei de mim, que sou manso e humilde de coração, e encontrareis descanso para a vossa alma. Porque o meu jugo é suave, e o meu fardo é leve.

JESUS CRISTO, MATEUS 11.28-30

E Tu sabes o quanto que já me mudaste, [...] pois contiveste o meu orgulho com o teu temor e submeteste o meu pescoço ao teu jugo.

AGOSTINHO (354-430), *CONFISSÕES*

Naquele dia, os que não corrigiram o coração sentirão, tarde demais, como é suave o jugo de Cristo, para o qual eles não curvaram o pescoço, e como é leve o seu fardo, em comparação com as dores que então eles terão de suportar.

BERNARDO DE CLARAVAL (1090-1153), *SOBRE O DEUS DE AMOR*

Até aqui, vimos a necessidade de os discípulos de Jesus perdoarem à enésima potência, sofrerem perseguições sem vingança ou defesa, a ponto de amarem os inimigos e orarem pelo bem-estar deles, e serem inteiramente dedicados à chamada de Cristo, mesmo que isso signifique deixar de amar totalmente a família e a si mesmo. Depois de tudo isso, como pode Jesus dizer que o seu jugo é suave e o seu fardo é leve? Se já houve ocasião de atribuir ironia ou sarcasmo às palavras de Jesus, certamente este é o caso, certo?

João Crisóstomo (350-407) mostra ter tido um sentimento semelhante quando, olhando para o peso cada vez maior dos ensinos de

Jesus, escreveu: "Por não estar contente com as suas primeiras declarações, por muitas e grandiosas que fossem, ele também acrescentou outras ainda mais alarmantes".[1]

Se não tivéssemos visto nada dos outros ensinos de Jesus como vimos nos capítulos que antecedem a este, talvez pudéssemos aceitar a noção de que o fardo de Jesus é leve. O fato é que muitos cristãos hoje vão a Jesus com essa noção. Vão à procura de um Salvador, mas não de um Deus.

A idéia de um Salvador é atrativa para muitas pessoas. Até os incrédulos que rejeitam o cristianismo confessam que Jesus era um homem bom, que ensinou a abnegação e o amor aos outros. A dificuldade surge quando chegamos à idéia de que Ele quer que submetamos a nossa vida completamente a Ele. Todo o mundo gosta de um Salvador, mas ninguém quer um Deus.

Este capítulo servirá de conclusão para os dez anteriores. Nesses capítulos, enumerei as dez coisas que acho mais desconcertantes em Jesus e em seus ensinos. Agora tentaremos entender por que Jesus disse que o fardo que Ele coloca em nós é leve e o jugo, suave.

GIRANDO O MOINHO

Como já comentamos, imagens agrícolas perdem a força na civilização industrial de hoje. Consideremos a sociedade agrícola da Etiópia: em uma terra sem equipamentos agrícolas complexos e força mecanizada, a força animal de boi e jumento é a ordem do dia. Os jumentos fazem parte constante da paisagem, e poucos etíopes não estão familiarizados com a força de um boi e o aguilhão de um arado. A imagem mental de um jugo é reconhecível para essas pessoas, ao passo que para a maioria de nós nos escapa a vivacidade da metáfora.

Contudo, há uma dificuldade ainda maior a ser vencida. Assim que *entendemos* a imagem mental, imediatamente estamos prontos a nos esquivar dela de forma resoluta. Hoje, a idéia de submissão é um conceito asqueroso. Tem laivos de subserviência, inferioridade e escravidão. Preferimos a autonomia da vontade, sobretudo se estamos falando sobre a nossa vontade. Explicar para pessoas com essa atitude que o que Jesus quer dizer é que devemos ser amarrados a um jugo — uma estrutura grande, de madeira, colocada por cima de nossos ombros encurvados — não é uma cena que elas gostam de ver. Acrescente à situação o comentário quase cômico de que tal jugo é muito suave e leve, e você entenderá por que os pecadores detestam tal ensino.

Quando penso em um jugo, imagino um animal estúpido girando um moinho, andando em círculos infindáveis, sem vontade própria, sem a menor disposição de fazer outra coisa por medo de sentir no couro o golpe lancinante do chicote. É essa cena que Jesus quer que eu ache suave e leve? Gostaria de propor sucintamente três razões por que Jesus disse o que disse.

O NOSSO PESCOÇO TEM O ENCAIXE CERTO?

Como ocorre com todos os ensinos de nosso Senhor, há uma verdade profunda que só aparece se for diligentemente buscada. A razão de o jugo ser suave e o fardo leve é que foi para isso que fomos criados. O nosso pescoço foi originalmente ajustado para tal tarefa. A humanidade foi criada para glorificar a Deus e servir a Ele. Essa é a primeira razão por que Jesus pode dizer que a sua chamada é suave e leve.

A razão de o jugo ser tão difícil para mim é que sou pecador. Luto e gemo cada vez que o uso. Rejeito a disciplina que ele traz consigo e, como um jumento estúpido, prefiro muito mais o meu jeito alegre. Se você trafegar de automóvel pelas estradas de Botsuana, entenderá o que estou dizendo. Mesmo que você esteja dirigindo um grande Land Rover por uma rodovia a 110 quilômetros por hora, se um burro ou jumento estiver atravessando a estrada, é *você* que está em perigo de vida, caso não reduza a velocidade. Nem por nada a criatura imbecil sairá do caminho. O animal ficará andando estupidamente a esmo bem no meio do tráfego. Ele não tem a mínima idéia do que está fazendo.

Por mais que soe degradante, a ilustração faz uma descrição excelente e exata de pecadores como eu. Quantas vezes fui tolamente direito ao tráfego, saí do caminho do desígnio de Deus e usei todos os recursos para fazer as coisas a meu modo? Jumentos que ocasionalmente não são chicoteados ou bois que não estão com jugo são de pouca serventia para trabalhos construtivos.

Veja o que o sempre elucidativo Eugene Peterson tem a dizer sobre a vida cristã:

> *Existe a suposição geral prevalecente no mundo de que é extremamente difícil ser cristão. É verdade que muitos não se desqualificam, contudo eles modificam as asseverações que fazem: chamam-se cristãos* comuns. *Respeitam a igreja, cultuam com regularidade, tentam viver com decência. Mas também se dão margens um tanto quanto generosas para permitir as tentações e pressões que o mundo impõe sobre eles. Para* realmente *estar no caminho da fé, tome com absoluta* seriedade *tudo que a Bíblia diz — bem, isso requer a predisposição a severidades sagradas e inomináveis que eles estão certos de não poder administrar.*
>
> *Mas isso está tão longe da verdade quanto o leste está do oeste. A coisa mais fácil do mundo é ser cristão. O que é difícil é ser pecador. Fomos criados para ser cristãos. A vida de fé tem o apoio de uma criação inteira e os recursos de uma redenção magnífica. A estrutura deste mundo foi criada por Deus para vivermos nela de modo fácil e feliz como seus filhos. Deus entrou na história em que repetidas vezes, muito notavelmente em Jesus Cristo, primeiro, para nos mostrar e, depois, nos ajudar a viver cheios de fé e exuberantes com propósito. No curso do discipulado cristão descobrimos que, sem Cristo, estávamos fazendo as coisas do modo difícil e que, com Cristo, estamos fazendo do modo fácil. Não são os cristãos que o dificultam, mas os não-cristãos.*[2]

A primeira vez que li esse trecho escrito por Peterson, pensei que ele estava errado. *Peterson deve ser um desses cristãos que esperam que a vida cristã seja fácil*, pensei, muito semelhante aos pregadores da prosperidade, saúde e dinheiro de nossos dias. Mas quanto mais relia essas palavras, mais elas faziam sentido para mim. Fui criado precisamente para esta tarefa.[3] Eu deveria ficar alegre por ser colocado em jugo com Cristo, no mínimo por conta dos meus modos egoístas e pecaminosos. O que deveria ser natural e agradável para mim torna-se penoso porque a minha pecaminosidade me faz lutar contra isso.

Paulo repercute um sentimento semelhante: "Para a liberdade foi que Cristo nos libertou. Permanecei, pois, firmes e não vos submetais, de novo, a jugo de escravidão" (Gl 5.1, ARA). Que expressão forte, "jugo de escravidão". De imediato nos evoca imagens, mas em vez do capataz comumente apresentado em filmes e programas de televisão, imagine o capataz do pecado. Lá está ele, "à porta" (Gn 4.7), desejando dominar você, como um leão cheirando a presa.

Como somos facilmente enganados. A serpente prometeu a natureza divina a Adão e Eva. Desde então, a humanidade caída vem lutando com persistência para consegui-la, ficando subalterna unicamente à maior frustração e descontentamento. Vaidosamente procuramos usurpar a autoridade de Deus. Como os construtores da torre de Babel, queremos construir um edifício que alcance os céus, onde pensamos que podemos desbancar Deus do trono. Mas uma geração vai e outra vem, e Deus permanece.

O jugo que Jesus teria colocado sobre nós é suave em comparação à tribulação que nos sobrevém caso não o aceitemos. O mundo clama por paz, mas rejeita o Príncipe da Paz. Deplora a guerra, conflito e doença; mas rejeita a cura para todos os males do gênero humano.

> *Oh, envergonhem-se os homens! Diabo com diabo amaldiçoado*
> *Firma acordo firme; os homens só discordam*
> *Das criaturas racionais, embora sob a esperança*
> *Da graça divina: e Deus que proclama a paz,*
> *Ainda vivem em ódio, inimizade e conflito*
> *Entre eles, e arrecadam guerras cruéis,*
> *Devastando a Terra para destruir uns aos outros:*
> *Como se (o que nos induziria a concordar)*
> *O homem não tivesse suficientes inimigos infernais,*
> *Que dia e noite esperam destruí-los!*
> *John Milton (1608-1674),* Paraíso Perdido

A primeira razão de o jugo ser suave e o fardo leve é porque o jugo e o fardo estão nos conformando a algo a que fomos criados. A razão de acharmos que são tão difíceis e pesados é porque somos pecadores. A nossa vontade está sendo conformada à vontade do jugo, mas reclamamos e lutamos contra isso, sempre em nosso detrimento.

EM SUMA, DE QUEM É O JUGO?

A segunda razão de Jesus dizer que é suave e leve é que é o *seu* jugo. Jesus diz: "Tomai sobre vós o *meu* jugo" (Mt 11.29, grifo do autor). Jesus se coloca em jugo conosco. Consideremos um boi mirrado e esquelético lado a lado com um boi encorpado e musculoso. Quem puxa a maior parte do peso?

Por ser o jugo de Cristo, a cena aqui não é uma pessoa girando sozinha um moinho ou trabalhando solitariamente para puxar o arado no campo. Isso seria um jugo pesado e cansativo de suportar. É o que Jesus quer que entendamos. Jesus se coloca em jugo conosco; é o *seu* jugo que Ele manda que aceitemos. Então, não giramos o moinho sozinho. Jesus se coloca em jugo conosco; juntos carregamos o jugo.

Mas Jesus vai mais longe. "Tomai sobre vós o meu jugo, e *aprendei de mim*" (Mt 11.29, grifos do autor). Quando nos unimos com Jesus, não só participamos da sua vida e poder, mas também aprendemos dEle. Vemos como o Mestre suportou o fardo, observamos como carregou o jugo sobre os ombros e aprendemos a fazer o mesmo. Ele não ordena que levemos uma cruz que Ele mesmo não esteja disposto a carregar. Não exige que coloquemos a mão no arado, e não olhemos para trás, e depois não esteja pronto a fazer o mesmo. Ele não manda que abandonemos qualquer coisa que Ele também não queira abandonar.

Prestemos atenção nas palavras de Søren Kierkegaard (1813-1855), grande filósofo dinamarquês, registradas em *Preparação para a Vida Cristã*:

> *Há realmente um abismo instransponível entre Deus e o homem. Ficou claro para os contemporâneos de Cristo que o processo de tornar-se cristão (quer dizer, ser transformado à semelhança de Deus) é, em sentido humano, o maior tormento, desgraça e dor que o maior sofrimento humano concebível, além de ser um crime aos olhos dos contemporâneos. E assim sempre será; quer*

> *dizer, caso tornar-se cristão signifique mesmo ser contemporâneo de Cristo. E caso tornar-se cristão não tenha esse significado, então toda a sua vibração por tornar-se cristão é uma presunção, ilusão e armadilha, e igualmente uma blasfêmia e pecado contra o Espírito Santo.*[4]

Essa chamada não faria sentido se o próprio Jesus não estivesse acostumado a fardos e cargas pesadas; nem seria possível se Ele não estivesse disposto a colocar-se em jugo conosco.[5]

A lei do Antigo Testamento proibia pôr um boi e um jumento no mesmo jugo (Dt 22.10), porque injustamente colocaria o boi em situação desvantajosa. Jumentos são preguiçosos e estúpidos, ao passo que bois são trabalhadores e mais inteligentes. A estupidez do jumento inibiria a habilidade de trabalho do boi. Inacreditavelmente, Jesus (mais como um boi) está propenso a colocar-se, de modo voluntário, em jugo com pecadores como eu (mais como um burro).

Em termos de sentido, a figura do jugo é similar a outra figura que Jesus usou: a videira e as varas (Jo 15). Jesus fala claramente: "Sem mim nada podereis fazer" (Jo 15.5b). Se combinarmos o ponto central das duas figuras, o que Jesus quer que visionemos é um jugo ao qual somente nós sejamos amarrados. Dá para imaginar um boi esquelético e macilento debaixo de um jugo maciço e pesado? Por quanto tempo tal boi conseguirá avançar até cair exausto?

Morando no país desértico da Namíbia, fascinei-me pelas plantas de polpa grossa. Tenho cactos espalhados por todo canto no meu quintal. Para mim, nunca são demais. Tantas formas e tamanhos, muitos com belas flores, cada um com um propósito diferente para o prazer e a dor dos espinhos. Os cactos são a planta perfeita para resistir à falta de chuva. Podem passar anos sem água e inacreditavelmente florescem dos mortos assim que as chuvas chegam.

Se cortarmos um pedaço de cacto e o colocarmos na terra, ele reterá água o suficiente para formar raiz e crescer. Se, porém, cortarmos um pedaço e não o colocarmos na terra, por mais robusto e cheio de umidade que originalmente estivesse a planta, com o tempo ela murchará e morrerá. Quando está separada da fonte que lhe dá vida, ela logo morre.

Ainda que haja a potencialidade de mistura de metáforas, desejo que consideremos o cacto cortado e o boi. Nenhum dos dois tem um propósito de existência sem algo lhe dando vida ou direção. O mesmo ocorre com os seres humanos pecadores. Deixados a nosso bel-prazer, andaremos a esmo, sem objetivo, como o boi sem jugo, ou secaremos e morreremos como o cacto podado.

Sem o Caminho, não há andamento.
Sem a Verdade, não há conhecimento.
Sem a Vida, não há crescimento.[6]

O jugo é suave e o fardo leve porque Cristo os carrega conosco.

O FARDO PESADO DO EU

Quando comparamos o jugo de Jesus com o jugo do eu, descobrimos a terceira razão de o jugo de Jesus ser suave. É suave e leve em comparação com o que eu estaria carregando, caso não estivesse carregando o jugo de Jesus. Ele promete que o seu jugo ocasionará "descanso para a vossa alma" (Mt 11.29). Que fato maravilhosamente reconfortante de saber, em especial para um pecador como eu. Como o protagonista de *O Peregrino*, livro de John Bunyan, eu perambulo por aí com um pacote pesado nas costas. Os joelhos se dobram, as pernas estão cansadas e, de maneira estúpida, esforço-me tremendamente para segurar o pacote e não deixá-lo cair. Por que será que desejo tanto levar esse fardo maldito às costas?

Deus quer muito mais para mim, e, freqüentemente, fico com raiva dEle por conta disso. Quero me tornar uma árvore frondosa, mas reclamo sempre que Deus me poda. Quero felicidade e satisfação na vida, mas protesto quando Deus quer me dar a paz que vem da santidade. Sou um servo tão preguiçoso e impertinente que aspira ter as coisas do Senhor sem ter de ir pelo caminho do Senhor. Que miserável eu sou.

Bernardo de Claraval (1090-1153) fez esta observação elucidativa há quase um milênio: "A lei eterna da justiça decreta que aquele que não se submeter ao doce governo de Deus sofrerá a tirania amarga do eu; mas aquele que usa o jugo suave e o fardo leve do amor escapará do peso intolerável da sua própria rebeldia". Tenho de empenhar-me em crucificar a minha vontade. Todos os comportamentos e atitudes egoístas aos quais me acostumei devem ser eliminados para que eu seja conformado à imagem de Cristo.

No jardim do Éden, o primeiro Adão não quis submeter a sua vontade à vontade de Deus. Por causa dessa teimosia, ele trouxe miséria e tormento para todos nós. O segundo Adão, também em um jardim, fez o que o primeiro Adão não quis fazer. Jesus sofreu a crucificação da sua vontade no jardim do Getsêmani. Ele expressou a sua vontade claramente em relação ao cálice que estava a ponto de beber, mas o nosso Salvador impecável não desistiu. Pelo contrário, continuou submetendo a sua vontade à vontade do Pai. Mesmo enquanto suava gotas de sangue, Ele se submeteu. Oh, que tenha eu tal compromisso e dedicação.

Como crentes em Jesus Cristo, temos essa mesma semelhança em nós, pela fé, por meio do seu Espírito. Somos co-herdeiros do Filho de Deus, tendo o mesmo Espírito que habita em nós o qual levantou Jesus dos mortos (Rm 8.11). Caso nos submetamos a Ele e à sua vontade, sentiremos a carga ser erguida.

Para todos os que estão cansados e oprimidos, Jesus oferece descanso para a alma. "Oprimidos com o quê?", poderíamos perguntar. Jesus não está se referindo apenas aos cuidados deste mundo ou ao trabalho em excesso sem haver pausa. Jesus oferece descanso para a nossa alma, mas não para as nossas costas. É o descanso do fardo do egoísmo. É a paz proveniente da ausência de tristeza, pecado, remorso e culpa. É a trégua longe do monstro que jaz à porta e em nossa natureza depravada. Caído. Sem esperança. O eu pecador. Jesus quer nos livrar de nossa escravidão. Com o sacrifício do eu, Jesus oferece algo muito melhor e maior: conhecer o Pai.

COLOCANDO O PESCOÇO ALEGREMENTE NO JUGO

Assim fechamos o círculo. O fardo é o pecado, e só os pobres de espírito o reconhecem. Os que não o reconhecem não terão o menor alívio do fardo do pecado. Não haverá entrada no Reino dos céus sem termos consciência do pecado. Até que em humilde submissão confessemos a nossa pobreza de espírito, continuaremos com o pesado fardo sobre nós.

Grande parte do cristianismo moderno tem um caso de amor com o "Jesus *light*". As exigências rigorosas de Cristo são arrastadas e diluídas em um mar de prosperidade e privilégio. Sofrer por Jesus é algo que tem de ser evitado a todo custo, pois é indicação de que o crente não tem uma fé apropriada. Cantamos com braços erguidos ao céu: "Abençoa-me, Senhor", mas não queremos erguer um dedo para realmente servir o nosso Mestre.

Essa tendência não deveria nos surpreender. Como pecadores, sempre estamos ocupados em minimizar os elementos severos e exigentes do evangelho. Qualquer coisa que consideremos muito ofensiva, abaixo de nós, ou intolerante pelos padrões modernos simplesmente descartamos. Ponderemos nesta análise feita por um teólogo em meados do século passado: "Um Deus sem ira leva pessoas sem pecado para um reino sem julgamento pelo ministério de um Cristo sem cruz".[7]

Sempre temos a propensão a extirpar do ensino de Jesus tudo que nos cause constrangimento e desconforto. Mas não nos enganemos achando que a carga suavizada que criamos para nós nos leve ao destino que planejamos. De forma irônica, quanto mais elementos procuramos tirar do fardo de Cristo, mais os colocamos inconscientemente em nossas costas.

PALAVRAS DE DESPEDIDA

Espero que tendo lido este livro até o fim você esteja percebendo a minha luta no andar cristão. Quando Deus poda esta árvore velha, o corte e o talho doem. Gosto do meu olho direito e da minha mão direita. Não acho a perseguição atraente; nem me deleito em abençoar os meus inimigos ou desistir dos meus rancores. Puxar o arado e levar a cruz são ações difíceis de suportar. E a auto-avaliação e autocrítica que tenho de fazer nem sempre me rendem os elogios estonteantes que eu gostaria de receber sobre mim. Não penso que a arte da rendição espiritual seja fácil.

O personagem bíblico favorito de Martinho Lutero era Jacó, porque ele lutou com Deus. Muitas vezes me sinto também como Jacó por causa das minhas lutas com Deus. Jesus exige que eu abandone o meu egoísmo, e, às vezes, me dou conta de que estou abandonando a Jesus. Que Deus me conceda graça e misericórdia, porque sem isso eu não tenho esperança.

> *Portanto, o devoto é quem não vive mais segundo a sua vontade, ou segundo o sistema e espírito do mundo, mas segundo a vontade exclusiva de Deus, que o considera em tudo, que serve a Deus em tudo, que torna todas as partes da sua vida comum em partes da devoção, fazendo tudo em nome de Deus e de acordo com as regras que correspondem à sua glória.*
>
> *William Law (1686-1761),*
> Uma Chamada Séria para uma Vida Devota e Santa

NOTAS

Prefácio

[1] Dorothy L. Sayers, *Creed or Chaos?* (Manchester, New Hampshire: Sophia Institute Press, 1974), p. 6.

Capítulo 1: A Arte da Pobreza Espiritual

[1] O termo *bem-aventurado* envolve mais que simples felicidade. A bem-aventurança bíblica é indicativa de como Deus vê a pessoa; nesse sentido, também tem a conotação da aprovação de Deus.

[2] Os ensinos de Jesus apoiavam-se no que Leland Ryken chama "*insight* de ação retardada" (*The Word of God in English*, Wheaton, Illinois: Crossway Books, 2002). "Os que ponderam nas declarações de Jesus virão a entendê-las, ao passo que as pessoas que não querem ir além da superfície não as entenderão" (p. 68; ver também pp. 239, 285).

[3] *Dicionário Vine* (Rio de Janeiro: CPAD, 2003), pp. 782, 877.

[4] Erasmos de Rotterdam, *In Praise of Folly*, in: Christian Classics Ethereal Library, compilado por Calvin College, www.ccel.org. Todas as citações feitas desta obra são de domínio público.

[5] Há cristãos que acreditam que nada constante no Sermão da Montanha tem aplicação para nós hoje. Na ótica dessas pessoas, era: a) apenas para os discípulos judeus de Jesus durante os seus anos de ministério e até a crucificação; ou: b) só para as pessoas que viverem no futuro reino milenial de Jesus na Terra. Em qualquer caso, não se aplica agora para os crentes que vivem entre os dois adventos de Cristo. Desta forma, muitos ensinos incômodos de Jesus são eliminados, inclusive "não julgueis, para que não sejais julgados", "amai a vossos inimigos" e "se o teu olho direito de escandalizar, arranca-o e atira-o para longe de ti" (Mt 7.1; 5.44; 5.29). Esse ponto de vista dispensacional do Sermão da Montanha é totalmente insatisfatório, visto que elimina a Oração Dominical, as Bem-aventuranças, os mandamentos de Jesus relativos a divórcio e adultério e uma lista enorme de outros ensinos importantes para os que escolhem seguir a Jesus. Também nos leva a ficar imaginando quais outros ensinos de Jesus não se aplicam aos cristãos de hoje.

[6] Reconheço que um argumento importante usado pelos que dizem que não precisamos jejuar hoje é o fato de que, fora dos Evangelhos e Atos, há pouca ocorrência sobre jejum. As epístolas do Novo Testamento ordenam a prática da oração e obras assistenciais, mas não ordenam o jejum. Na realidade, o único debate mais ou menos associado com jejum ocorre quando Paulo condena os falsos mestres por ensinarem os crentes a privarem-se de certos alimentos (1 Tm 4.3). Esse "argumento do silêncio" é, talvez, o mais forte a favor de quem afirma que não é mais necessário jejuar. Entretanto, acho pouca firmeza no argumento de que os discípulos de Jesus não precisam jejuar hoje, porque só Jesus esperava que os seus discípulos jejuassem e nenhum dos autores do Novo Testamento repete a ordem claramente. É interessante observar que também não achamos mandamento de batismo nas epístolas; contudo, é a prática universal da igreja batizar em obediência ao mandamento de Jesus. No livro de Atos, que é o registro dos primeiros trinta anos da história da Igreja Primitiva, encontramos a prática regular de batismo e jejum. Jesus esperava que os seus discípulos jejuassem, e esse fato deve ser suficientemente bom para nós hoje.

[7] O meu livro predileto sobre jejum é *God's Chosen Fast*, de Arthur Wallis (Fort Washington, Pennsylvania: Christian Literature Crusade, 1968). Esse livro não é uma análise exaustiva e teológica sobre o tema, mas uma abordagem mais prática do que se pode e não se pode fazer no jejum.

[8] Ibid., p. 73.

[9] Dietrich Bonhoeffer, *The Cost of Discipleship*. Excertos encontrados em *Spiritual Witness* (Wheaton, Illinois: Crossway Books, 1991), pp. 115-130.

[10] *Dicionário Vine* (Rio de Janeiro: CPAD, 2003), p. 625.] A tradução bíblica mais correta desse termo é a palavra mais forte "esterco".

[11] Robert Farrar Capon, *The Parables of Grace* (Grand Rapids, Michigan: William B. Eerdmans, 1988), p. 9.

[12] Talvez o aspecto perturbador do evangelho da prosperidade seja que nem ao menos é abertamente cristão. "Deus ama você e quer que você tenha sucesso na vida" é decla-

ração que poderia ser dita por bom número de pessoas, inclusive por um adepto da Nova Era, um pluralista, um cientologista, um humanista ou por Oprah Winfrey.

[13] Conforme citado em *The Wisdom of Saint Augustine*, compilado por David Winter (Grand Rapids, Michigan: William B. Eerdmans, 1997), p. 41.

[14] Para evitar possível confusão, permita-me deixar claro que não estou dizendo que os ricos estão automaticamente excluídos do favor de Deus, ou que não podem ser pobres de espírito, porque são materialmente abastados. No mundo, há muitos indivíduos tementes a Deus, generosos e ricos que são excelentes mordomos do dinheiro que Deus lhes deu. A minha preocupação é com os crentes que fazem do sucesso material uma meta necessária da vida cristã ou um sinal certo do favor de Deus.

[15] Thomas à Kempis, *The Imitation of Christ*, "Thoughts Helpful in the Life of the Soul", Livro 1, capítulo 21.

[16] Reconheço que esse ponto é discutível, e o contraponto é declarar que os seres humanos têm valor intrínseco, porque são criados à imagem de Deus. Tal assertiva é integrada com Salmos 8.4,5: "Que é o homem mortal para que te lembres dele? E o filho do homem, para que o visites? Contudo, pouco menor o fizeste do que os anjos e de glória e de honra o coroaste". Esses versículos são usados para apoiar a noção de que, como humanos, temos de possuir auto-estima alta. Embora o debate desse ponto não esteja dentro do propósito deste livro, penso que valha a pena observar que é igualmente possível outra interpretação dessa passagem. Em vez de uma ode aos homens, esses versículos estão dizendo o oposto exato. A surpresa do salmista faz melhor sentido no contexto da baixeza do homem, e não na sua exaltação. Se o homem *é* de grande valor e importância, então a consternação que o salmista expressa faz pouco sentido. Davi está admirado que Deus se importe com o homem, porque, em comparação com Deus, não vale a pena preocupar-se com o homem. Ler esses versículos da perspectiva da "pobreza de espírito" faz mais sentido.

[17] John Wesley, conforme citado em R. Kent Hughes, *The Sermon on the Mount* (Wheaton, Illinois: Crossway Books, 2001), p. 19.

Capítulo 2: A Arte da Automutilação Espiritual

[1] "Essa visão [substituição penal] da expiação também se chama a teoria da expiação vicária. O 'vicário' é alguém que fica no lugar de outro ou que representa outro. A morte de Cristo foi então 'vicária', porque Ele se colocou em nosso lugar e nos representou. Como nosso representante, levou a pena que nós merecemos" (Wayne Grudem, *Systematic Theology* [Grand Rapids, Michigan: Zondervan, 1994], p. 579.

[2] Lembre-se de Hebreus 5.8, onde diz que Jesus "aprendeu [...] pelas coisas que padeceu" (compare com Hb 2.10). Analisaremos isso no capítulo 5.

[3] Fazer uma defesa teológica completa desse ponto está fora do escopo deste livro. Mas para os curiosos, a realidade das tentações de Jesus não é a minha única razão para crer que Ele podia pecar. No século V, Êutico propôs que a natureza divina de Jesus engolfou a sua natureza humana, semelhante ao oceano absorver uma gota de vina-

gre. O Quarto Conselho Ecumênico em Calcedônia condenou o ponto de vista de Êutico. A meu ver, a proposição que diz que Jesus não poderia ter pecado porque possuía uma natureza divina comete o mesmo erro que Êutico.

[4] Dois exemplos que eu poderia citar são o contraste entre as linhagens de Sete e Caim, e a atitude dos construtores da torre de Babel em contraste com a atitude de Abrão. No primeiro contraste, a linhagem de Caim torna-se cada vez mais depravada; o sétimo descendente depois de Caim é o desprezível Lameque, um homem violento que é o primeiro polígamo registrado na Bíblia. O sétimo descendente na linhagem de Sete é Enoque, um homem que andou com Deus e foi preservado da morte natural. O outro contraste diz respeito à arrogância dos construtores da torre de Babel ("façamo-nos um nome", Gn 11.4) e a história de Abrão, onde é Deus que promete fazer o nome de Abrão grande.

[5] Embora o nome de Abrão não mude durante alguns capítulos, em prol da clareza vou usar "Abraão" nesta narrativa.

[6] Eu poderia ter escolhido alguém mais conhecido para nós, como o rei Davi ou o rei Salomão, mas além de Lô proporcionar um ótimo exemplo, raramente estudamos a sua história.

[7] Outro exemplo disso é quando o autor inspirado de Hebreus relatou os pensamentos de Abraão relativos ao sacrifício do seu filho Isaque. Embora a história em Gênesis não mencione que Abraão raciocinou que Deus poderia devolver-lhe dos mortos o filho da promessa, Hebreus registra que ele pensou assim (Hb 11.19).

[8] *Hard Sayings of the Bible* (Downers Grove, Illinois: InterVarsity Press, 1996), p. 361. Esse livro é uma compilação de quatro livros escritos sobre as "declarações difíceis".

[9] John Woodbridge, *Great Leaders of the Christian Church* (Chicago: Moody Press, 1988), pp. 55-58. Mais de cinqüenta anos depois, Orígenes foi preso e severamente torturado durante a perseguição movida por Décio, morrendo três anos depois.

[10] João Calvino, *Institutas da Religião Cristã*, obra de domínio público. Mais adiante Calvino declara: "Por que abusamos tanto da capacidade da natureza humana? Está ferida, danificada, desgraçada, perdida. Precisamos da verdadeira confissão e não da falsa defesa" (2.2.11).

[11] Citado em *Institutes*, 2.1.3, nota 3.

[12] *Bíblia de Estudo NVI* (São Paulo: Vida, 2003), p. 1.696.

Capítulo 3: A Arte da Dedicação Espiritual

[1] Essas cinco observações foram retiradas dos principais títulos de uma seção do livro de Andrew Murray, *The School of Obedience*, Christian Classics Ethereal Library, www.ccel.org/ccel/murray/obedience.iv.html.

[2] A minha principal fonte para as histórias desses três homens é o livro de Gideon David Hagstotz e Hilda Boettscher Hagstotz, *Heroes of the Reformation* (Rapidan, Virginia: Hartland Publications, 1951). Consulte as seguintes seções: Jerome of Prague (pp. 225-229), John Laski (pp. 232-240) e Francisco de Enzinas (pp. 261-265).

[3] Ibid., pp. 28, 29.

[4] Ibid., p. 263.

[5] Eva B. Lloyd, "Come, All Christians, Be Committed", copyright 1966 by Broadman Press (SESAC).

[6] J. C. Ryle, *Expository Thoughts on Luke* (Carlisle, Pensilvânia: The Banner of Truth Trust, 1986), p. 342.

[7] Timothy George, *Faithful Witness: The Life and Mission of William Carey* (Christian History Institute, 1998), p. E48.

[8] Leon Morris, *Luke* (Leicester, Inglaterra: InterVarsity Press, 1988), p. 197.

[9] Na parábola do semeador (Mt 13.1-23), Jesus descreve dois tipos de terra que repercutem essa idéia da dedicação imperfeita. Uma terra representa alguém que imediatamente recebe a palavra "com alegria; mas não tem raiz em si mesmo; antes, é de pouca duração; e, chegada a angústia e a perseguição por causa da palavra, logo se ofende" (Mt 13.20,21). A outra terra também fica infrutífera, porque os cuidados deste mundo e a sedução das riquezas a sufocam (Mt 13.22).

[10] Jesus toca nesse assunto no Sermão da Montanha no seu comentário "Senhor, Senhor!", ao qual dedicaremos um capítulo inteiro depois.

[11] A. Roberts and J. Donaldson, editors, *The Ante-Nicene Fathers*, Volume 3 (American reprint of the Edinburgh edition, 1975), p. 686.

Capítulo 4: A Arte da Autocrucificação Espiritual

[1] Para evitar confusão, deixe-me explicar. Não é que eu seja salvo dos meus pecados tanto quanto sou salvo do *efeito* dos meus pecados. Para ser mais preciso, é da ira de Deus que sou salvo. Do mesmo modo, eu não peço para Jesus entrar em meu coração, por mais útil que seja essa imagem, sobretudo para crianças. De fato, não há em parte alguma da Bíblia menção para pedirmos que Jesus entre em nosso coração. Essas frases, ainda que úteis na sua simplicidade, podem gerar confusão, porque são inadequadas e imprecisas.

[2] F. F. Bruce sustenta a mesma idéia, mas com palavras mais eloqüentes. "Em geral, as pessoas usam a expressão para referir-se a alguma deficiência física, experiência indesejável, companhia ou parente incompatível com quem se tenha alguma relação: 'Esta é a cruz que tenho de carregar', dizem. Usamos a expressão desse modo menos intenso, porque o seu sentido literal está distante de nossa experiência" (*The Hard Sayings of Jesus* [Downers Grove, Illinois: InterVarsity Press, 1983], p. 150).

[3] No próximo capítulo, quando examinarmos mais especificamente a perseguição, argumentarei que às vezes está certo fugirmos da perseguição depois de ponderarmos todas as opções disponíveis. Além de exemplos da história da igreja, também usarei exemplos bíblicos. Em suma, há o tempo certo para oferecermos resistência mesmo diante da morte e o tempo certo para escapulirmos e a enfrentarmos melhor outro dia.

[4] John Piper, *Don't Waste Your Life* (Wheaton, Illinois: Crossway Books, 2003), p. 59.

Capítulo 5: A Arte do Martírio Espiritual

[1] Um terceiro tipo de sofrimento seria o sofrimento por fazer algo de errado. Diríamos que a pessoa que é presa por arrombamento de domicílio está recebendo o que merece. Porém, o sofrimento que estou tratando neste capítulo ou é resultado da fraqueza natural e humana (não tendo nenhum determinante moral ligado a isso) ou é conseqüência por seguir a Cristo (que é sofrimento imerecido).

[2] Philip Yancey, *Where Is God When It Hurts?* (Grand Rapids, Michigan: Zondervan, 1990), p. 9.

[3] David Dryer, palestrante SIM, Conferência Missionária da Namíbia, agosto de 2001.

[4] É incerto quem escreveu essa carta, embora seja comumente atribuída a Clemente, o quarto bispo de Roma, que morreu por volta de 96 d.C. A data exata da carta, portanto, é desconhecida. A fonte para a minha citação é de Michael W. Holmes, editor, *The Apostolic Fathers* (Grand Rapids, Michigan: Baker Book House, 1989), p. 78.

[5] Ibid.

[6] Esta é mais uma razão para eu acreditar que Jesus podia ter pecado quando foi tentado, algo que abordei inicialmente no capítulo 2.

[7] Oswald Chambers, *So Send I You* (Londres: Simpkin Marshall, Limited, 1934), p. 19.

[8] Augustinho, *The City of God*, editor Vernon J. Bourke (Nova York: Image Books, Doubleday, 1958), p. 46.

[9] acacia.pair.com/Acacia.John.Bunyan/Sermons.Allegories/Pilgrim.s.Progress/Pilgrim.Text/Part.Two/21.html.

[10] Dick Anderson, *We Felt Like Grasshoppers* (Nottingham, Inglaterra: Crossway Books, 1994), pp. 318, 319. A citação que faço é das notas biográficas inéditas de Paul Stough. Paul Stough, que já está com o Senhor, era o avô da minha esposa.

[11] Remeto o leitor às seguintes passagens bíblicas como exemplos: Mateus 5.11,12; Atos 5.41; 16.25; Romanos 5.3; 8.29; Filipenses 1.10,29; Tiago 1.2; 1 Pedro 1.6; 4.14; Hebreus 10.32-34.

[12] David McCasland, *Oswald Chambers: Abandoned to God* (Grand Rapids, Michigan: Discovery House, 1993), p. 232.

[13] Se desejar ler as referências bíblicas que falam que o tempo de Jesus ainda não tinha chegado, consulte João 2.4; 7.6,8,30; 8.20. Se desejar ler as referências bíblicas que descrevem as ocasiões em que as pessoas quiseram matar Jesus, mas Ele escapuliu ileso, consulte Lucas 4.28-30; João 8.59; 10.39.

[14] Dallas Willard, *The Divine Conspiracy* (San Francisco: HarperCollins, 1998), p. 214. Como fonte para essa estatística, Willard cita dois artigos da revista cristã *Christianity Today*, edições de julho e agosto de 1996.

[15] Por exemplo, faz quase dois mil anos que a Etiópia conhece o evangelho, visto que acreditamos tradicionalmente que o etíope eunuco de Atos 8 (que era o tesoureiro da rainha da Etiópia) o apresentou àquele país.

[16] Mark Shaw, *The Kingdom of God in Africa: A Short History of African Christianity* (Grand Rapids, Michigan: Baker Books, 1996), p. 182.

Capítulo 6: A Arte do Amor Espiritual

[1] A taxa de divórcio entre os cristãos americanos é relativamente igual à dos não-cristãos americanos, segundo afirmação do investigador cristão George Barna. Se desejar ver as estatísticas de 2001, acesse: www.barna.org/FlexPage.aspx?Page=BarnaUpdate&BarnaUpdateID=95. O endereço www.barna.org/FlexPage.aspx?Page=BarnaUpdate&BarnaUpdateID=170 contém as estatísticas de 2004. Se desejar enfronhar-se na riqueza de informações sobre os dados relacionados ao divórcio nos Estados Unidos, acesse: www.divorcereform.org/rates.html.

[2] R. Kent Hughes, *The Sermon on the Mount* (Wheaton, Illinois: Crossway Books, 2001), p. 141.

[3] Que é semelhante à passagem bíblica paralela de Lucas 6.26,27.

[4] Registrado em *The Life of Benedict*, do papa Gregório, o Grande (590-604).

[5] João Calvino, *Institutes of the Christian Religion* (Filadélfia: Westminster Press, 1960), 2.8.56,57.

[6] Martinho Lutero, *Table Talk*, tradução para o inglês de William Hazlitt (Filadélfia: The Lutheran Publication Society, sem data), capítulos 661 a 682

[7] Mateus 3.7; 12.34; 23.33; 16.23.

[8] Lutero, *Table Talk*, capítulo 733.

[9] Vale a pena citar Lutero novamente: "Se na estrada um ladrão atacasse a minha pessoa, eu verdadeiramente seria juiz e príncipe, e usaria a espada, porque ninguém estaria comigo capaz de me defender; e eu pensaria que fizera um bom trabalho. Mas se ele me atacasse como pregador por causa do evangelho, então com as mãos juntas eu ergueria os olhos ao céu e diria: 'Meu Senhor Jesus! Eis-me aqui. Tenho confessado e pregado a ti; chegou a hora de eu expirar? Então, entrego a ti o meu espírito. E assim, eu morreria" (Ibid., capítulo 784).

[10] Alfred Plummer, conforme citado in Hughes, *The Sermon on the Mount*, p. 141.

[11] J. C. Ryle, *Matthew* (Wheaton, Illinois: Crossway Books, 1993), p. 34.

Capítulo 7: A Arte do Perdão Espiritual

[1] Reconheço que há uma diferença sutil entre "graça" e "misericórdia", mas estou usando os termos intercambiavelmente. Para os meus objetivos, a questão principal é que ambos são imerecidos.

[2] O talento era a maior unidade monetária, e 10.000 era o maior numeral grego. O servo devia dez mil talentos. Se um talento era o equivalente ao salário de um mês, então esse homem ficaria em dívida com o rei por mais de oitocentos anos.

[3] Comentários editoriais constantes no Prefácio do *Journal*, www.ccel.org/ccel/wesley/journal.ii.html.

[4] *Journal*, 24 de outubro de 1751.

[5] John Woodbridge, *Great Leaders of the Christian Church* (Chicago: Moody Press, 1988), p. 287.

[6] Christian Classics Ethereal Library, *The Lord's Prayer*, www.ccel.org/ccel/watson/prayer.titlepage.html.

[7] Philip Schaff, editor, *Nicene and Post-Nicene Fathers of the Christian Church*, Volume 9 (Nova York: Christian Literature Publishing, 1886), p. 475. www.ccel.org/fathers2/NPNF1-09/npnf1-09-70.htm.

[8] Ibid., p. 472.

Capítulo 8: A Arte do Auto-Ódio Espiritual

[1] Charles Krauthammer, conforme citado na revista cristã *Christianity Today*, 6 de março de 1995, p. 41.

[2] João Calvino, *Institutes of the Christian Religion* (Filadélfia: Westminster Press, 1960), 1.1.1.

[3] Compare os comentários de Calvino com os comentários de um famoso televangelista americano, que disse: "Em minha opinião, não há nada que tenha sido feito em nome de Cristo e sob a bandeira do cristianismo que se mostre mais destrutivo à personalidade humana, e, por conseguinte, contraproducente ao empreendimento evangelístico, que a estratégia não-cristã e tosca de procurar alertar as pessoas sobre a sua condição perdida e pecaminosa. [...] A teologia reformada clássica erra em insistir que a teologia esteja centrada em Deus e não centrada no homem".

[4] Conforme citado em R. Kent Hughes, *James* (Wheaton, Illinois: Crossway Books, 1991), p. 183.

[5] Bruce Shelley, *Church History in Plain Language* (Nashville, Tennessee: Thomas Nelson Incorporated, 1982), p. 330.

[6] Dallas Willard, *The Divine Conspiracy* (HarperSanFrancisco, 1998), p. 214.

[7] Ainda hoje, ao entrar na casa de Lutero em Wittenberg, o guia da excursão mostra a mancha de tinta na parede.

[8] Sempre há o problema do HIV/AIDS no sul da África, a pior região atingida no mundo. Apesar dos receios irracionais relativos à doença e como os meus filhos poderiam pegar essa doença de forma não intencional, ainda é desconcertante que servimos em um país que, de acordo com recente classificação das Nações Unidas, ocupa a terceira pior posição no mundo em termos de taxa de infecção.

[9] A. W. Tozer, *The Knowledge of the Holy* (San Francisco: Harper & Row, 1961), p. 3. Além disso: "Idéias erradas sobre Deus não são a única fonte de onde fluem as águas poluídas da idolatria; elas mesmas já são idólatras" (p. 4).

[10] George Barna, *Revolution* (Carol Stream, Illinois: Tyndale House, 2005).

[11] Talvez tenha sido essa a mentalidade tratada em Hebreus 10.25.

[12] Calvino, *Institutes*, 3.3.8.

Capítulo 9: A Arte do Discernimento Espiritual

[1] Jean Bethke Elshtain, "Judge Not?" *First Things: The Journal of Religion, Culture & Public Life*, www.firstthings.com/ftissues/ft9410/elshtain.html.

[2] Philip Schaff, *History of the Christian Church* (Grand Rapids, Michigan: William B. Eerdmans, 1994; originally published by Charles Scribner's Sons, 1910), p. 306.

[3] Philip Schaff, editor, *Nicene and Post-Nicene Fathers of the Christian Church*, Volume 10 (Nova York: Christian Literature Publishing, 1886), p. 154.

[4] Outro teste para saber se essas declarações de Jesus significam que nunca podemos julgar é fazer a pergunta relacionada: Isso significa que se não julgarmos, também não seremos julgados? Obviamente não. Como declara a Bíblia, todos nós compareceremos em julgamento perante Deus. Mas, pelo visto, temos o poder de decisão quanto ao método e forma desse julgamento futuro baseado em como tratamos as pessoas. Esse mandamento, então, não é contra todos os tipos de julgamento, mas apenas contra os julgamentos hipócritas.

Capítulo 10: A Arte da Auto-Avaliação Espiritual

[1] Gerhard Kittel (editor), *Theological Dictionary of the New Testament* (Grand Rapids, Michigan: William B. Eerdmans, 1965), p. 938.

[2] John P. Meier, *A Marginal Jew: Rethinking the Historical Jesus*, Volume 1 (Nova York: Doubleday, 1991), p. 177.

[3] Martinho Lutero, *The Sermons of Martin Luther*, Volume 2 (Grand Rapids, Michigan: Baker Book House), pp. 186, 187.

[4] A. Scott Moreau, *The World of the Spirits — A Biblical Study in the African Context* (Nairobi, Kenya: Evangel Publishing House, 1990), p. 83.

[5] R. Kent Hughes, *The Sermon on the Mount* (Wheaton, Illinois: Crossway Books, 2001), p. 255.

[6] *Bíblia de Estudo NVI* (São Paulo: Vida, 2003), p. 2.034.

[7] "Os que começam a negar as principais doutrinas da fé cristã dão sérias indicações negativas concernentes à sua salvação" (Wayne Grudem, *Systematic Theology* [Grand Rapids, Michigan: Zondervan, 1994], p. 804).

[8] Há enorme diferença entre dizer que há incrédulos que têm certos sinais externos de fé salvadora, mas não são salvos, e crentes que nem parecem que são crentes. A última opção é muito popular hoje em dia. "Ela falava como um marinheiro e bebia como uma esponja, mas era uma das pessoas mais tementes a Deus que já conheci."

inacreditavelmente, tenho ouvido e lido declarações semelhantes. Não há dúvida de que os crentes genuínos lutam com o pecado, mas a que ponto estaremos dispostos a ir para chegar à conclusão de que pessoas inacreditavelmente mundanas em seu modo de vida são de fato salvas? Felizmente, será Deus quem dará a decisão final e perfeita em tal questão.

Capítulo 11: A Arte da Rendição Espiritual

[1] Philip Schaff, editor, *Nicene and Post-Nicene Fathers of the Christian Church*, Volume 10 (Nova York: Christian Literature Publishing, 1886), p. 143.

[2] Eugene Peterson, *A Long Obedience in the Same Direction: Discipleship in an Instant Society* (Downers Grove, Illinois: InterVarsity Press, 1980), p. 111, grifos no original.

[3] J. C. Ryle faz esta analogia maravilhosa: "O seu jugo já não é mais um fardo que as penas são para um pássaro", citado em *Matthew*, The Crossway Books Classic Commentaries (Wheaton, Illinois: Crossway Books, 1993), p. 89.

[4] Christian Classics Ethereal Library, www.ccel.org/k/kierkegaard/selections/preparation.htm.

[5] Há o senso bíblico no qual somos colocados em jugo com companheiros crentes, desta forma tornando o nosso fardo mais leve (ver Filipenses 4.3, "companheiro de jugo", ARA).

[6] Peguei uma declaração curta que Tomás de Kempis escreveu em *Imitação de Cristo* e a adaptei.

[7] H. Richard Niebuhr, *The Kingdom of God in America* (Nova York: Harper Torchbook, 1959), p. 193.